谨以此书献给和我们一同
奋斗在大型赛事媒体运行一线的同仁

体育新闻与传播专业教材系列

丛书主编　肖沛雄

丛书副主编　王晓东　刘琨瑛　武学军

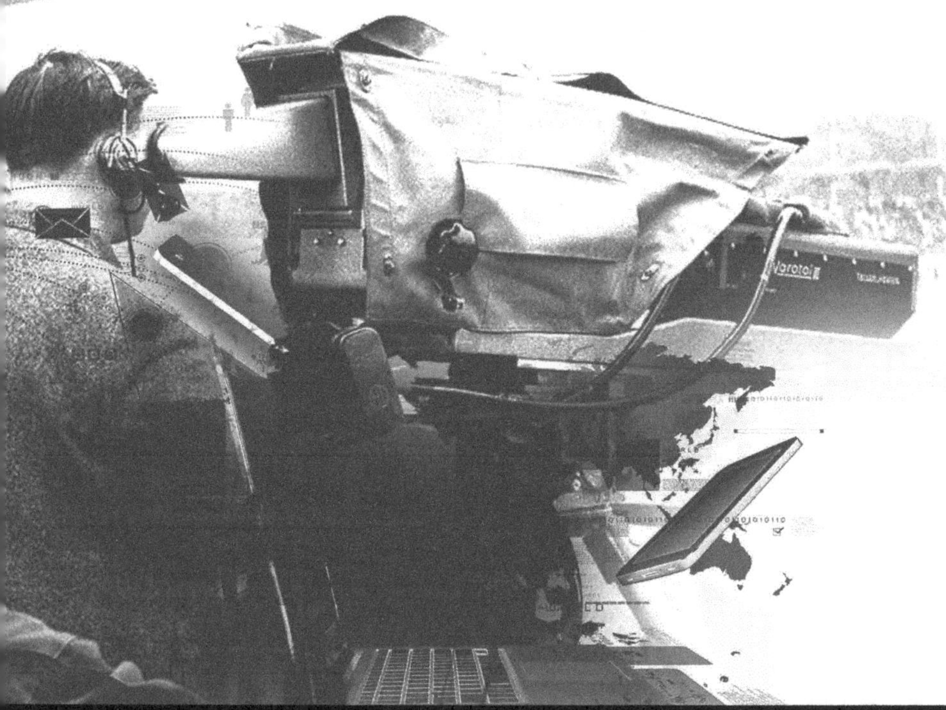

陈小英　钟文波　赵瑞华　段　华　编著

# 大型赛事媒体运行理论与实务

暨南大學出版社
JINAN UNIVERSITY PRESS

中国·广州

**图书在版编目（CIP）数据**

大型赛事媒体运行理论与实务/陈小英，钟文波，赵瑞华，段华编著. —广州：暨南大学出版社，2013.10（2022.7 重印）
（体育新闻与传播专业教材系列）
ISBN 978－7－5668－0534－8

Ⅰ.①大…　Ⅱ.①陈…②钟…③赵…④段…　Ⅲ.①体育—传播媒介—研究—中国　Ⅳ.①G80－05

中国版本图书馆 CIP 数据核字（2013）第 070862 号

**大型赛事媒体运行理论与实务**
DAXING SAISHI MEITI YUNXING LILUN YU SHIWU
**编著者：陈小英　钟文波　赵瑞华　段　华**

**出 版 人：** 张晋升
**策划编辑：** 杜小陆　史学英
**责任编辑：** 张学颖
**责任校对：** 蔡复萌
**责任印制：** 周一丹　郑玉婷

**出版发行：** 暨南大学出版社（511443）
**电　　话：** 总编室（8620）37332601
营销部（8620）37332680　37332681　37332682　37332683
**传　　真：**（8620）37332660（办公室）　37332684（营销部）
**网　　址：** http：//www.jnupress.com
**排　　版：** 广州良弓广告有限公司
**印　　刷：** 广东广州日报传媒股份有限公司印务分公司
**开　　本：** 787mm×960mm　1/16
**印　　张：** 19.875
**字　　数：** 392 千
**版　　次：** 2013 年 10 月第 1 版
**印　　次：** 2022 年 7 月第 2 次
**定　　价：** 48.00 元

# 总 序

2012 年初，暨南大学出版社策划编辑杜小陆先生盛情邀请我为该社主编一套体育新闻与传播的系列教材，由于我之前在该社出版了两本专著，对该社的高瞻远瞩、独到眼光和敬业精神深有体会，所以经过与新闻系的同仁共商后，我们欣然应允。

十二年前广州体育学院主持创办了体育新闻专业（方向），旨在适应我国作为体育大国和广东作为体育强省与新闻大省对体育新闻人才的迫切需要，培养体育新闻应用型专门人才。从新专业呱呱坠地之日起，我们坚持了“夯实基础，服务社会，实践第一”的办学方针，在中国体育报及省内外各类大小媒体建立了数十个专业教学实践基地；先后从中央电视台、南方日报、广州日报、羊城晚报、广东电视台、香港凤凰卫视和暨南大学等单位聘请了白岩松、孙正平、徐继承、余统浩、李一萍、丘克军、周志伟、黄泰兴、范伯祥、偏正中、王业军、李苗等十多位资深专家为我们的客座教授；组织部分学生直接参加了包括 2008 年北京奥运会、2010 年广州亚运会、2011 年深圳世界大学生运动会、2011 年贵阳全国少数民族运动会等在内的各类大型体育赛事的新闻报道实习；先后引进和培养了占全系教师人数一半以上的新闻学博士、教授和副教授。我还曾经组织教学骨干编撰并在广东人民出版社出版了一套共 6 本、具有体育新闻专业特色的新闻学与传播学方面的教材：《新编传播学》、《体育媒体通论》、《中国体育与信息高速公路》、《体育新闻摄影》、《广播电视体育新闻》、《节目主持人语言传播艺术》等，受到较好评价。清华大学新闻与传播学院副院长、博士生导师陈昌凤教授在他所著的《中美新闻教育传承与流变》一书中，把我系的体育新闻专业课程设置列为全国四大有特色的课程模式之一。

随着我国体育新闻事业、体育事业和体育新闻教育事业的迅猛发展，当前全国已有近 30 个院系设置体育新闻专业，在校生总计超过 3 000 人，加上体育新闻专业的研究生和成人教育的体育专业学生则超过 4 000 人。虽然新闻学与传播学的教材已经出版了很多，还有不少是精品，但体育新闻专业的教学实践证明，一般的新闻学教材无论在理论观念、内容结构上，还是在技能训练上，都跟不上时代发展对体育新闻教学的需要。

我系教授和一批近年成长起来的年轻博士、副教授在这几年中不但先后公开发表了大量体育新闻传播方面有真知灼见的学术论文，承担并完成了一大批涉及体育新闻与传播学方面的国家级、省部级和厅局级的研究项目，而且有机会亲自参与了2008年北京奥运会、2010年广州亚运会和2011年深圳大学生运动会乃至2012年伦敦奥运会的科学报告会和新闻传播实践，收获了关于体育新闻采访、写作、编辑、评论、摄影，体育展示，乃至体育大赛媒体运行、体育新闻服务等方面许多宝贵的丰富信息、知识积累、实践体验和理论认识，这都是原有教材或其他一般新闻专业教材所没有而学生非常需要的教学新内容。

为了更好地促进体育新闻教育的发展，提高体育新闻教学水平和专业人才培养质量，根据教高〔2012〕4号文《教育部关于全面提高高等教育质量的若干意见》中关于"优化学科专业和人才培养结构"、"创新人才培养模式坚持内涵式发展"和"突出学科专业特色和行业特色"的精神，在暨南大学出版社的大力支持下，我们重新编撰的这套体育新闻系列教材涵盖新闻学和传播学两大学科。指导思想为："以我国历史发展新时期对体育新闻人才素质的需求为导向，以教材的建设和创新为驱动，把新闻学、传播学的基础理论和体育新闻专业实践有机结合到教材的策划、研究和著述全过程，体现体育新闻工作岗位理论知识和专业技能的要求、促进学生实践操作能力的培养，从而充分体现体育新闻特色的系列教材。"

本系列教材在体育新闻学方面，包括体育新闻采写、体育新闻编辑、体育新闻摄影、体育新闻翻译、体育大赛新闻媒体运行和新闻服务、体育展示、节目主持与评论等内容；在传播学方面，包括现代应用传播、体育传播与社会文化、网络体育新闻等内容；还有一本是我系体育新闻专业方向的研究生公开发表的学术论文精选汇编，一共11本。全套教材将于2013年底到2014年上半年间公开出版。期待各位专家学者和读者朋友的批评指正。

肖沛雄

2013年元旦

# 前言

2003年，在上海求学时，我开始关注体育赛事。2005年在德国科隆体育大学留学期间，我和每一个FC KOELN球迷一样，早早地购买门票进入比赛现场，将无数个周末献给了科隆球队。2006年我亲历了德国世界杯，体验了体育赛事与城市的共振效应，形成一个研究假设：大型赛事对城市转型与发展可能有着重要意义。2007年我搜集了大量国内外都市体育赛事、体育产业资料，提出了比较分析17个中外都市体育产业竞争力现状的设想，申报国家哲学社会科学基金资助项目并获立项。

2008年奥运会来到“家门口”，让我对国际性大型赛事运行有了更细致的了解，本书的主题——大型赛事媒体运行正是北京奥运会给中国体育产业和新闻传播领域带来的新概念之一。

2010—2013年，我马不停蹄地亲身参与了广州亚运会、深圳大运会和贵阳少数民族运动会等大型赛事媒体的运行（含新闻服务）组织工作，积累了较丰富的一线实践经验。

2012年借道赴奥林匹克科学大会作专题报告，我们将英国城市从北到南进行了一番认真、细致的实地考察，强烈地感受到体育赛事对英国古老的城市和经济所注入的活力，而这对正处于经济转型、经济结构调整不断巩固时期的中国，可能有着较大的启示和较好的借鉴作用。

如何从城市角度科学地设计、规划体育赛事？如何通过体育赛事运行来实现效益的最大化？这是对当前中国城市“体育赛事热”现象需要思考的问题，也是有待体育学、管理学、新闻传播学、城市规划学等学科领域研究解决的课题。

“千里之行，始于足下。”本教材以大型赛事媒体运行这一国内研究新焦点为透视点，主要从体育学和新闻传播学领域出发，试图通过搭建基本理论框架，构建理论基础，努力以平实、简洁的语言阐述操作实务，结合大量不同层面的最新案例，期望为读者了解、理解、操作大型赛事（媒体运行）起到一定的帮助作用，也期望能对后续相关研究起到抛砖引玉的作用。

何谓大型赛事媒体运行？为何选择大型赛事媒体运行作为研究的透视

点？制约大型体育赛事媒体运行专业化水平提升的首要瓶颈是什么？

大型赛事媒体运行是指组委会对前来报道大型赛事的记者提供一切必要的工作设施和服务。它的本质是媒体服务，但随着媒体服务的不断增多，用“媒体运行”表述比“媒体服务”更准确，前者强调通过运行来实现服务。

媒体运行发轫于奥运会。据史料记载，在1896年第一届现代奥林匹克运动会上就出现了媒体运行的雏形。但正如20世纪人类许多重大传播技术都是率先在奥运会使用一样，媒体运行的应用迅速超越了体育范畴：各类展会、大型国际会议、节庆活动、文化艺术纪念活动，甚至包括2012年中国共产党第十八次全国代表大会，组织方都是按照大型赛事媒体运行的理念和模式操作的。

现代意义的媒体运行最早出现在2000年悉尼奥运会。2004年希腊奥运会的正规运作，2008年北京奥运会运作的规范、成功，标志着媒体运行已经正式成为大型赛事必不可少的部分，这也折射出时代对信息的需求呈爆炸式增长。赛事媒体运行是赛事组织方对新闻媒体机构、受众信息需求的主动满足。

“媒体运行”这个词汇是在北京举办奥运会后开始大范围使用的。从2008年北京奥运会开始，在历经2009年第11届全运会、2010年上海世博会、2010年广州亚运会、2011年上海世界游泳锦标赛、2011年深圳大学生运动会、2011年贵阳全国少数民族运动会、2012年亚洲沙滩运动会后，我国赛事媒体运行的流程已基本成形。我们要创新的是：总结经验，发现问题，找到依据，将赛事媒体运行模式上升和提炼为理论，从而更科学地指导今后的赛事媒体运行实践。

大型赛事的媒体运行是一项系统工程。从纵向看，它涉及赛前筹备、赛时运行和赛后总结三个连续的过程；从横向看，它是以赛事为中心，以赛事与城市发展为目标，以服务媒体和记者为形式，通过宣传报道来扩大赛事和影响的过程。因此，它是一个城市在特殊时段的缩影。从业务上看，它是与竞赛部、安保部、体育展示部、礼宾部、志愿者部等密切相关的业务口。媒体运行的重要性已为越来越多的赛事组织方接受，但人才匮乏是制约媒体运行专业化水平提升、运营成本降低的首要瓶颈。

近年，部分专家、媒体机构和新闻院校（系）发起了媒体运行理论与实践探讨、人才培养等主题的研讨会，探讨媒体运行专业人才培养的具体措施，成为推动体育赛事媒体运行人才培养的先行者。北京奥组委媒体运行副部长徐济成说：“媒体运行是中国全新的学科领域，它是研究如何为媒体提供有针对性的、专业化的服务，从而达到传播目的的新学科。”2012 年 10 月，武汉体育学院举行了“大型赛事媒体运行服务暨体育解说评论论坛”活动，力图通过与赛事的组织者、媒体及学界之间的良好沟通，寻求媒体运行人才培养的解决之道。上海体育学院和广州体育学院则先后开设了“大型赛事媒体运行”课程。

对学生而言，开设媒体运行课程可以教会学生用三只眼观察新闻，即用记者的眼报道赛事，用媒体服务的眼帮助和引导记者报道赛事，用受众的眼检验和促进记者报道赛事。这三只眼共同发挥作用，缺一不可。这是时代发展对新闻报道提出的要求。学习媒体运行课程内容，参与媒体运行实践，可以提升学生的新闻报道战略意识和综合能力。

因此，在高校的体育和新闻院系修改人才培养方案，开设媒体运行课程，编著媒体运行教材，势在必行。

本教材以系统的观点，全面分析大型赛事这一链条上的重要一环——媒体运行的理论与实践，构建以媒体服务为核心内容的现代大型体育赛事媒体运行系统。本教材还包含大量经典的和最新的大型赛事媒体运行案例，对本科生和研究生教学有着直接的指导作用，对媒体运行实践尤其是对中国职业联赛形成媒体运行体系具有重要的现实意义，对赛事研究者、赛事媒体运行操作机构也有着较大的参考价值。

本教材的参编人员都是近年来参与了国内多项大型赛事媒体运行的管理者、组织者、服务人员，积累了丰富的媒体运行经验，掌握了大量的媒体运行素材。参与本教材编写的人员有董琦、赵瑞华、段华、文常君、张慈军、徐傲寒、宁惠、严晗、李慧、刘礼、周潺、倪晓峰、江皓等。

本书得到了新华社、广州亚运会组委会、深圳大运会组委会、贵阳全国少数民族运动会组委会、伦敦奥运会组委会等有关部门的帮助。在此，谨向所有关心、帮助和支持本教材出版的领导、老师、同事和学生致以深深的谢意。尤其要感谢原北京奥组委媒体运行部副部长、广州体育学院客座教授徐济成先生。徐济成先生说：“广州体育学院体育新闻系师生目前已掌握的大型赛事媒体运行素材和积累的经验，至少在全亚洲是一流的。”正是因为他的鼓励，我们才下决心编写这本教材。感谢原北京奥组委奥林匹克新闻服务总编辑陈越先生，感谢原深圳大运会媒体运行中心场馆部主任、深圳广电集团体育频道副总监钟文波先生，以及原广州体育学院新闻与传播系主任张德胜教授，他们为我和广州体育学院其他师生参与多项大型赛事媒体运行提供了大力支持和帮助；感谢广州体育学院体育新闻与传播系肖沛雄教授的支持鼓励和全稿审阅，尤其对理论部分提出非常宝贵的修改意见；感谢暨南大学出版社的领导和编辑，正是你们的努力，才使本教材能够早日和读者见面。

媒体运行毕竟还是一个正在发展和完善中的新生事物，对它的认识和探索需要不断深化。加上作者时间和水平有限，书中难免存在一些不足和疏漏之处，敬请读者给予批评指正。

陈小英

2013 年 8 月于广州

# 目　录

## 下编 案例

# 上编　大型赛事媒体运行理论

# 第一章　媒体运行基本框架

**【内容提要】**北京奥运会给中国新闻学、管理学、公共关系学带来的最新概念之一就是媒体运行。本章介绍了媒体运行的概念与功能，厘清了媒体运行与新闻宣传的联系与区别，通过实例分析了媒体运行的目标与具体任务，从依据与原则的角度，阐述了媒体运行的标准与要求，从客户群、空间、时间、功能四个方面对媒体运行的内容进行分类。通过以上分析搭建了大型赛事媒体运行的基本框架。

## 第一节　媒体运行的概念与功能

### 一、媒体运行的概念

**（一）媒体运行**

“媒体运行”是由英文“Press Operations”翻译而来。媒体运行是为媒体提供采访报道的整个工作环境，包括各种设施以及服务，比如住宿、交通、技术、网络、注册、收费卡、新闻信息提供与服务等①。除了满足所有媒体的这些基本报道需求之外，还要针对不同的客户群提供专业化的服务，如文字、摄影、广播电视、赛事特点以及语言服务等。对媒体运行的定义强调了媒体运行的服务内容。

**（二）媒体运行与新闻宣传的区别**

新闻宣传与媒体运行是一对比较容易混淆的概念。两者之间存在着密切的联系。它们都针对新闻媒体，目标都指向好的报道效应，同时，大型赛事媒体运行工作的成功离不开大型赛事媒体传播环境与赛事组织实际的新闻宣传的结合。

但是，新闻宣传与媒体运行有着本质的区别，主要表现在：

（1）对媒体的称谓不同。新闻宣传称媒体为“对象”，而媒体运行称媒体为“客户”。

（2）运作方式不同。新闻宣传强调“管理”，而媒体运行讲究“服务”。

---

① 第29届奥林匹克运动会组织委员会编．奥运会媒体运行．北京：中国传媒大学出版社，2007．24～25．

(3) 性质不同。新闻宣传强调组织方观点和意见的传播；媒体运行则强调对记者提供服务。

(4) 行为方式不同。新闻宣传的行为方式是依托于事实、事件进行的观念传播；媒体运行则是立足于信息渠道的设施提供。

(5) 接受方式不同。媒体宣传是非需求服务，媒体对信息进行筛选、过滤，可以选择接受、拒绝；媒体运行则是为记者提供有需求的服务，因此，记者会主动寻求、全面接受服务。

**新闻宣传与媒体运行的区别**

| | 新闻宣传 | 媒体运行 |
|---|---|---|
| 对媒体的称谓 | 对象 | 客户 |
| 运作方式 | 管理 | 服务 |
| 性质 | 不同观点、意见的传播 | 服务的提供 |
| 行为方式 | 依托于事实、事件进行的观念传播 | 立足于信息渠道的设施提供 |
| 对象角色 | 媒体为服务、利用对象 | 媒体为服务、利用对象 |
| 接受方式 | 非需求服务，有筛选、过滤，选择接受、拒绝 | 有需求的服务，全面接受 |

## 二、媒体运行的功能

### （一）运行功能

大型体育赛事的影响力大，参与人数多。首先，就媒体人数而言，参与报道的媒体人数有逐年上升的趋势。据资料记载，首次引入媒体报道的1896年雅典奥运会仅12名记者，至2004年第28届雅典奥运会，其数量就达到两万余名。2008年北京奥运会，有32 278名媒体记者参与了报道。①

其次，参与赛事报道的媒体类型也在不断丰富。1896—1956年间，主要由平面媒体参与赛事的报道；1960—2004年间，电视媒体发展成为赛事报道的主导媒体；到了2008年北京奥运会，网络等新媒体的出现为受众提供更加多元化的信息服务。

大型体育赛事、大型活动、文艺演出等涉及客户群多，无形中给赛事的组织加大了难度。而媒体运行为注册记者参与赛事报道提供了必要的设施和服务，媒

① 王会寨. 北京奥运会媒体服务研究. 北京体育大学硕士学位论文，2004. 1.

体运行小团队能发挥大作用，能有效组织临时团队，成为赛事组织环节中不可或缺的组成部分。

（二）传播功能

大型体育赛事已不再作为一种纯粹的竞技性活动而存在，主办国可以借由主办赛事的机会提高其国际知名度，促进城市基础设施建设，拉动城市需求消费，提高国民体育普及程度。“媒体是赛事至关重要的营销传播平台搭建者和信息传递主体，是不可替代的形象推介者和重要裁决者。”① 媒体运行为媒体提供报道的便利，提供赛事基本信息，有利于媒体增加报道数量，提高报道质量，进而有利于树立赛事和赛事组织者的良好形象。

（三）经济功能

随着体育产业化的发展，大型赛事经济收益主要有三大途径：门票、电视转播权的出售、企业赞助。这三者都与媒体对赛事的报道有着密切的联系。如奥运会中，国际奥委会的收入多半来自于电视转播权的出售；媒体的报道效果影响着人们对赛事的关注度，进而影响到门票和收视率；媒体的报道质量和收视率直接影响广告商和赞助商的赞助。所以，为媒体提供充分的服务，保证其各个业务流程的顺畅，使其更好地完成采访、制作和播出任务，提高收视率，才能实现赛事转播赢利和投资的有效回报。② 换言之，体育赛事离不开媒体，赛事办得好、关注度高、媒体乐于报道与转播、收视率高、带来经济效益，这五个环节构成了最为简单的利益分享系统。媒体所带来的社会效益、经济效益日益凸显。

因此，大型体育赛事管理机构一直高度重视媒体运行。《奥林匹克宪章》第5章第59条规定：“为了确保奥林匹克运动会得到各种媒体最充分的新闻报道并获得最广泛的视听群众，国际奥委会执行委员会应制定一切必要措施由奥运会组委会贯彻执行。”③ 作为国际奥委会的内部架构，甚至还专门设立了新闻委员会和广播电视委员会。

## 第二节　媒体运行的目标与任务

### 一、媒体运行的目标

媒体运行的目标是通过奥运会广播电视服务和新闻媒体，向持权转播商提供

① 易剑东编著．大型赛事报道与媒体运行．杭州：浙江大学出版社，2008．

② 赵迎新．北京奥运会的媒体运行．中国记者，2007（10）．

③ 国际奥林匹克委员会编．奥林匹克宪章．北京：奥林匹克出版社，2001. 83．

高水平的设施和服务。组委会必须确保媒体最充分地报道奥运会，触及最广泛的受众。

媒体运行筹备完善与否和运行成功与否，取决于组委会对大型赛事媒体运行设施和服务规模、范围的理解，最终目标是确保媒体能成功广播和报道大型赛事。

媒体运行的总体目标体现在三个方面：第一，力求赛事各类新闻的快速和准确传递，同时争取国际媒介更广泛和更积极正面地报道新闻；赛事的盛况和运动员的精彩表现，除了少数观众能到现场亲自体验之外，更多的人是通过报纸、广播、电视、互联网、手机这些媒体来体会和了解。所以，赛事各类新闻快速和准确的传递是媒体服务的首要目标。第二，谋求赛事理念在世界范围内的传播。如广州亚运会媒体运行的目标是力求“绿色亚运、人文亚运、和谐亚运”三大理念的广泛传播。第三，帮助国内外记者了解和宣传赛事举办地，包括其文化传统和社会现状。

## 二、媒体运行中组委会的责任和具体任务

以奥运会为例，组委会与国际奥委会（IOC）和奥林匹克广播组织（OBO）协商奥运会总体计划和组织；组委会按主办城市合同和媒体技术手册规定，提供国际广播中心（IBC）、主新闻中心（MPC）和场馆媒体运行必需的基础设施、设备和服务；组委会提供主办城市合同、媒体技术手册和其他手册规定的协助媒体报道奥运会的一般性设施和服务，包括住宿、交通和注册。组委会为媒体提供的一般性设施和服务，主要有以下几个方面：

（1）靠近 IBC 和 MPC，价格合理、方便、舒适和便于管理的建筑群。

（2）有连接 IBC、MPC 与媒体住宿点、所有的竞赛场馆、奥运村的高效的媒体交通网，以及全面的机场抵离服务。

（3）符合现行行业标准的通讯和技术。

（4）可靠、快速、高效、准确的信息服务。

（5）确保奥运会期间 OBO 的工作人员、持权转播商以及文字和摄影媒体注册顺利、出入安全。

（6）联邦和/或州政府确保向媒体人员发放的奥运会身份注册卡可作为奥运会主办国的出入境签证，与持卡人的有效护照或其他旅行证件一起使用，并作为持卡人在奥运会前后一段时期履行其职责的工作许可。

（7）除了注册，如有需要，还可以为媒体提供门票、访客卡、袖章或者胸/背标等。

(8) 提供赛前、赛时语言服务，包括在 MPC、IBC 以及所有竞赛场馆的口译、笔译服务，以便运动员、官员和媒体之间进行有效沟通。

(9) 进出口海关提供帮助，确保媒体设备免税出入。

(10) 一般性媒体支持服务，包括协助招聘当地员工，为国际广播中心（IBC）、主新闻中心（MPC）、场馆媒体中心（VMCs）和媒体村提供医疗服务、租车服务，为非员工购票、提供饮食，安保提供协调服务、后勤支持，以及为使媒体更好履行其职能的其他设施和服务。

以广州亚运会为例，亚组委要通过媒体运行做到：使赛事气氛逐渐升温；建立完整的赛事形象标志，做好与该体系有关的配套工作（如著作保护、市场开发、形象宣传等）；利用重要的时间节点和重大事件提升赛事的影响力（如赛前100天、开幕式彩排以及开幕式等）；为媒体提供过硬的硬件、软件设施，实施人性化管理，最大限度地为媒体服务，使赛事获得媒体的充分肯定，通过媒体向大众传达赛事的成功举办以及提升举办城市和国家的形象。在优化服务的同时对媒体记者进行有效管理（涉及我国传统的新闻管理内容），避免不利于赛事举办的宣传；进行城市环境和场馆环境布置，展现浓郁的赛事氛围（各种与亚运会相关的形象景观）；加强组委会与外界的沟通，对媒体进行正面引导，创造良好的舆论氛围（涉及我国传统的新闻管理内容）；合理、有序地组织召开各类新闻发布会，处理赛时新闻宣传突发情况（涉及我国传统的新闻管理内容）；适时、成功地举办各类体育文化活动（各类展览、征文、体育活动展示等）；及时编印必要的赛事出版物，并保证内容质量。①

媒体运行在不同阶段有不同的工作重点。

在赛前筹备阶段，媒体的报道兴趣主要集中在赛事组委会成员、组织结构、活动信息、比赛场馆和相关建筑等方面。在此期间，媒体运行的主要职责有：建立媒体运行的相关工作机制和流程；规划媒体运行相关事项；确定媒体关系处理的总体原则；筹建 MPC 和 VMCs，监督承建商的工程进度和完成质量；在指定时间内接受媒体的需求申请；编印提供给媒体的各种出版物；与世界各大媒体联系，建立长期联系和合作关系，建立新闻宣传网；收集运动员、教练员、参赛队伍、历届赛事等相关背景资料，为亚运会赛时新闻服务（AGNS）做准备；进行新闻宣传，组织各类媒体分阶段进行专题性集中报道；对比赛场馆公共区域进行环境布置宣传；负责组委会重要事项的新闻发布与管理。

在赛时运行阶段，媒体的兴趣大量集中在赛事本身。因此媒体运行的主要职

---

① 第16届亚洲运动会组织委员会编．亚运会媒体运行．广州：暨南大学出版社，2009. 11 ~ 16.

责有：媒体记者的接待、注册、交通、住宿、管理等；为媒体记者提供技术和语言支持；安排和协调媒体记者的采访需求；管理各场馆中的媒体运行功能领域；提供背景信息、场馆比赛成绩和最新消息，以及即时引语和新闻发布会摘要；安排新闻发布会、“吹风会”等；组织赛事活动的图片报道；监测媒体动向，尤其是网络媒体，及时向亚组委新闻宣传部汇报不利于亚运会举办的宣传，并提出解决方案；撰写官方新闻通稿，发布官方声明，引导舆论导向；建立各种突发事件的应对机制，积极应对对赛事成功举办不利的各类宣传，并与媒体进行必要的沟通，做进一步的协调工作；与新闻宣传部对接，及时反馈每日媒体运行的工作情况。

## 第三节　媒体运行的合法依据与基本原则

### 一、媒体运行的合法依据

媒体运行发轫于奥运会。IOC 是奥运会的最高管理机构，负责奥运会一切相关事物。以奥运会为例，有四个文件提出了媒体运行的标准。这四个文件是《奥林匹克宪章》、《主办城市合同》、《媒体技术手册》、《奥运会知识报告》。

《奥林匹克宪章》统管奥林匹克运动会的组织和运行，由 IOC 批准，是规范奥林匹克运动会所有相关方长期有效的根本性文件。《奥林匹克宪章》定期修改，最新版本具有实用价值。《媒体技术手册》及 IOC 其他技术手册、《主办城市合同》和《奥林匹克宪章》中未涉及的事宜，将由 IOC 执委会解决。IOC 执委会是奥运会举办期间的最高权威机构。

《主办城市合同》规定了 IOC、奥运会主办城市和主办国家奥委会在法律、商务和财务上的权利和义务。

《媒体技术手册》是《主办城市合同》的附件，是《合同》不可分割的组成部分，也是大型赛事媒体运行最直接的操作依据。它从技术层面上规定了媒体运行的任务是通过规范化、标准化、专门化的服务提高赛事媒体服务质量。《媒体技术手册》包含了奥运会组织工作相关主题的信息：详细技术服务、计划信息、程序和过程、成熟的操作。该手册提供了组委会和合作方在主要职能实施方面的技术需求和信息，规定了奥运会组委会和奥运会主转播商为注册媒体，特别是与 IOC 签署了合同的转播奥运会的广播商（持权转播商）和注册的文字和摄影媒体，需为其提供的设备和服务。但是，该手册只规定了需要提供的最低限度的设施和服务。IOC 可能会根据最近奥运会组织者的相关信息，对技术手册进行必要的修正。因此，只有最新版本的手册才有效，即每一版手册仅适用于一届奥运会的筹备、组织和举办。

如指导北京奥运会的《媒体技术手册》是2005年11月版，它是《IOC媒体指南》2001年版的修订版。其内容的更新基于广播电视和新闻行业的发展，以及奥运会媒体大会和以下方面的总结报告及建议：2002年盐湖城冬奥会、2004年雅典奥运会、奥运会研究委员会、IOC广播电视委员会、IOC新闻委员会。据2005年11月版的北京奥运会《媒体技术手册》规定，媒体所需的所有场馆、设施、服务和其他需求，以及一般性基础设施，都由组委会向媒体无偿提供。此文件由IOC起草，旨在对向奥运会组委会提供的技术手册进行更新和标准化。它包含了过去向奥运会组委会提供的版本中没有的详细计划信息。媒体形态的不同导致媒体服务需求的不同，奥运会广播电视服务（OBS）第一次在此手册里被提到。

《奥运会知识报告》是过去奥运会组织者实践和经验的总结，供主办城市根据当地情况参考。报告含有适用于当届奥运会组委会参考的技术和组织信息，包括操作范例、规则和范围数据，以及有关资源、计划、战略和运行的信息。

## 二、媒体运行的原则

### （一）基本原则

不同的赛事类型，不同的主办城市有不同的实际情况。因此，统一的媒体运行标准是不存在的，也是不现实的。但是，媒体运行的普适原则是存在的，也是非常重要的。

#### 1. 以人为本原则

以人为本的媒体运行工作原则，就是指围绕着记者至上的理念，把做好媒体服务放到非常重要的位置上，充分认识世界媒体在采访大型赛事期间的合理需求，为前来报道大型赛事的媒体创造更好的条件，尽量满足它们的要求。比如，媒体从成本角度考虑，派出的报道大型赛事的记者往往是“散兵作战”，到主办城市不会随身携带打印机和复印机，因此，组委会媒体运行中心就要考虑到他们的需求，设置复印中心。电视记者需要更好的摄像位置，媒体运行部门就要想办法为使电视记者拍出更好的画面创造条件。主新闻中心是文字记者的“大本营”，主新闻中心的媒体运行工作人员要考虑在大堂设置服务台，及时发布有关赛事组织、赛事和城市本身等众多信息；为文字记者和摄影记者工作间提供充足的座位，而且考虑在每个座位上配备一根“电脑锁”；为防止记者工作中不小心打翻水杯，可以考虑设置一个固定在挡板上的茶杯托架。媒体记者一般任务重、强度高，媒体运行中心要从人性的角度考虑，在主新闻中心大堂提供银行、邮局、超市、按摩室、美发厅等相应生活设施，解决记者工作的后顾之忧。

2. 目标明确原则

目标决定方法。大型赛事最高管理机构要求组建媒体运行机构，其目标是希望为媒体报道赛事提供便利，进而通过媒体的报道树立赛事和赛事组织方的良好形象，以保持赛事的重要地位。因此，一般大型赛事最高管理机构会对组委会提出实现目标的最低要求，而且它们对所需的基本条件不会让步。

因此，组委会媒体运行部门首先要遵守和满足大型赛事最高管理机构提出的要求，按照媒体运行章程和媒体服务技术手册中规定的，如一张桌子的具体尺寸、主新闻中心的面积、班车的时间间隔、记者席的位置等标准严格执行。因为这些章程和规定是经过实践检验而积累下来的媒体服务经验，它可以确保大型赛事最低目标的实现。

广州亚运会媒体运行总体规模不会有北京奥运会那么大，但“麻雀虽小，五脏俱全”，而且亚运会的项目复杂性要远远超过奥运会。奥运会有28个正式比赛项目，亚运会有42个，竞赛组织的复杂性大了很多。亚组委的媒体运行要针对这个特点准备更多的针对性服务。

3. 节约节制原则

媒体运行的具体目标是尽量为媒体提供工作便利，满足其需求。但是，各种需求是无止境的。到底要达到一个什么标准才算是好的媒体服务？规模大并不意味着好，花钱多并不能保证举行一届高水平的赛事。国际奥委会一再提醒，过度、不恰当的花费和改善城市基础设施会产生负面效果。如1960年罗马奥运会，为重塑“战败国”形象，罗马奥组委在意大利政府支持下建立媒体服务部，并在该部门下设广播电视联络办公室、技术服务、秘书处、记者注册和住宿四个部门，工作人员达到700名，几乎为每两名新闻记者配备一名工作人员。虽然媒体服务水平很高，使得奥运会媒体服务的发展进入了组织体系成型的新的历史阶段，但同时也造成了人员的铺张浪费。更重要的是，媒体运行容易被利用媒体进行政治宣传的思想所“绑架”。同样希望塑造良好国家形象的日本、墨西哥、德国、加拿大、苏联等国家将此看在眼里，他们相继在炫耀政治的目的下，在意大利如此服务记者的“新举措”的基础上更加尽力，但势必造成更大的资源浪费。

因此，关于赛事服务，要停止这种按照前届奥运会或其他重要比赛的服务水平进一步提高标准的做法。赛事媒体运行的服务水平应该保持在一个合理的标准范围内。媒体运行中心应该在提供不低于最高管理机构要求的赛事服务水平的前提下，考虑花最少的钱，尽可能最大限度地利用竞赛场馆、非竞赛场馆和训练场馆，确保节约时间、扩大空间和服务质量，即充分认识本届大型赛事的特色，既不过分，又不缺失，这样才能提供一个高水平的媒体服务。如在 MPC、IBC 和媒体村附近设出租车点，24 小时运行。但是，出租车服务只是作为赛事交通网的补充，而不是替代服务。

4. 高效原则

控制（最好是减少）大型赛事期间注册人员的数量，焦点应集中在人数增加多的团体，以及有灵活性和没有最高限额的人群。

组委会应采用系统的科学思想和方法，创造科学、高效的工作方式方法。如在筹备后期，各部门出现的问题增多，部门负责人也会非常忙碌。这时，可以考虑采用负责人碰头会的办法，协调解决出现的问题。在时间的选择上，可以选择早晨这个各部门负责人事务相对少的时段召开碰头会。

如北京奥运会期间，在记者安检上的创新。记者在媒体村实行一次安检后，可以坐上“干净”的媒体班车直接到达各场馆，而不用在场馆安检口再次下车安检，这样就大大节省了媒体记者进出场馆的时间，提高了工作效率。

**（二）适度灵活原则**

1. 赛事类型和组委会的实际情况是首要考虑内容

需求也许会根据每一个城市、场馆或者项目的具体情况进行调整。奥运会期间，通往竞赛场馆的交通服务应执行“+3 小时”和“-3 小时”原则，即开赛前 3 小时发往竞赛场馆，比赛结束后 3 小时回程；冬奥会通往山区场馆的交通服务应在赛前、赛后 4 小时运行。媒体运行应结合自身赛事级别、规模、经济状况、场馆以及服务对象等实际情况进行调整。

与奥运会相比，全运会媒体运行的服务对象主要是中国记者，前来采访大学生运动会的主要是年轻记者，媒体需求也跟奥运会不同。因此全运会、大学生运动会可以借鉴奥运会的做法进行因地制宜的“本土化”尝试，但不能照搬。

2. 媒体运行的最佳模式依然在不断探索中

尽管每届大型赛事的媒体运行会明确划定各个岗位的角色和责任，但是，组委会如何改善与所有相关方的关系，如何采取有效的商务程序，如何通过最大限度地利用资源实践，创造一种有效的和合作的运行方式，依然是每一届大型赛事媒体运行探索的内容和目标。

3. 突发事件和组织情况的复杂性

赛时很多情况是计划时意想不到的。对所有媒体来说，新闻的发生可能就在一瞬间，所以在临时应对、危机处理等方面一定要灵活快速，这样才能使大型赛事的媒体运行取得圆满成功。因此，在组织上，要考虑在赛时增加一个灵活的应对和指挥机制；在确定媒体班车发车时间时，必须把赛后新闻发布会或者其他活动的时间考虑在内；MPC、IBC 与住宿点之间白天和夜晚的发车频率可以有所不同，但必须保证 24 小时运行。

## 第四节　媒体运行的内容

- 媒体运行
  - 按客户群分
    - 新闻运行
      - 文字记者服务
      - 摄影记者服务
      - 记者新闻（信息）服务
    - 广播电视运行
      - 主转播商服务
      - 持权转播商服务
  - 按空间分
    - MPC
      - 访客卡办公室
      - 服务大堂
      - 收费卡服务中心
      - 记者工作间
      - 租用办公空间
      - 新闻发布厅
    - VMCs
      - 媒体接待休息区
      - 记者工作间
      - 媒体看台席
      - 新闻发布厅
      - 混合区
    - IBC
      - 主服务大厅
      - 主转播商办公、技术区
      - 专用工作间
      - 每日通气会议室
      - 管理和支持部门
  - 按时间分
    - 赛前筹备（组织架构、人员配备、空间、物资、流线、子计划、培训、协调、测试）
    - 赛时运行（区域运行、应急预案）
    - 赛后整理（物资清理、文档整理、人员解散）
  - 按功能分
    - 媒体服务（注册、交通、住宿、餐饮、出版物）
    - 新闻和广播电视运行
    - 和相关部门的联动（竞赛部、技术部、展示部、礼宾部）

**媒体运行结构图**

大型赛事的媒体运行工作从筹备到赛事结束，时间长、人员多、事务杂，涉及的业务口多，还需要错综复杂的人、财、物协调配合。从不同的角度看，大型赛事媒体运行的内容有所不同。如按服务的客户群分，媒体运行的内容包括文字记者、摄影记者和广播电视记者。按空间意义分，媒体运行的工作内容分散在主新闻中心（MPC）、场馆媒体中心（VMCs）、国际广播中心（IBC）的各个工作区域。按时间分，从赛前筹备、赛时运行到赛后整理等阶段，媒体运行工作内容琳琅满目，尤其是赛前筹备阶段，是最关键、最艰难、任务最重的阶段。赛前筹备工作做得好，一切胸有成竹，那么，赛时和赛后的工作压力将大大降低；反之，可能会影响整个赛事媒体运行的成功。按功能分，大型赛事媒体运行工作除了保障各类记者正常采写大型赛事新闻以外，还包括为他们所做的后勤服务工作，如媒体服务工作，和相关业务部门的协调、联动工作。

本书围绕着客户群——记者需求这个中心，将功能与空间融合，从时间上展开，分析、阐述赛事组委会媒体运行中心为满足记者采写大型赛事、传播大型赛事的需求是如何工作的。了解、亲身参与这一过程，也是培养看新闻的“第三只眼”的过程（注：前两只眼是看新闻和做新闻）。

## 思考题

1. 如何定义媒体运行？它的功能有哪些？
2. 媒体运行的具体目标体现在哪些方面？
3. 媒体运行有哪些文件依据？
4. 如何对媒体运行的内容进行分类？

# 第二章　媒体运行的发展历史

【内容提要】世界范围内最先引入媒体运行概念、对媒体运行的应用最为典型的大型活动要数大型体育赛事，尤其是奥林匹克运动会已经有一套完善的媒体运行机制，这种媒体运行机制随着北京奥运会的举办被引入我国。按时间顺序来界定奥运会媒体运行的历史演变过程，可将媒体运行从萌芽到规范化分为四个历史时期。

## 第一节　媒体运行的萌芽时期（19 世纪末至 20 世纪 20 年代初）

媒体运行作为一个全新的概念和专门化的社会活动，其孕育和产生的前提是印刷传播时代的到来和奥运会等大型体育赛事的出现。

19 世纪末，奥运会等大型体育赛事在创建和举办过程中，以顾拜旦等为代表的国际体育组织的先驱者们尊重媒体，充分发挥了媒体的宣传作用，为媒体与体育的交流互动打下了良好基础。这些实践活动和先驱者的思想也成为媒体运行理念的渊源。

1896 年首届雅典奥运会游泳比赛中，乔治一世带领众多随从乘船观看游泳比赛，奥运会组委会不仅为乔治一世等准备了一条船，同时也为记者们提供了一条船，载着记者观看了游泳比赛。[①]

1904 年圣路易斯奥运会设立媒体看台，美联社派出了文字和摄影记者；1908 年伦敦奥组委媒体委员会在白城体育场的西南侧为媒体预留了约 100 个记者席的工作间（Pressroom），让记者边看比赛边工作。

1912 年斯德哥尔摩奥运会组委会首次设立新闻委员会，由其专门负责媒体服务工作，除在记者看台席上配备了凳子和桌子，还在体育场周围提供了 5 个房间供记者使用，此外还提供了 30 部电话，一个设备齐全的电报站。在召开了 25

① 1896 Official Olympic Report. http://www.la84foundation.org/5va/reports_frmst.htm.

次会议后确定媒体服务的内容：记者席位的安排，记者门票的分配，为记者提供新闻消息，分配摄影记者的权限，为记者提供生活及工作方面的便利等。这届奥运会后，设备齐全的媒体工作间也成为奥运会媒体服务的保留项目①。

## 第二节 媒体运行的形成时期（20世纪20年代中期至“二战”前）

在这一阶段，以奥运会为代表的大型体育赛事规模进一步扩大，对组织管理的规范和工作人员的需求不断提高。加之，奥运会等大型赛事在这一时期初具形态，其影响力逐渐扩展到全球，并获得部分公众的认可。大型赛事的组织者开始将媒体运行列入议事日程，并纳入赛事组织与管理工作的整体规划中。

1928年的阿姆斯特丹奥运会首次出现“体育中心”的概念，媒体工作间开始向更大空间的媒体工作区转化，同时与之相应的赛会服务设施如大型停车场、餐饮等为观众和媒体带来了更多便利，更多的先进设备也被“安装”在体育场中，如人工辅助的大型信息牌、广播系统、带有打印机的新闻席位等。官方报道中首次出现“新闻服务”（Press Service）一词，并成立专门的“新闻部”（Press Section），其主要服务范围涉及赛事信息传播、为记者提供办公空间及设施，并为记者发放专用证件。该届奥运会组委会不仅分发了很多很及时的公报，还提供了独一无二的载入奥运史册的快速信息服务：报务员通过电缆把乌拉圭和阿根廷比赛的结果，从阿姆斯特丹经由纽约传到布宜诺斯艾利斯，总共只需要40秒。

1932年洛杉矶奥组委开创了奥运会历史上电台媒体服务的先河。该届奥运会还出现了专门的奥运村，洛杉矶奥组委把前来报道奥运会的世界媒体与运动员一起安排进了奥运历史上第一个奥运村——洛杉矶奥运村。

1936年柏林奥组委成立了媒体部，赛场设置记者工作间；奥运村设立记者中心；聘请通晓多种语言的新闻引导员，分布在不同的场地为记者提供翻译服务和引导服务；提供新闻摄影服务；为媒体记者安排专门的采访和宴会活动；成立新闻总部，密切联系记者，为他们提供工作和会面的场所。

媒体部确定了媒体服务的两条指导原则：①在紧密的赛程安排下，优化媒体服务工作，简化记者的采访程序。②随着记者的增多，设立更多的媒体席位，并采取区分专业记者和一般记者，优先服务专业记者和大型新闻机构的记者，清除

---

① 1912 Stockholm official Olympic Report. http：//www. la84foundation. org/5va/reports_frmst. htm.

所有非正式报名的记者，腾出更多的专业记者席位等措施。该届奥运会首次在奥运会历史上规划下列事项：优先大通讯社，分配各国记者名额等。

此外，电视媒体也首次成为奥运会媒体服务的对象。柏林奥组委和德国广播公司联合在奥林匹克体育场、游泳体育场、迪特里希·埃卡特剧场（体操）等赛场铺设了管线，为电视直播提供了先进的信息传输渠道——硬件技术支持。此外，媒体部还根据拍摄赛事画面的需要，在赛场为电视媒体预留了视角最好的工作席位。

柏林奥组委在主体育场搭建了专门的广播室，为前来报道的电台记者提供了专门的电台位置，在这些特别的位置上，记者们可以跟踪记录和转播奥运赛事。德国广播公司的外籍员工也可以通过电台证件，通往赛场的每一个电台工作人员坐席。

此外，1936 年的奥运会德国体育联合会还任命专门的新闻助理（Press Assistant），负责收集比赛成绩和诸如弃权、抗议、事故之类的其他信息，将这些信息迅速递交新闻总部并分发给相应的记者。

这届奥运会首次出现同时为平面媒体、广播媒体和电视媒体提供服务的局面，在奥运会媒体服务历史演变中留下浓墨重彩的一笔，使得奥运会媒体服务形成相对完整的组织体系。

## 第三节　媒体运行的发展时期（“二战”后至 20 世纪 80 年代）

随着全球化电视体育时代的到来，20 世纪 50 年代以后，大型体育赛事的媒体运行进入了快速发展时期。报刊等纸质媒体与电视媒体出现互补的良好态势，使得媒体运行处于一种平衡状态。

随着赛事本身的发展，参与赛事报道的媒体人数逐年增多，使得媒体运行面临更多的挑战：报刊媒体和电视媒体的分工须进一步明确；媒体服务各项工作规范水平有待提高；媒体信息服务水平须现代化；须加强媒体服务人员的专门培训；提高赛前筹备与运行的针对性，等等。

“二战”后，奥运会媒体运行内容逐渐向广播电视倾斜，开始为现场采访的电视和广播媒体提供评论员席。以 1948 年伦敦奥运会的电台媒体评论员席为例。早在 1946 年，即奥运会开幕前 20 个月，英国广播公司（BBC）就开始制订转播计划，用 43 种语言广播，向“现场直播”迈进。为此，伦敦奥组委在赛场为

BBC 提供了足够多的评论员席，在这些席位上评论员能够俯瞰所有的 30 个赛场的赛事。① 1948 年伦敦奥组委设立新闻部（Press Department），在建立新闻中心（Press Centre）的基础上，专门建立广播中心（Radio Centre）。伦敦奥运会新闻中心为媒体提供了舒适的服务设施，包括餐馆及厨房设备、免费房屋。新闻中心工作人员的职责是：第一，奥运会期间，运行新闻中心和各赛场的信息服务台，与温布利球场的总部保持联系。第二，通过电话、电报向外部场地传递比赛结果。第三，监控媒体席位和电话设施。第四，解答媒体疑问。第五，为赛场内的记者收集、记录、整理、复制和分发赛事结果，并把这些结果同时分发给奥组委总部和新闻中心。

1948 年伦敦奥组委充分考虑到电视转播公司的采访和评论需求，不仅在奥林匹克体育场设置了 200 个广播记者席位，在游泳中心设置了 100 个广播记者席位，而且新建的广播中心还直接连接所有的评论员席，并且与整个奥运会的广播系统相连接。该广播中心包括食堂、电话、信使等服务，还包括全天 24 小时的洗衣服务。

与伦敦奥运会的媒体服务模式相同，1952 年赫尔辛基奥运会和 1956 年墨尔本奥运会都设立新闻部，建立新闻中心和广播中心，开展媒体服务工作。以赫尔辛基奥运会新闻中心为例，该新闻中心于 1952 年 7 月 10 日开门迎客，8 月 5 日关闭。奥运会期间，这里是记者的大本营，为记者准备了记者证、徽章、奥运会免费门票等，新闻中心的记者还会收到来自不同场馆的比赛结果和其他相关材料。此外，新闻中心还提供通往图尔库（Turku）足球赛场、坦佩雷（Tampere）体育场、科特卡（Kotka）体育场、拉赫蒂（Lahti）体育场和海门林纳（Hameenlinna）现代五项赛场的交通服务。新闻中心内不同的房间之间可以方便地相互联系，并设有服务极为周到的餐厅和咨询室，该区域禁止公众和运动员入内，是专门为媒体服务的。

到了 20 世纪 60 年代，媒体运行作为一个特有的组织架构已经初步形成，每届赛事的组委会都会成立相应的部门针对媒体记者提供服务。从 1960 年到 1984 年 20 年多的时间里，正是媒体运行系统逐步完善的过程。

1964 年，国际奥委会新闻委员会（Press Commission）成立，邀请世界各大通讯社和其他新闻机构的优秀体育记者参加②。

1972 年慕尼黑奥运会上，参加报道奥运会的媒体人数超过了运动员人数，成为奥运会最大的客户群。为了应对参会记者人数剧增的情况，开始制定媒体注

---

① 1948 London official Olympic Report. http：//www. la84foundation. org/5va/reports_frmst. htm.

② 奥林匹克百科全书编辑委员会编. 奥林匹克百科全书. 北京：奥林匹克出版社，2000.

册制度，对各国的媒体记者施行配额制，由国际奥委会负责向各个国家及地区奥委会分配名额。这届奥运会开始出现“主新闻中心”和“国际广播中心”的概念，开创了新闻中心建筑群的先河。

本届赛事还首次将电视机构分为转播权持有者和分转播权持有者①。赛事组委会下设专门的媒体运行部门，并做详细的业务分工，配备专门的业务人才，对服务的内容制定了相应的标准制度。媒体服务的领域从过去简单的业务服务扩展到全方位的支撑服务，交通、住宿、餐饮等均被列为媒体运行的服务范畴。

1972 年慕尼黑奥组委在基尔新闻中心（本届奥运会新闻中心）为媒体提供了 3 台电子计算机，每台计算机能提供 5 亿条资料，回答记者提出的各种各样的问题，此外还配备了 63 种不同键盘的打字机，供数千名记者使用。另有 12 台闭路电视机供记者观看各个现场比赛的实况。此后，用电视在媒体区域为媒体传送信息作为“保留”项目被传承下来。

20 世纪 80 年代后期，媒体运行进入快速发展时期，主要表现为规模化、专业分工化。

1984 年洛杉矶奥运会被称为“电子设备的大检阅”。媒体服务也进入了新的发展阶段，电子信息系统（EMS）的功能和内容受到了记者的高度评价。该系统除提供比赛成绩外，还提供运动员传记资料、赛场花絮和各国评论等。

1981 年，国际奥委会与韩国汉城签署了 1988 年奥运会主办城市合同，在削弱了奥组委在电视转播权谈判角色的同时，规定了奥组委应尽包括媒体服务在内的所有义务。与此同时，随着注册媒体数量的不断增加，赛事委员会的管理压力逐步加大。汉城奥运会不仅在 34 座竞赛场馆及各项辅助训练场地配有媒体区，还建造了交通方便、各种设施齐全的公寓式媒体村和新闻中心。媒体服务部的下属部门分工更加细化、专业化。1988 年汉城奥运会开始出现了新闻服务的雏形，以简单的纸质公报向记者提供信息；有专门的部门负责媒体交通、住宿、安保、餐饮、医疗等服务。

特别值得一提的是，从 1988 年汉城奥运会开始，媒体运行的管理工作主要由两个部门来共同承担：一个是组委会媒体运行部，一个是东道主奥林匹克主转播机构。前者负责赛时主新闻中心、分场馆新闻中心的规划建设及运行，主要服务对象为文字与摄影记者；后者负责制作赛时重要活动的电视与广播信号，建设、维护国际广播电视中心和分场馆的转播设施，主要服务对象为广播、电视媒体。这为以后的历届奥运会媒体服务工作提供了“模板”。

---

① Verdier, Michele. The IOC and the press. *Olympic Review*, 1996, June - July, 65 - 66.

## 第四节　媒体运行相对完善的时期（20世纪90年代至今）

20世纪90年代以来，大型赛事的媒体服务开始重视对现代运营与管理理论的运用，其基本特征为：重视知识管理；专业分工日益细化；信息服务数字化、网络化；组织机构设计强调自身特色。在体育赛事全球化不断提高、活动需求不断增多的现在，赛事媒体服务呈现出新的发展趋势：一是大型赛事的组织者们在媒体服务的资源配置上逐渐向新媒体倾斜，注重为新媒体提供更好的服务；二是大赛中的媒体服务与赛事传播更为紧密地结合在一起，二者直接影响大赛所取得的最终效果；三是大赛媒体服务组织和管理不断完善，专业化程度日益提高，组织者和管理者需要掌握更多的应对来自于社会、经济、政治等方面的挑战的能力。

20世纪90年代中期，信息技术，特别是因特网技术的迅猛发展使以电子传输的方式向记者提供信息成为可能。

1992年巴塞罗那奥运会后，国际奥委会专门成立了国际化的专业团队（OBS）来制作奥运会的公共信号，然后把这些信号再传给各国电视台，成功实现对电视节目的控制。从这届奥运会后，OBS负责制作奥运会的全部公共信号，然后把这些信号传（卖）给各国电视台。这既可以保证公共信号客观公正、不带任何偏见，同时还可以保证技术质量完美，使奥运会电视转播具有延续性。

1996年亚特兰大奥组委史无前例地提供了INFO1996电子计算机系统，即将奥运会信息上传到网上，使媒体及受众通过一个调制解调器和一条普通的电话线与奥运会“亲密”接触，不仅能查询文字资料，还能耳闻目睹奥运会的声像资料。此后，局域网INFO系统和相关网站（主要是官方网站）都成为媒体了解奥运会最新动态的平台。

随着奥运会的日益规范化及奥运会影响的日益扩大，受众体育知识、奥运知识的增多，媒体间的竞争日趋激烈，参与奥运会报道的媒体工作量和工作强度不断扩大，导致了媒体服务的内容越来越庞杂。为提高媒体及奥组委媒体部门的工作效率，与日益规范化的奥运会保持一致，国际奥委会开始制定媒体服务的相关规范和标准，使得媒体服务内容朝着专业化的方向发展。

自1997年起，国际奥委会专门制定了包含《媒体指南》在内的各类指南文件，作为国际奥委会、国家奥委会及主办城市所签订主办城市合同的一个必要组成部分，规定奥运会主办城市必须履行的承诺和奥运会组织工作的最低标准。2004 年雅典奥运会后，国际奥委会又修改了各类指南，更名为“技术手册”，使得媒体服务在实践操作层面更加规范化和标准化，并在进一步细化奥运会组织工作的各项要求的同时，使得奥运会媒体服务工作更加“有据可依”，再加上举办国及奥组委根据本国国情而进行的创新，奥运会媒体服务走向规范化的发展道路。

2000 年悉尼奥运会有了真正意义上的当代新闻服务。为了确保每届奥运会的高水平，2001 年 5 月，IOC 执委会决定成立奥林匹克转播服务公司（OBS），其目的和任务是为奥运转播商或主转播商提供所需的设施和服务。

2004 年雅典奥运会媒体运行很成功，它在服务注册记者的同时，专门成立了“第二新闻中心”，即非注册记者新闻中心，负责接待非注册媒体记者。2006 年都灵，新闻服务首次成功进入冬奥会。

2008 年北京奥运会，首次将媒体运行设成一个单独部门，由 600 名工作人员和 2 000 多名志愿者组成。这届奥运会还开创了 INFO 系统无线接入的新功能。这是奥运会历史上首次运用无线 INFO 系统，注册媒体付费购买收费网卡后，可以直接在自己的笔记本电脑上看到 INFO 2008 的页面，不仅不需要登录密码，并且可以对信息直接操作，例如复制到自己的文档中。无线接入的服务覆盖了主新闻中心和各场馆新闻中心的工作间及广播电视中心的公共区域，在奥运村和媒体村的媒体工作间，也具备了无线上网的条件。

此外，北京奥组委本着善待媒体的方针，为便利外国媒体机构或者记者的采访报道活动，解决其因语言不通、情况不熟、对法律政策不了解而可能出现的困难，北京奥组委协调北京市和中国中央政府相关主管部门，开创了 29 部门联动“一站式”服务机制，以便在外国记者因采访之需而出现行政审批和服务需求时为其提供帮助和便利。

北京市政府在距北京奥林匹克公园、奥运会主新闻中心只有两公里的北京中轴路上，居于二环路和三环路中间的奥林匹克商务区内，建成了非注册媒体中心——2008 北京国际新闻中心，开创了非注册媒体中心的“模板”，充分体现了服务的人性化。

温哥华冬奥会设立了 Press Operations；新加坡青奥会则设有 Media Operations；2010 足球世界杯也有一个部门是 Media Operations；2012 伦敦奥运会组委会则设置了 Media, Editorial and Press Operations Department。这些国际大型赛事都设立了专门的媒体运行部门。显然，“媒体运行”已经成为国际大型赛事组织管理工作中的一个重要运行环节。

纵观奥运会媒体运行发展史，大型赛事媒体运行的雏形在第一届奥运会就已显现，但它还不是现代意义上的媒体运行，在媒体运行的标准、客户群、组织、效果评估等方面体现得都不明朗，用“媒体服务”这个词来表达更准确。媒体服务是个更大的概念，是一个常态系统。随着奥运会的发展，面对日益庞大的媒体客户群，为保障媒体服务的质量、规范和效率，现代化运营模式和管理方法的采用成为必然，“媒体运行”因此而来。“媒体运行”是“媒体服务”的延伸，强调通过运行实现服务。

中国有多项以全运会为代表的大型国内赛事，如城市运动会、少数民族运动会、农民运动会、全国体育大会等。近年来，中国已经承办了多项大型国际赛事，如2008年北京奥运会、2010年广州亚运会、2011上海世界游泳锦标赛、2011深圳世界大运会。未来几年，中国还将不断申办和承办大型赛事，如2014南京青奥会、2015北京世界田径锦标赛等。如何充分发挥大型赛事媒体运行的功能和作用，帮助媒体最大限度地报道赛事，从而使赛事达到良好的传播效果，将是大型赛事主办方所面临的重要课题。

## 思考题

1. 奥运会媒体服务经历了几个发展阶段？各阶段的主要特点是什么？
2. 奥运会媒体服务发展各阶段的社会背景是什么？

# 第三章　媒体运行的理论基础

**【内容提要】** 本章从多个角度探讨媒体运行的科学原理与运行规律。从系统论视角来看，媒体运行是大型赛事组织中的一个组成部分，用系统论来考察大型赛事媒体运行，要求在工作中立足全局，运筹帷幄，从而实现系统最佳目标。从组织传播学视角来看，媒体运行也是一个组织传播的过程，其内涵是服务媒体，即体育赛事组织（以组委会为代表）通过更好地保证媒体对受众的服务，来提高赛事传播效果的行为和过程，最终实现赛事传播目标。从传播过程与模式理论的视角来看，大型赛事的媒体服务过程体现为一个独特的传播过程模式。它产生并存在于一定的传播环境中，受到宏观、中观和微观社会的控制，在上下层次之间、内外环境之间构成一个动态的开放与反馈互动关系，并出现了多元、多层次的信息传播与反馈主体和对象。

大型赛事中，注册媒体对时间、距离、空间位置、流线、物资和服务的特殊需求与行为模式，构成了大型赛事媒体运行的亚文化，因此，大型赛事媒体运行关注非注册媒体的亚文化。

媒体运行绝不是“长官意志”的简单体现，也不是某些权威人物灵机一动、突发奇想的产物，它是一个有组织、有目的、有条理、有指导的组织传播活动过程，是一个与社会大系统紧密联系，多个不同层面的分支系统共同参与、互动反馈的传播过程，体现了一种具有自身特点的传播模式。

## 第一节　系统论视角下的媒体运行

系统，是指处于一定的相互关系中并与环境发生关系的各组成部分（要素）的总和。系统的特征包括：①整体性。系统整体大于局部之和。②关联性。系统内部和系统之间有机联系。③动态性。系统内部结构随时处于开放的动态之中。④有序性。系统从无序走向有序。⑤目的性。系统的目的决定其发展方向。

系统论是研究一般系统的特点和规律的科学。具体来说，就是从系统的观点出发，始终着重从整体与局部、整体与外部环境之间的相互联系、相互作用、相互制约的关系中，综合地、精确地考察对象，以达到最佳地处理问题的效果的学科。

系统论是以系统为研究对象，分析系统的结构和功能，研究系统、要素、环境三者的相互关系和变动的规律性等问题。系统论认为，世间万事万物，只要是由相互依赖、相互作用的若干部分结合而成的具有特殊功能的有机整体，那么其就是一个系统，而这个系统同时又从属于一个更大的系统。

大型赛事筹备时间长、比赛要求高，筹备及举行期间需投入较多的人、财、物，涉及许多方面，是一个巨系统。第 11 届北京亚运会是体育领域运用系统思想的成功典范。指挥中心采用照章办事、程序指挥、计划网络图、层次管理、目标管理、矩阵结构、流程图、热运行、倒数计时统一步调和类 C3I 系统的办法，组织严谨，效果良好，受到了国内外的一致赞扬。

按照系统论的观点，大型赛事是社会大系统中的一个子系统，而媒体运行又是大型赛事组织中的一个组成部分。赛事媒体运行是一个复杂的社会现象，每届大型赛事媒体运行的水平和标准，根据系统论，它涉及赛事媒体运行系统所受到的政治、经济、科技等社会因素及赛事的影响，即促使媒体运行系统发生变化的社会环境。

系统论本身就是一个庞大的系统工程，有很多的原则和属性。将系统论运用于大型赛事媒体运行中，需要强调以下原理的应用。

## 一、整体性原则

系统论的第一个基本原则是整体性原则，突出整体制约局部，局部服从整体。它要求在系统的组织管理中必须着眼于整体，从整体与部分相互依赖、相互制约的关系中揭示系统的特征与规律，突出整体的组织功能。组织的力量绝不是其各个部分的简单拼凑，而是各部分有机结合的统一体发出的力量。组织大型赛事媒体运行，必须依照整体性原则去实施。

第一，要用系统论方法将各个阶段的工作简化，编制、形成各种形象的指挥图表和工作模型图。要把各子系统有机地组合，发挥出整体特性，形成强有力的组织指挥，必须结合大型赛事媒体运行的复杂性、专业性、不稳定性等特点，编制各种指挥图表和工作模型图。这些图表的建立和运用，可使大型赛事媒体运行的组织指挥更加科学化、系统化、程序化，形成一个统一指挥、协调运转的有机整体。

第二，从整体利益出发，发挥各子系统的功能。整体把握、科学分解、组织综合是整体性原则的又一含义。其中分解是关键所在，分解正确，分工就合理，规范才科学、明确，工作才协调。大型赛事媒体运行各部门中，只要有一个运转受阻，或不够协调，就会给大型赛事的组织带来很大影响。同时，分解要与协同的理念统一，要建构团队精神。媒体运行是团队工作，任何部门或者子系统都离不开其他部门的协作，任何人的工作也离不开其他人的配合。

第三，发挥外部的整体协调。大型赛事媒体运行组织管理系统和外部环境有着密切联系。外部环境包括政治、经济等社会因素，也包括自然环境和外系统的因素等。外部环境的变化会使组织管理系统产生新的反应。组织管理系统不但要适应这种变化，而且要起积极的推动作用，与外部环境系统取得一致。

## 二、相关性原则

系统论的第二个原则是相关性原则，即各部分互相联系构成一个相关联的有机整体。这就要求人们对任何对象的研究都必须从它的结构、功能以及各个部分的相互关系和历史发展等方面进行全面的联系考察。系统论相关性原则指的是从系统各个组成部分的相互关联上去把握系统。与整体性原则相比，相关性原则突出的是系统内部的关联性，体现在不同层级结构的关联和同一层级各系统之间的关联。如 2011 年第 26 届深圳世界大学生运动会，大运会执行局新闻宣传部下设大运会媒体运行中心，后者又下设主新闻中心部、场馆媒体运行中心部、后勤支撑部三个子部门。这种层级结构的构建，避免了越级指挥、责任不清的现象，形成了各负其责的层次指挥系统。在同一层级系统之间，如大运会执行局新闻宣传部与竞赛部、信息技术部、交通安保部等部门密切配合；在场馆层面，场馆就是一个整体，27 个业务口之间需要协同配合、信息交换，这些子系统之间也互相交叉联系，你中有我，我中有你，形成一个相关联的巨系统。

## 三、最佳目标原则

最佳目标原则要求统筹全局，实现最佳目标。应当根据需要尽可能先为系统定出一个最优的目标，然后应用各种新技术、新方法，在动态中协调整体和局部的关系，使部分的功能服从整体的最佳目标，即要有全局的观点。有时在部分上不是最好的，但在全局上、整体上却是最有利的，这就要求局部服从于整体和全局。

大型赛事媒体运行能够作为一个系统，关键是包括了若干个分支子系统。按空间和服务内容分，大型赛事媒体运行有三大场地设施子系统（MPC、VMCs、IBC）、三大服务子系统（新闻运行、广播电视运行、新闻信息服务）。具体到更小的子系统，如场馆媒体中心，它由媒体接待休息室、记者工作间、媒体看台、混合区和新闻发布厅五个区域子系统组成。它们虽然有业务和服务对象的区别，有顾客工作模式的区别，但是，它们为了一个共同的目标或利益结合在一起，相互依存、相互制约，由此构成有机的整体，而不是孤立的、静止不变的。场馆媒体中心进行不同区域媒体运行策略的实施不仅需要密切关注顾客的活动模式，考虑顾客对本区域和其他区域赛事信息的实际需求，而且要与更高一级系统的主新闻中心，甚至是大赛组委会的领导系统紧密联系，明确高层领导系统对大赛的最高理念和最高目标，然后把这些理念和最高目标贯彻体现在各级系统的工作决策、制度管理和运行的过程中，并参考各子系统所收集的反馈意见和决策依据，与主新闻中心、场馆媒体中心其他区域、媒体村等子系统协同服务，共同实现最佳目标——为记者提供符合标准的媒体运行服务。

## 四、及时反馈原则

20 世纪 50 年代，维纳所创造的控制论对各学科领域的研究产生了强大的推动作用。一批传播学的研究者以控制论的思想方法为指导，进一步深入研究传播的过程模式，引入了“反馈”的机制，从而变原来“直线单向性”的线性模式为“双向循环性”的控制论传播模式，克服了线性模式的局限性。这是传播结构认识史上的第二次飞跃。

反馈是控制论的核心，它极大地启发了传播的理论研究。实际上，这种信息传递中的互动和反馈，是人类平常交际活动的基本模式。正因为有了反馈和互动，才有了人类的相互学习、切磋研究、争论和合作，而且随着人类思维能力、表达能力、沟通能力、研究能力的不断增强，反馈互动的活动行为方式逐渐成为人类主体性的一个重要体现。我们的传播研究必然要跟上人类传播活动发展的这种主体需要，从理论上解决好这个问题。控制论的运用过程实质上是一个信息流动、信息获取、信息反馈、信息调整的系统过程，这不仅深化了宏观理论上的认识，而且对我们研究传播活动如何加强互动、反馈、经营、管理、控制，以增强传播的社会效益和经济效益具有很大的启发意义。

在信息论中有一个“熵”（Entropy）的概念，由鲁道夫·克劳修斯（Rudolf Clausius）提出，并衍生出物理学的“熵函数”来描述系统的无序化或有序化程度。熵值增长就意味着系统的无序化升高或有序化降低，熵值减少就意味着系统的无序化降低或有序化升高。在热力学中“熵”指热能除以温度所得的商，标志热量转化为功的程度。随后“熵”在控制论、概率论、数论、天体物理、生命科学等领域也被广泛应用，在不同学科中引申出不同的定义，是各领域十分重要的参量。比如，科学技术上用“熵”来描述、表征系统的不确定程度，社会科学则用其表示人类社会某些状态的程度。后来克劳德·艾尔伍德·香农（Claude Elwood Shannon）第一次将“熵”的概念引入到传播学和信息论中，用来表示一种情境的不确定性、无组织性和体系的混乱程度，而“负熵”（即熵减）则指熵函数的负向变化量。

“负熵”与“价值”之间存在着某种必然的联系。从系统的外界输入“负熵”可抵消系统的熵值增长，从而维持和发展系统的有序化。由此可见，从物理学角度来看，人类社会的一切生产与消费实际上就是“负熵”的创造与消耗；从社会学角度来看，人类社会的一切生产与消费实际上就是“价值”的创造与消耗。

与“熵”的理论相关的还有耗散结构理论，它是指一个远离平衡态的非线性的开放系统（物理的、化学的、生物的乃至社会的、经济的系统）通过不断地与外界交换物质和能量，在系统内部某个参量的变化达到一定的阈值时，通过涨落，系统可能发生突变即非平衡相变，由原来的混沌无序状态转变为一种在时间上、空间上或功能上的有序状态。这种在远离平衡的非线性区形成的新的、稳定的宏观有序结构，由于需要不断与外界交换物质或能量才能维持，因此称之为“耗散结构”（Dissipative Structure）。据此，开放系统就具有负熵的特性，或者具有维持本身存在和成长的能力。由于信息和物质在环境和系统之间流动，通过对系统开放度的考察，就可以预测系统会走向成长还是走向崩溃。组织者要观察是否有足够的环境信息反馈于系统的调整，从而保证系统的健康发展。美国学者巴克利说：“说一个系统是开放的，不只意味着它和环境有所交流，同时也意味着这种交流是维持系统自身生存的重要因素。”①

媒体运行是一个具有高开放度的子系统，也可以看成是一个非平衡的“耗散结构”系统。它既需要开放，也需要获得各方面的信息反馈。一方面是因为该系统从事新闻服务，提供迅捷的信息传播，系统中从领导到工作人员的主要职责就是主动为顾客提供工作设施和服务。它的服务对象虽然是注册的媒体工作人员，但这些媒体工作人员同时又是为广大公众服务的传播者。他们都是媒体运行新闻服务组织和新闻媒介的“上帝”，服务如何，须随时获得受众的反馈以及时改进。另一方面媒体运行子系统与环境的渗透性相当高，它要求在自己的服务全过程中，及时、全面地获得来自各方面的反馈，以调整信息交换的中继过程。如在赛时，如果场馆媒体运行中存在问题，记者就可能直接打电话到主新闻中心媒体运行指挥中心进行投诉。指挥中心接到电话后，就会立即与场馆媒体中心相关

---

① Buckley, W. *Sociology and Modern Systems Theory*. Englewood Cliffs, NJ: Practice Hall, 1967, p. 50.

人员进行沟通，或赶赴现场进行调查，尽快找出原因，并解决问题；如果是媒体记者违反政策的原因，就及时耐心地向记者解释，并妥善处理；如果是场馆媒体中心的技术或服务问题，就找到相应责任人或相关部门处理、改善。这种反馈被称为正面反馈、成长反馈或强化偏离反馈。因此，大型赛事媒体运行不仅要有健康发展所需要的环境信息的反馈，而且要重视反馈对系统的修正作用。

## 五、动态开放原则

系统论告诉我们，一切机体之所以能有组织地处于活动状态，并保持生命运动，是由于各个不同层面的系统彼此之间以及与环境之间，都在不断地进行物质、能量和信息交换，这种能与环境进行动态交换的系统才可以叫作开放系统。这种系统动态开放的理论被广泛应用于新陈代谢、生长、发展、调节、刺激反应、天然的能动性等生命的基本特征方面，并且正被广泛应用于社会各领域的活动中。人类的各种层次和形态的传播活动都是社会大系统中的一个动态开放的子系统，必须在加强信息和组织的开放中不断加强及时反馈，以保持自己的生命力。在这个动态、开放的过程中，每个系统都有自己的子系统或要素，这些子系统和要素的组织形式就是系统的结构，而系统的结构由不同层次的要素所构成，且要素处于不同的等级。一般来说，在系统的多层次结构中，高层次支配着低层次，决定着系统的性质。如人具有物质属性，即由各种有机物和无机物组成；人又具有生物属性，有食欲、性欲等；人还具有社会属性，具有社会的地位、观念和功能等。在这些属性中，社会属性和自我意识是最高层次的，它们支配着其他属性，但也会接受其他属性的反作用。

在不同阶段，大型赛事媒体运行的工作重心不同，系统的状态也会随时间而发生变化。因此，要经常注意情况的动态变化，发现问题。一方面，制订媒体运行事件预案和应急方案；另一方面，要注意原则性与灵活性相结合。如场馆媒体中心发生紧急事件，按原则，媒体志愿者须在第一时间报告给媒体主管、经理或指挥小组，但这也容易错过处理事件的最佳时机。因此，在媒体运行赛时指挥小组的前期工作中，最关键的是招募和培训一批熟悉新闻媒体业务、懂得媒体运行政策、综合能力强，并富有灵活性的工作人员和志愿者。赛时，应给予子系统中的工作人员一定的灵活性，主要依赖事件的第一发现者采取紧急应对措施，同时向上汇报。

系统论作为一种科学技术和思维方法，对于规模庞大、系统复杂的大型赛事媒体运行的组织管理具有重要意义。用系统论来考察大型赛事媒体运行，不仅可以在工作中按整个系统的要求对子系统进行准确定位，同时，可灵活运用系统论原理，改革创新工作方法，从而实现系统目标。

## 第二节　组织传播学视角下的媒体运行

美国学者赫伯特·西蒙认为，组织是社会中相近或相似个体有目的的组合，“是一个人类群体中信息传播与相互关系的复杂模式。它向每个成员提供其决策所需要的大量信息，许多决策的前提、目标和态度；它还向每个成员提供一些稳定的、可以理解的预见，使他们能够预料到其他成员将会做哪些事，其他人对自己的言行将会做出什么反应。社会学家将这一模式称作‘角色体系’；我们大多数人则称之为‘组织’”①。它是“为了达到特定目标而建立明确程序和发生协调行为的群体”②。

形成组织的过程实际上就是传播的过程。组织成员通过适当而有效的信息交流来维系组织的稳定和发展。组织传播也称团体传播，是指组织成员之间或组织与组织之间的信息交流行为。传播是组织结构的轴心，是组织存在的基础，没有传播就没有组织。因此，组织传播的目的就在于稳定、密切组织成员之间的关系，协调行动，减少摩擦，维持组织的生命力，疏通组织内外渠道，应付外部环境的变化。③ 无数事实说明，古往今来，无论是在社会重大转折时期改写历史的组织传播，还是一些具体活动中精细入微的组织传播，都以其上下贯通、内外结合、纵横交错的传播力推动着组织的繁衍和发展，同时，也不同程度地推动着人类社会的文明进步。

“组织传播学是传播学的一个重要的分支学科，它是美国传播学中影响最大、教育者最多、学习者最感兴趣的一个领域。”④ 当代美国最著名的传播学者埃弗雷特·罗杰斯（Everett M. Rogers）将组织传播学定义为“发生在组织内、组织间，以及与其环境间的传播”。他还认为“研究组织传播最重要的理由是组织传播的发生是在高度的结构网络之内……传播是组织的原动力，传播提供组织的一切活动……也是组织与其环境交换的工具”⑤。

传播学意义上的媒介有两种含义：第一，它是指信息传递的载体、渠道、中

---

① ［美］赫伯特·西蒙．管理行为．杨砾，韩春立，徐立译．北京：北京经济学院出版社，1988. 7.

② 宋林飞．现代社会学．上海：上海人民出版社，1983. 286.

③ 肖沛雄等．新编传播学．广州：广东人民出版社，2006. 58.

④ 鲁曙明．沟通交际学．北京：中国人民大学出版社，2008. 156.

⑤ 郭庆广．传播学教程．北京：中国人民大学出版社，1999. 147.

介物、工具或技术手段；第二，它是指从事信息的采集、加工制作和传播的社会组织，即媒体机构①。作为传播者的媒体机构具有以下特点：第一，地位稳固。媒体与受众的角色关系是固定的，我们在读书、看报、听广播、看电视时只能单方面地接受来自传媒的消息。第二，媒体是一种社会组织，具有自身的组织传播目标和组织结构。第三，媒体是大众传播生产资料的直接控制者和使用者②。从某种意义上来说，媒体是传播特权的拥有者，它们所拥有的传播能力和权力都远远超过了社会个体或其他一般社会群体。

媒体作为组织所具有的这种强大的传播能力和权力，与体育赛事组织希望扩大赛事影响、促进体育赛事长远发展的需求，以及赛事举办方希望通过赛事宣传城市、提升城市知名度和竞争力的需求相吻合。因此，大型体育赛事媒体运行应运而生。

从组织传播学的视角看，媒体服务就是体育赛事组织（以组委会为代表）为实现赛事传播目标，将传播赛事的媒介视为客户，针对客户——媒体的需求提供相应的信息及获取信息的渠道，以提高赛事传播效果的行为和过程。

媒体运行的内涵是服务媒体。在这一过程中，媒体成为客户，成为服务和利用的对象，而服务的提供者（大型赛事组委会）通过完成对媒体有针对性的服务，以实现组织传播目标。为媒体服务，实际上最终是为了更好地保证媒体对受众的服务。

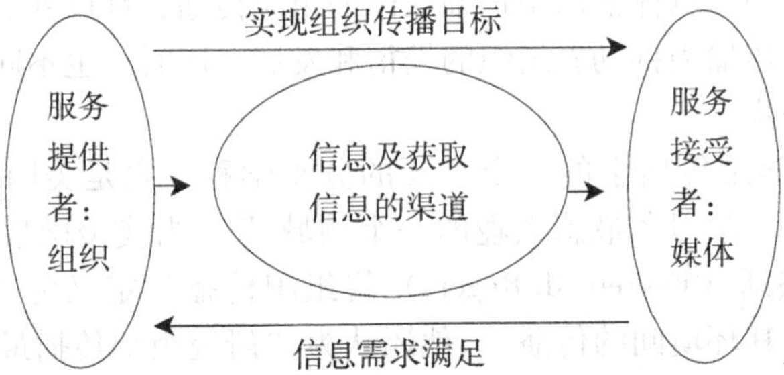


**图 3－1　组织传播学视野下大型赛事媒体运行图**

以奥运会为例，奥运会组委会在国际奥委会的监督和控制下，代表主办国和主办地利益履行权利和义务，它的目标是将报道奥运会的媒体作为服务的对象，通过对媒体提供有针对性的、专业化的服务（包括信息和获取信息的渠道），使

① 郭庆广．传播学教程．北京：中国人民大学出版社，1999. 157.

② ［美］威尔伯·施拉姆等．传播学概论．何道宽译．北京：中国人民大学出版社，2010.

媒体加深对奥运会的了解，以便它们能生产更好的媒体产品，从而更好地把奥运会形象（含主办国的国家形象）传播出去，实现组织传播目标。作为服务的对象，媒体在享受服务的过程中，获得了信息需求的满足，进而生产出更好的媒介产品来吸引受众，在受众获得信息需求满足的二次消费过程中，实现媒体的组织传播目标。

可见，不管是奥运会组委会还是媒体组织，虽然它们的目的不尽相同，但双方通过媒体产品实现了各自的目标。媒体产品是它们的利益结合点，也是它们保持长久合作关系的基础。

因此，“服务媒体就是服务自己，要在服务中引导、在服务中管理”。新闻的选择是以看点、卖点、刺激点为出发点和归宿点，通过为媒体提供采写信息的工作场所，尤其是通过新闻服务为媒体提供初加工的、客观的、中立的、平衡的报道，来提高媒体服务水平，实现组织传播目标。

媒体服务人员最重要的职责就是为媒体提供热情周到的服务，同时做好赛前、赛时、赛后媒体的管理工作，严格按照媒体人员工作证的通行区域来管理媒体，确保赛场与会场的秩序，做到采访有序。

## 第三节　传播过程与模式理论视野下的新闻服务

### 一、传播要素组成的传播过程模式

所谓模式（model），就是对事物的内在机制以及发展过程中所涉及的各种内外关系、变化原则运用直观、具体、简洁的方式进行描述的方法。它是对事物存在的静态与动态形式的客观性描述。传播模式则是对传播活动要素在传播活动过程中的互动关系和变化原则所作的直观、具体、简洁的客观描述，从某种意义上说，它也是传播学研究的一种方法。美国学者卡尔·多伊奇在《政府的神经》（1963）一书中曾论述过社会科学研究中运用的模式的主要功能是它的构造功能、解释功能、启发功能、简化功能和预测功能。

传播过程模式的研究，把传播作为一个各要素密切交织、相互关联的整体过程来考察它们的相互关系和运动规律，对理论传播学和应用传播学的研究影响深远。施拉姆曾经将传播过程概括为八个要素：信源、信息、编码者、渠道、解码者、接受者、反馈和噪音。在人类的传播行为中，信息的传递、接受和反馈构成了一个完整的传播过程系统。传播系统内各要素的关系和组织形式，或者说是系统内各组织要素之间的相互关系、作用的秩序和方式，构成了整个传播过程系统的模式。

传播过程的特征主要表现为动态性、结构性和序列性。动态性是指事物在运动过程中，作为其属性表征的信息流动（产生、发展、接收、反应）是一个动态过程，传播双方的意义或精神内容产生双向互动，即作用与反作用。这个过程是动态的而不是静止的，是开放的而不是封闭的，是联系的而不是孤立的。结构性强调传播过程是一种复杂的多元结构体，各环节和要素的作用有先后次序，按信息流向依次执行功能，体现为一环扣一环。序列性则是说传播过程的本质是有序的运动，传播过程中各要素及其关系的相互影响和变化遵循一定的规律。它体现为时间上的先后次序、形态上的链式结构和运动中的互动规律。总之，传播过程体现为由多种要素构成的事物及其相互关系组成的动态的、有结构的信息流动过程。

随着人类对事物运动研究的深入，传播学对传播过程的认识经历了从单向、孤立、封闭的认识走向双向、多元联系、开放的认识的过程；对传播过程的研究经历了从线性过程到控制论过程，再到系统论过程的进步。因此，传播过程研究发展至今，我们可以将其分成三类：线性传播过程、控制论传播过程、系统论传播过程。前两者是对传播过程内部的微观认识，后者是对传播过程外部关系的宏观认识。

## 二、大型赛事新闻服务各传播要素及其相互关系模式

新闻服务是大型赛事媒体运行的核心。它是指组委会通过组建由经理、前方采写记者、后方内容编辑发布团队等组成的专业新闻服务团队机构，采集、生产客观准确、迅速翔实的新闻信息文本以及纸质成绩公报，并将其提供给大型赛事组织成员和注册媒体记者——传统意义上的新闻把关人。新闻服务担当组委会“官方通讯社”的角色，这些新闻信息服务通过 INFO 信息系统发布。INFO 信息系统的新闻内容由新闻服务团队统筹管理，以清晰、简洁的语言向服务对象提供均衡的、符合通讯社发稿标准的信息和新闻稿件。

在这个传播过程中，首先，新闻服务存在于一定的社会传播环境中（包括政府、大型赛事组委会、媒体、受众乃至整个社会的政治环境、经济环境、文化环境、法律环境等），它必然受到这一系列环境因素的制约和调控。

其次，大型赛事新闻服务过程存在双重传播主体。第一位的传播主体是新闻服务团队，它们依据自己所设想的受众的需要和兴趣选择信息（当然这个受众面比单家注册媒体的受众面要宽广得多），再将选择和生产的信息向媒介组织传递，为注册媒体充当了初次信息选择的代理人。这时，身份、职责相似的注册媒

体记者就演变成初次受众或者原有受众（此处已转变为二次受众）信息传播的中介。换言之，大型赛事新闻服务团队的出现，使得传播过程出现了双重新闻“把关人”——新闻服务团队和注册媒体记者。媒介组织是前者的受众，并成为第二位的传播主体。

双重传播主体存在的根本原因正如“马莱茨克模式”中所描述的，接收者心目中的媒介①形象导致接收者对媒介内容的期望，因而可以认为这种形象将影响接收者对内容的选择、感受和反应的方式。媒介的知名度和可信度是这一形象的重要组成部分。大型赛事新闻服务信息的中立、客观、均衡原则，它获取信息渠道的权威性，以及其良好的媒介形象吸引着作为信息初级受众的注册媒体记者。

因此，可以说，大型赛事组委会为媒体提供新闻服务，实际上是延伸了信息传播过程，提高了信息传播效果。这是对传统大众传播过程理论的补充和丰富。同时，又给媒体组织的新闻报道提出了一个新的难题：在众多注册媒体共享新闻服务信息资源时，各家媒体组织如何避免赛事报道内容的同质化？换言之，媒体组织个体，如何对接收的信息资源进行媒体编码，再向广大终端受众传递高价值的符号和信息？

再次，大型赛事新闻服务过程不是单向的信息流动过程，而是在每个传播要素之间都存在反馈和互动的一个“场”。正如法国社会学家皮埃尔·布尔迪厄（1992）在奥运会赛事社会构成和电视影像生产的研究中所得出的结论：电视影像和话语的所有制作人员第二次参与了奥运会竞赛的表演，他们承受了所处的客观关系网施加的压力②。因此，新闻服务团队是在一个“包含了社会心理因素的各种社会作用力相互集结、相互作用的‘场’中③”。政府、大型赛事组委会、大型赛事新闻服务团队、参与其中的新闻媒介组织和个人，乃至广大受众，都有可能对新闻服务传播过程中各传播因素进行反馈和互动（见图3－2，虚线表示新闻服务传播过程中各传播要素的反馈和互动）。因此，他们又都成为反馈信息

① 这里的媒介指大型赛事新闻信息的提供者——组委会新闻服务团队。

② ［法］布尔迪厄．关于电视．许钧译．沈阳：辽宁教育出版社，2000. 101～104.

③ 马莱茨克大众传播场模式应用了“场论”的研究思想。大众传播场就是大众传播过程中诸种社会关系的群集和总和，他认为无论是传播者还是接受者的行为，都是在一定的“社会磁场”中进行的，而在与社会的互动中显示其传播的性质和作用。马莱茨克大众传播场模式从社会心理学角度切入，将社会系统与传播系统中各因素及其间的关系进一步细化，在一个包含了社会心理因素的各种社会作用力相互集结、相互作用的“场”中，对那些可能对传播各环节构成影响的因素进行了考察。这些因素既包括个人性格、心理、社会环境等制约传播者与受传者的因素，也包括内容加工、受众选择等制约媒介与信息的因素；既包括各种显在的社会影响力因素，也包括潜在的社会心理因素。这些因素相互交织、相互集结，构成了复杂的社会传播系统。

的传播者。

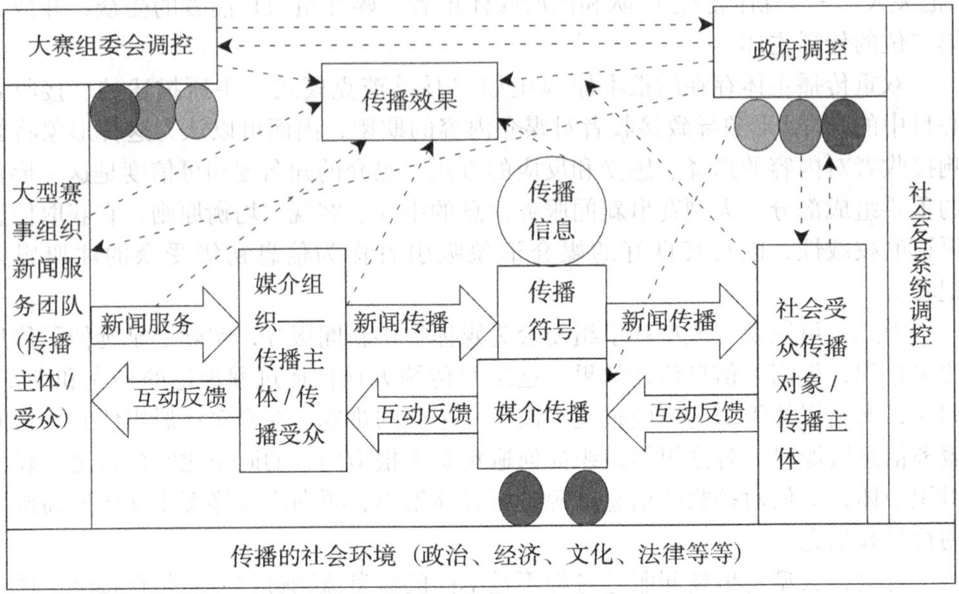


**图 3－2　大型赛事新闻服务各传播要素及其相互关系模式图（肖沛雄）**

最后，大型赛事新闻服务效果的好坏，并不决定于某一个传播要素（如政府、大赛组委会、大赛组织新闻服务团队等）的标准和评价。虽然组委会新闻服务对注册媒体记者有较大的吸引力，但是，由于新闻服务提供的信息具有隐性的议程设置特征①，其终极目标在于传播体育赛事，推广主办城市的形象和打造品牌效应，敦促体育赛事组织者提高组织水平，实现社会效益甚至经济效益。因此，部分影响力大、有“自我觉醒”意识的注册媒体记者，会对新闻服务信息保持一定的警觉，可能拒绝新闻服务信息框架，而选择直接从众多事件中进行基于自身框架的新闻选择。如果发生这种现象，那么，组委会的新闻服务反而成为传播过程中的“噪音源”。因此，媒体与组委会新闻服务之间存在着一定程度的信息博弈（反馈和互动）。由此可见，衡量大型赛事新闻服务和信息传播的效果，应对其中各传播要素的协同作用、受众的满意程度和最终的社会综合效果进行全面考察。

① “所谓议程，就是对当前问题进行选择性的报道，对选中的事情进行不同程度的报道。”见：［加］文森特·莫斯可．传播政治经济学．胡正荣译．北京：华夏出版社，2000. 131.

## 第四节　亚文化视野下的媒体运行

亚文化又称集体文化或副文化，指与主文化相对应的那些非主流的、局部的文化现象，在主文化或综合文化的背景下，属于某一区域或某个集体所特有的观念和生活方式。一种亚文化不仅包含着与主文化相通的价值与观念，也有属于自己的独特的价值与观念。亚文化是一个相对的概念，是总体文化的次属文化。

### 一、注册媒体有行为模式需求的亚文化

大型赛事中，注册媒体对赛事的时间、距离、空间和服务，以及场馆功能区的位置和名称有特殊需求的行为模式，构成了注册媒体亚文化。例如，国际赛事的主新闻中心（MPC）、国际广播中心（IBC）和场馆媒体中心（VMCs）都必须选址合适，空间和流线也要合适，并且与住地之间有交通保障。同时，必须有媒体记者开展工作所需的通讯设备、摄影服务、新闻服务和媒体服务。这里的亚文化本质上是媒体对赛事运行（包括媒体运行）的总体评价。这种评价权是固有的、无法被剥夺的。

### 二、关注非注册媒体的亚文化

在百年奥运的发展历程中，媒体运行的服务对象逐渐被界定为注册媒体，即每个国家报道奥运会的配额权在IOC，只有经IOC批准的媒体机构和记者才能在组委会注册，进入注册身份规定的区域进行相应的采访报道活动。但是，随着受众对信息需求的增加、媒体竞争的日益激烈，以及新媒体的发展，前来赛事主办城市参与赛事报道的非注册媒体越来越多。本着人文关怀的精神和赛事主办方对宣传的需求，赛事组委会在不违背合同与要求的前提下，逐渐采取措施，开辟相应的空间，为非注册媒体提供服务。

2004年雅典奥运会媒体运行成功运行，它在服务注册记者的同时，专门成立了“第二新闻中心”，即非注册记者新闻中心，负责接待非注册媒体记者。2008年北京奥运会时，北京市政府在距北京奥林匹克公园、奥运会主新闻中心只有两公里的北京中轴路上，居于二环路和三环路中间的奥林匹克商务区内，建成了非注册媒体中心——2008北京国际新闻中心，开创了非注册媒体中心的“模板”，充分体现了服务的人性化。北京奥运会首次允许新媒体参加奥运报道，新媒体在奥运媒体运行体系中，从亚文化走向“合法”的主流文化，体现了媒

体技术进步带来的受众对多元信息需求的增加，是媒体报道进步的根本动力。而奥运会主办城市对非注册媒体的关注和服务，也正反映了庞大的非注册媒体亚群体是IOC媒体运行领域不可回避的问题之一。

## 思考题

1. 如何理解组织传播学视角下的媒体运行？

2. 将系统论运用于大型赛事媒体运行中，需要强调哪些原理的应用？

3. 运用传播过程（模式）相关理论，如何解释大型赛事媒体运行中的新闻服务传播过程？

4. 如何理解大型赛事媒体运行中的亚文化？如何利用和服务这种亚文化？

# 中编 大型赛事媒体运行实务

# 第四章　主新闻中心（MPC）

【内容提要】主新闻中心是大型赛事期间注册的文字记者、摄影记者和图片新闻机构的主要工作场地。本章从MPC的概念、服务对象入手，对主新闻中心媒体运行的筹备、赛时运行和赛后工作内容及重点进行了分析。

## 第一节　MPC媒体运行概述

### 一、MPC的概念

主新闻中心，简称MPC，是Main Press Centre的缩写。它是大型赛事期间注册的文字记者、摄影记者和非持权转播商的主要工作场所。从性质上来说，它是为注册媒体24小时提供新闻和信息服务，及一切支持的主要中心。

MPC的作用表现在两个方面。在内部管理方面，MPC负责制定赛时各项运行政策，如访客卡、保洁、餐饮、场地、新闻运行、风险管理、安保、技术服务等政策。在对外方面，MPC相当于所有分场馆媒体中心（VMCs）的总指挥部，大赛期间所有媒体运行的工作都在MPC进行汇报交流、信息传递和统筹指挥。因此，MPC也集中体现了一个城市在大型活动中媒体运行的处理能力和对外交往能力。

### 二、MPC的服务对象

以亚运会为例，MPC为以下机构或组织人员提供服务：

（1）注册文字、摄影记者和非持权转播机构人员；

（2）租用办公间的媒体机构；

（3）官方通讯社即新闻服务团队；

（4）OCA新闻官；

（5）官方摄影队；

（6）主播机构及持权转播机构人员；

（7）贵宾访客和普通访客。①

## 第二节　赛前 MPC 媒体运行筹备

### 一、赛前 MPC 筹备概况

以北京奥运会 MPC 场馆筹备为例，如表 4－1 所示，指出了 2006 年到 2008 年北京奥运会开赛在即的 MPC 媒体运行任务。

表 4－1　北京奥运会 MPC 场馆筹备时间表②

| 时间 | 任务 |
| --- | --- |
| 2006 年 6 月 1 日至 2006 年 9 月 13 日 | MPC 初步运行设计 |
| 2006 年 10 月 8 日至 2006 年 12 月 31 日 | MPC 详细运行设计 |
| 2007 年 1 月 4 日至 2007 年 4 月 28 日 | MPC 详细运行设计深化 |
| 2007 年 3 月 1 日至 2007 年 7 月 | MPC 场馆培训 |
| 2007 年 3 月 1 日至 2007 年 7 月 | MPC 移入期、转换期、撤出期详细运行计划 |
| 2007 年 10 月至 2008 年 2 月 | MPC 人员招募和第一阶段场馆培训 |
| 2008 年 2 月 | MPC 核心团队进驻场馆 |
| 2008 年 4 月 | MPC 演练和测试赛运行 |
| 2008 年 7 月 8 日至 2008 年 7 月 23 日 | MPC 开放和试运行阶段 |
| 2008 年 7 月 24 日 | MPC 安保锁闭 |
| 2008 年 7 月 25 日至 2008 年 8 月 | MPC 24 小时运行阶段 |

① 第 16 届亚洲运动会组织委员会编．亚运会媒体运行．广州：暨南大学出版社，2009. 17～18.

② 第 29 届奥林匹克运动会组织委员会编．奥运会媒体运行．北京：中国传媒大学出版社，2007. 71.

## 二、机构设置

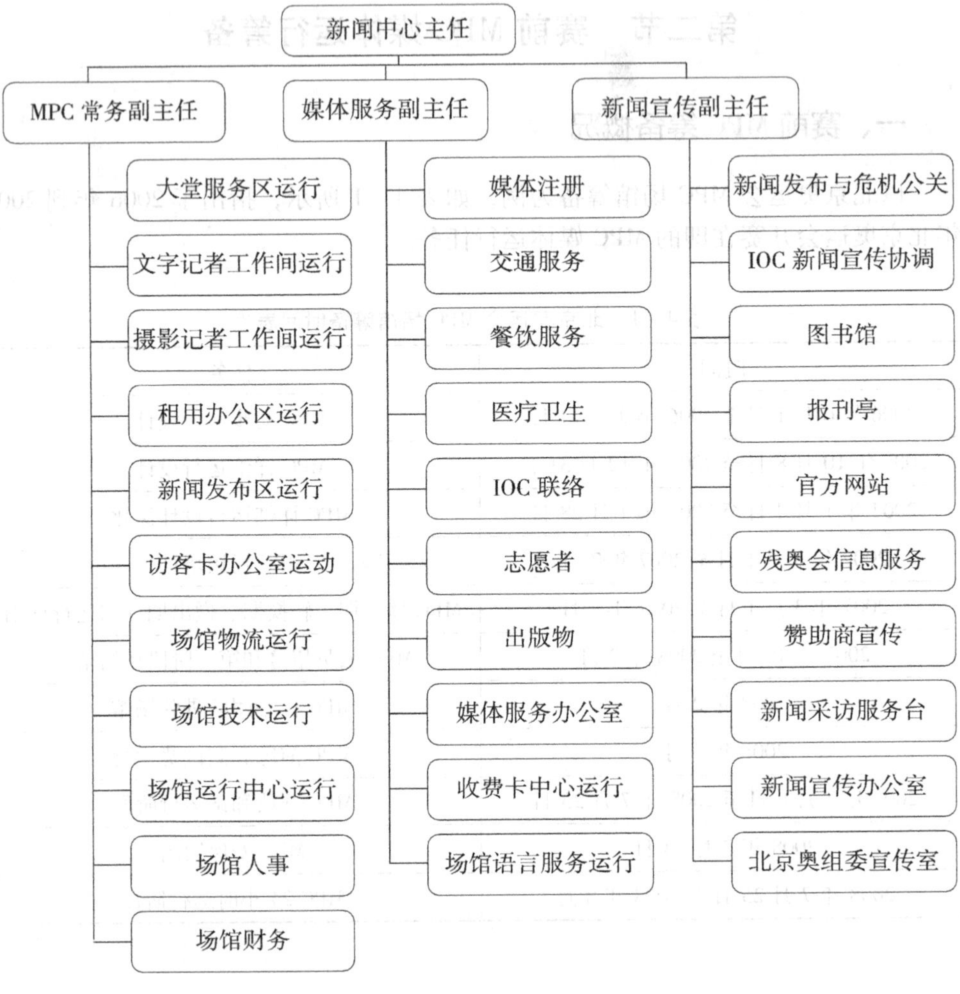


**图 4－1　北京奥运会主新闻中心媒体运行组织结构图**

来源：北京奥运会媒体运行志愿者培训教材。

机构设置是指大型体育赛事新闻中心的部门划分和人员配备，可按职能、区域、职能和区域相结合来划分。

从图 4－1 可以看出，北京奥运会主新闻中心的机构设置比较完整，它按照区域和职能相结合的方法对人员进行了划分和配备。将新闻运行、媒体服务和新闻宣传三者分开，职能清晰，区域相对独立，有利于区分权责，提高效率，是大型赛事组织的一大进步。

## 三、人员配备

MPC 是大型赛事重要的非竞赛场馆。MPC 团队的最高负责人是 MPC 领域主管，领域副主管协助领域主管处理 MPC 内的所有事务。在 MPC 领域主管和领域副主管下，还有综合管理与培训项目主管、MPC 设计运行项目主管。

### （一）赛前 MPC 领域主管的工作职责

（1）全面负责 MPC 的建设。

（2）全面负责 MPC 的设施设备的安装调试。

（3）全面负责赛前 MPC 各项工作之间的协调和管理工作。

（4）制订 MPC 运行计划。

（5）制订紧急预案。

（6）任命 MPC 和各功能区负责人。

### （二）综合管理与培训项目主管的工作职责

（1）全面负责本领域的综合协调及联络。

（2）全面负责制订项目运行计划。

（3）负责定期提交本领域进展报告。

（4）负责本领域赛后报告。

（5）全面负责本领域工作人员和专业志愿者的培训工作。

（6）负责 MPC 技术协调。

### （三）MPC 设计运行项目主管的工作职责

（1）协助 MPC 领域主管负责 MPC 的建设。

（2）协助负责 MPC 的设施设备的安装调试。

（3）协助负责比赛期间 MPC 各项工作之间的协调和管理工作。

（4）协助制订 MPC 运行计划。

（5）协助制订紧急预案。

（6）负责协调 MPC 各个部门之间以及 MPC 与场馆之间的事务。

### （四）人员配备的要求

（1）MPC 团队主要工作人员的配备，人数要适宜，人员要尽早到位。

（2）比赛前三年，MPC 管理人员应与建筑师和工程师一起，尽早参与 MPC 的规划与建设。

（3）通讯、电力和技术支持等功能区经理在赛前一年到位。

（4）合理计划赛时 MPC 付薪工作人员和志愿者人数。

（5）提供语言服务的专业译员数量充足。

（6）确保 MPC 的主要工作人员经过专业培训，并了解媒体的思维习惯、工作方式和需求。

## 四、空间结构、流线、物资

按照媒体的需要，MPC 功能区的职能区域划分主要包括访客卡办公室、服务大堂、记者工作区（包括摄影记者工作间、文字记者工作间）、记者休息区、媒体租用工作室、新闻发布厅等部分。这些功能区基本涵盖了主新闻中心的全部区域。在记者工作流程中，这些工作区具有连续性和一体性，各区域之间不宜相距太远，且离比赛现场也应较近，以方便记者工作。不同的区域内根据媒体的需要配备相应的设备，区域的空间大小与设备的多少都与报道媒体的数量成正比。根据国际大型综合性赛事，MPC 设备的配备要求如下：

### （一）访客卡办公室

访客卡办公室应该紧邻大堂门口，由 MPC 团队管理，负责处理所有进入 MPC 的访客需求。

### （二）服务大堂

服务大堂的咨询服务设施包括主服务台、语言服务台、新闻采访服务台、交通住宿服务台、市场开发宣传办公室、失物招领办公室、报刊亭等。

### （三）记者工作区

记者工作区包括文字记者工作间和摄影记者工作间。文字记者工作间需要配备桌椅、电源接口、公用付费电话、电视机、打印机、成绩公报柜、信息公告牌等，无线局域网要覆盖整个工作间。

摄影记者工作间与文字记者工作间内的设施相似，但人均工位面积略大，储物柜的空间也较大，以满足摄影记者摆放和存放器材的需要。

图 4－2 是 2013 年南京亚青会记者工作间示意图。记者工作间是亚青会注册文字记者、摄影记者的公共工作间，有 150 个工位，每个位置都有编号，有两个电源插口、一个网络接口；6 个工位合用一部付费电话；除了通过收费卡预留之外，坐席以先到先得为原则。

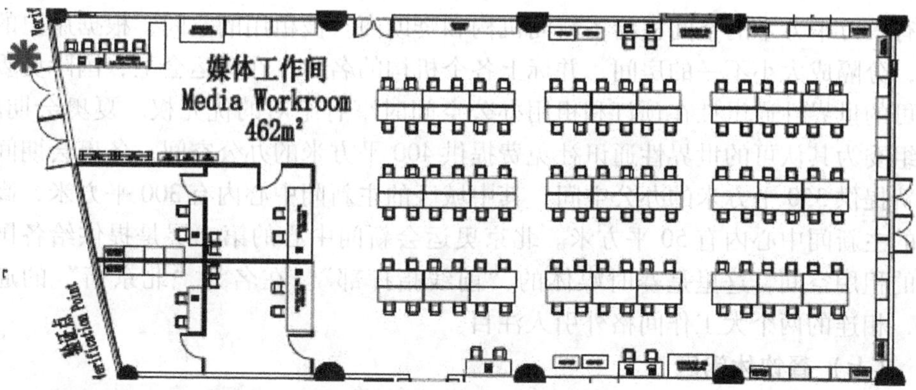


图4－2　2013年南京亚青会记者工作间示意图

## （四）记者服务区

记者服务区是为协助记者在主新闻中心内顺畅工作而提供服务的区域。记者服务区包含的服务种类很多，如问询接待处、证件处、信息栏和信息台等公共服务区，以及彩扩处、技术处、电信服务区、综合商店、邮局、银行、药房、快件服务中心、网吧、休闲区等商业服务区。主新闻中心通常包含以上所有的服务内容。

2006年卡塔尔多哈亚洲运动会组织委员会的许多知名合作伙伴都在为主新闻中心提供服务。如三星技术室（Samsung Technology Lounge）提供了一个无噪音通话休闲区；通讯赞助商在中心地带建立了一个使用简便的网络站，记者可以在那里免费上网；卡塔尔国家银行（QNB）设立了一家能够提供各种服务的分行，服务项目包括货币兑换、旅行支票、海外电汇和自动取款机等。现场还有医务室、祈祷室、美容室、邮局、照相馆、商店、工艺商店、手表店、旅行社和旅游办事处等；另外，餐饮区还设有咖啡店、国际休闲室和快餐店，服务项目十分周到。

## （五）新闻发布厅

新闻发布厅是举行新闻发布会的地点，为记者提供采访运动员和教练员的机会。新闻发布厅须配备高质量的音响系统，为媒体提供坐椅，前排主席台要高出地面，并配有长条桌、椅子、扩音话筒、体现大型体育赛事形象的主席台背景板；最后排搭建摄影摄像平台，提供拍摄需要的照明条件，为广播电台记者提供录音信号接口。有同声传译服务的场馆，需要为媒体提供收听同传信号的耳机设备。

## （六）媒体租用工作室

媒体租用工作室是为世界性通讯社和赞助商提供的独立划分的工作区域，是主新闻中心的重要区域。

悉尼奥运会新闻中心有254个不同的房间、3 614把椅子和1 463张桌子，并有一万平方米的空间租给各新闻机构和赞助商。被租用的空间，根据用户的需求，分隔成大小不一的房间，并标上各个机构的名称。在奥运会上，国际奥委会认可的世界性通讯社在预订和租用办公空间时享有绝对的优先权。夏奥会期间，奥组委为其认可的世界性通讯社免费提供400平方米的办公空间；冬奥会期间则免费提供350平方米的办公空间，其中城区的主新闻中心内有300平方米，高山区的主新闻中心内有50平方米。北京奥运会新闻中心的第二层是提供给各国媒体的租用空间，这里是赛时媒体的"前线指挥部"。在名为"北京街"的通道上，相连的两个大工作间格外引人注目。

**（七）餐饮休闲区**

考虑到媒体人员来自世界各地，餐饮服务区一般要准备多种不同风格的食物。制订媒体餐饮计划，以保证食物的质量、品种和价格符合标准，尽一切努力满足不同宗教人群的饮食需求和偏好。MPC提供的食物应该保证新鲜、现场烹制并且价格合理。餐饮对在奥运期间一天工作24小时的国际媒体人员来说非常重要，也是MPC运行成功的一个关键因素。

以奥运会为例，奥运会组委会根据来自五大洲的记者的饮食习惯和生活方式，为他们提供丰富的食物。奥运会组委会提供的服务包括一个传统的自助餐厅，提供开胃品、主菜（热）、甜点、饮料；国际美食街，提供各种风味的食品；中心设就餐区、快餐店，提供汉堡包、比萨、鸡肉，在MPC的办公区可用电话订餐；另外，还有一个烧烤区或露天餐饮区，一个或多个酒吧。

组委会将就餐区分成可容纳50人到200人不等的几个小餐区，不提倡只设一个2 000人的就餐区。MPC必须至少有一个全天24小时营业的热食供应商。奥运会组委会必须确保媒体餐饮的价格合理，不能超过城市公众餐厅的价位。MPC餐饮服务范围可以根据其周围服务的情况略加调整。MPC可根据建筑的规模在方便的位置设有小型食品店和饮料区。餐饮区的合同商最迟应在奥运会开赛前8个月确定。新闻运行官和MPC管理区必须积极参与奥运会期间MPC餐饮服务管理的餐饮招标，以及服务水平、设施和管理的评估。[①]

## 五、子计划

MPC工作子计划的编写也是筹备工作中的重要一项。各个场馆都应该结合本场馆和项目的具体情况来编写各自的媒体运行子计划。清晰明确的子计划是场馆媒体运行工作成功的基础。

---

① 王丽．大型体育赛事新闻中心的媒体运行机制研究．北京体育大学硕士学位论文，2009. 22～28.

一般的子计划至少应包含以下内容：

### （一）位置和交通配套

主新闻中心是媒体的前沿阵地，也是记者的“第二个家”。相对于运动员们的体育竞技，赛事新闻制作和发布无异于另外一场比赛。记者们必须争分夺秒，第一时间把比赛的情况和结果制作成新闻发送出去，因此 MPC 的地理位置就显得十分重要。MPC 地理位置的设定必须以便利媒体为优先考虑的条件。根据注册记者人数的多少和主要场馆附近的建筑规模，MPC 可以是一个毗邻比赛场馆的独立建筑。一般来说，它必须同时满足以下要求：既能为注册媒体提供足够的便利，又能与比赛场地保持相对的独立，不影响运动员和赛事工作人员进入赛场。也就是说，MPC 与竞赛场馆、运动员村、媒体村和技术官员村之间的距离应该适中，使注册媒体能够方便地来往于运动会各个竞赛场馆之间。

以奥运会主新闻中心为例，悉尼奥运会的 MPC 被誉为奥运会历史上最好的新闻中心，它的位置邻近全部 28 个奥运项目中的 14 个体育比赛场地。北京奥运会的主新闻中心坐落在奥林匹克中心区——奥林匹克公园内，毗邻国际广播中心。从主新闻中心到国家体育场、国家体育馆、国家水上中心以及其他七个竞赛场馆只有举步之遥。媒体注册中心和媒体班车中转站也紧邻 MPC。

### （二）信息资料获取

信息对记者的工作十分重要，习惯与时间赛跑的记者需要掌握第一手的信息，例如天气情况、交通情况、采访对象的信息等，而周到的信息服务也将为记者的工作提供极大的便利。因此，主新闻中心应向媒体提供各种便捷的咨询服务，例如主服务台、语言服务台、交通住宿服务台、新闻采访服务台，以及大型体育赛事主新闻中心的媒体运行机制研究信息服务台、市场开发宣传服务台等，服务台应为媒体提供最新、最全面的信息，可帮助记者预约翻译、联系采访、查询电话或预定旅行社等，对于重要信息可给予重点提示。

除了信息台，记者还可以登录信息服务系统查询相关信息。随着移动通讯技术的快速发展，2008 年北京奥运会为媒体记者提供了无线 INFO 服务平台，使媒体记者可在奥运 WLAN 专用网络覆盖的区域方便快捷地通过认证防护接入系统，登录 INFO 信息平台，媒体记者可以通过 INFO 系统查询比赛日程、竞赛信息、运动员简介、赛事回顾与预告、新闻发布会报告、新闻快讯、新闻发布稿以及天气预报和交通信息等奥运会相关信息和资料，并可以及时地接收和发送新闻稿件。这在奥运会历史上首次实现了对奥运会 INFO 信息系统内信息的拷贝、粘贴功能，方便新闻的采、编、发工作。无线 INFO 业务不仅实现了奥运史上 INFO 信息系统的技术突破，而且对以后的奥运会主新闻中心和媒体服务的发展起到促进作用。

### （三）领取证件

记者是奥运会重要的客户群。在奥运会中，记者的人数早已超过了运动员的数量，对规模如此庞大的记者，应采取有效的方式进行分类和管理。发放证件便是一个被广泛应用的手段。按照惯例，媒体证件需要先激活才可以使用，为了保证记者激活证件的速度，北京奥组委为21 600名注册记者准备了50多个激活台，平均每个证件只需1分钟就可以被激活。记者不仅可以凭证件出入自己的通行权限区域，还可以享受到应有的服务，这有利于媒体的管理和新闻中心秩序的维护，还有利于主新闻中心对不同类型的媒体提供相应的服务，最大限度地满足大多数记者的要求。

### （四）媒体活动

大型体育赛事的新闻发布会在赛前通常是由组委会的新闻宣传部门负责。主新闻中心需在新闻发布厅内召开赛前新闻发布会，向记者发布相关消息。

北京奥运会的信息发布形式不断创新。从2007年11月至奥运会开幕，北京奥运会主新闻中心每月有一次“奥组委执行副主席外国记者接待日”，且每周二都是“奥组委部长接待日”，这为境外媒体记者提供了与奥组委负责人面对面交流的机会。此外，北京市还借助国务院新闻办新闻发布会、全国“两会”、全国党代会等国家级新闻发布平台发布权威、准确的奥运信息，得到了境内外媒体的一致肯定。

除此之外，新闻中心还举办一些展览活动，例如多哈亚运会主新闻中心举办的环保项目展览，包括生物柴油项目（利用亚运会食堂的回收烹饪油制造清洁燃料的生物柴油）、在亚运会期间实施的卡塔尔首个循环利用项目以及关于Umm Tais国家公园项目的推介。这些具有科技性和国家文化特色的展览，对于提升国家形象有很大帮助。

### （五）每天运行时间表

该部分紧密结合赛程，对媒体运行业务口的各大区域的运行作出了细致的安排，确保工作有条不紊地展开。值得注意的是，许多项目的正式赛程都会在后期出现调整，因此需要根据实际情况进行调整更新，以确保无误。

### （六）各媒体区域运行管理政策

运行政策部分主要涵盖了各媒体区域的运行管理政策等内容，例如房客卡办公室政策、服务大堂政策、记者工作间政策、租用办公空间政策、新闻发布厅政策、摄影服务政策、媒体餐饮、媒体交通管理政策等等。

### （七）应急预案

应急预案的细化和完善是非常关键的，它与各场馆及各项目具体情况紧密连接，因此应该结合实际情况在通用应急预案的基础上增加各场馆的内容。

值得注意的是，子计划的编写应该在场馆媒体运行团队建立之初就开始进行，并且随着媒体运行工作的推进，应该适时调整子计划。

## 六、培训

MPC 筹备阶段的培训包括 MPC 工作人员的通用知识培训和比赛项目的培训。培训对象是工作人员及志愿者，在必要的情况下，也可以对全中心工作人员（尤其是安保、综合事务、交通等与媒体运行关系密切的工作人员）进行培训，以提高全体工作人员对于媒体运行工作的重视和确保场馆媒体运行工作的顺利展开。

以志愿者的培训为例，主要包括：新闻和媒体专业知识的培训；运动会和体育竞赛常识，以及相关业务知识的培训；MPC 知识、英语能力（口语表达、书写等）培训；大局意识、团队合作培训；岗位职责和与任务相关的培训等。

## 七、MPC 媒体运行的测试

在进行正式比赛之前，可以对 MPC 的各项工作进行提前的测试，主要是保证赛会期间各项工作的顺利进行。在测试中，可能是对 MPC 的某个部分进行小测试与预演，也可能是对整个 MPC 的相关工作人员的比赛预演，还可能是整个 MPC 的总“演习”。同时，针对测试中出现的问题和比赛期间可能出现的问题予以最好的解决方法，这样可以使相关工作人员不至于“临阵退缩”，并且保证各个器材场馆顺利运行，各项服务顺利开展。

## 八、MPC 媒体指南的编写

通常主新闻中心都会发媒体指南给媒体记者，它涵盖了各个场馆的基本信息。主要为方便记者、相关外来人员、MPC 工作人员及志愿者全面了解 MPC 的相关服务，同时也能减轻工作人员的工作量。

通常情况下，媒体指南包含以下几个方面的内容：

（1）MPC 简介；

（2）MPC 媒体运行工作人员简介及分工；

（3）MPC 媒体各个区域平面图介绍及流线；

（4）媒体工作间工作指引；

（5）摄影记者工作指引；

（6）媒体记者就餐指引；

（7）媒体交通；

（8）网络使用说明；

（9）竞赛日程。

## 第三节 赛时和赛后 MPC 媒体运行

### 一、赛时 MPC 运行

MPC 是媒体运行的总部，一般在赛前一周左右正式运行，直到赛前结束。其间，为注册记者提供基本工作设施和 24 小时服务。

MPC 团队组织结构见图 4－3：

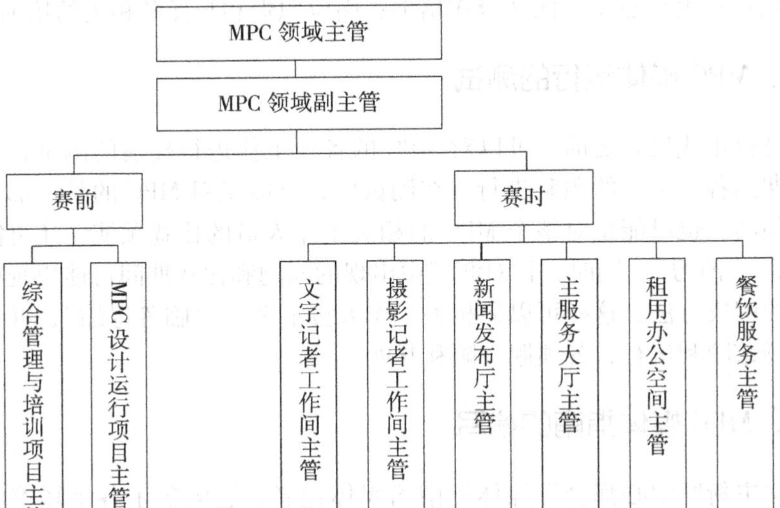


图 4－3 广州亚运会 MPC 媒体运行团队组织结构[①]

一般来说，赛时 MPC 领域包括访客卡办公室、服务大堂、文字记者工作间、摄影记者工作间、新闻发布厅、主服务大厅、租用办公空间、餐饮区。图 4－3 是广州亚运会 MPC 媒体运行团队组织结构。[②]

① 第 16 届亚洲运动会组织委员会编．亚运会媒体运行．广州：暨南大学出版社，2009. 41.

② 第 16 届亚洲运动会组织委员会编．亚运会媒体运行．广州：暨南大学出版社，2009. 33～40.

### （一）访客卡办公室

MPC 的访客分为普通访客和贵宾访客。第一类是普通访客，包括参观场馆的赞助商，各类观察员和邀请的客人，申请访客卡的未注册记者，外部的技术人员、维修人员和外卖人员，以及各类参观、考察 MPC 的访客等。MPC 需要为这些访客提供快速简便的背景审查和访客卡办理手续；对于团体访客，还需要提供引导参观以及讲解服务。第二类是贵宾访客，主要是国家元首等贵宾。对贵宾主要提供停车、安保、贵宾休息室、专人引导参观、讲解等服务。[①]

注册与非注册的人员为临时进入 MPC 而递交的所有 MPC 访客卡申请都在这里办理。注册人员要提前 24 小时递交 MPC 访客卡申请；而非注册人员因为需要接受背景安全检查，则要提前 48 小时。

### （二）服务大堂

服务大堂为记者提供各类咨询以及商业服务。主服务台是服务大堂的中心区域，一般有掌握多种语言的、训练有素的员工在此值班。记者可以在 24 小时运营的新闻采访服务台寻找有关比赛组织官方的信息、评论、新闻公报、吹风会和预约采访。

市场开发宣传办公室会提供赞助商信息、新闻稿，以及安排记者招待会和安排赞助商参观 MPC。

### （三）文字记者工作间

文字记者工作间的任务是为文字记者提供编写、传输稿件所需要的设施与服务。

文字记者工作间主管的工作职责有：

（1）负责文字记者工作间的赛前计划的制订和赛时运行。

（2）具体落实工作间的志愿者岗前培训、分工安排、家具布局、媒体收费卡设施安装、储物柜管理、技术设备测试、信息公报柜信息补充、信息公告板管理等工作。

### （四）摄影记者工作间

摄影记者工作间是为摄影记者提供传输图片稿件所需要的设施和服务。以广州亚运会为例，亚运会主新闻中心的摄影记者工作间可以提供的服务有：官方摄影、图片处理；设置暗房（需根据由 GAGOC 制定并经 OCA 核准的收费卡为此服务付费）；相机和镜头修理、出租业务；安排摄影服务台，磁盘、胶卷递送服务办公室；免费提供胶卷替换服务；MPC 与各竞赛场馆间的磁盘、胶卷递送服

---

① 杨国跃．大型体育赛事新闻中心的建设和运行．http：//news. bjd. com. cn/xwfb/200612/t20061212_135001. htm.

务；储藏器材物件。①

摄影记者工作间主管的工作职责有：负责摄影服务方面的协调及联络；负责制订摄影服务运行计划；负责与摄影服务提供商联络协调以及合同管理；负责协调 MPC 与 VMCs 的摄影服务；负责摄影方面的技术协调。

**（五）新闻发布厅**

新闻发布厅是举行新闻发布会的地点，为记者提供采访运动员和教练的机会。悉尼奥运会主新闻中心开赛前后共举行了 200 多场新闻发布会，而北京奥运会几乎平均每天要开 30 场发布会，是悉尼奥运会的两倍。北京奥运会主新闻中心共有五个新闻发布厅：一个能提供八国语言同声传译的、容纳 800 人的大型新闻发布厅，一个 200 人的中型新闻发布厅和三个 80 人的小型新闻发布厅，这是历史上规模最大的新闻发布厅。

新闻发布厅一般用于举行非正式新闻发布会、吹风会以及广播电视采访。一般赛事新闻发布厅的具体配套设施有：容纳 10 人左右的设有地台的主席台，并配备桌式麦克风、耳机和“主席专用”麦克风；墙饰方面需有赛事相关会徽，一般不允许出现广告和个人标识。因为绝大多数新闻发布会都是在大发布厅举行的，它所反映的组织工作基调和总体氛围会被媒体拍摄下来，所以应尽可能为媒体提供最佳拍摄位置，以便更好地展现演讲者的形象。

以第 26 届深圳世界大学生运动会为例：

主席台：要高出地面 30 厘米，宽 2 米左右，长酌情而定，并配有长条桌、椅子。

背景板：体现第 26 届深圳世界大学生运动会的主题。

主席台桌牌：及时更新教练员、运动员名单。

摄影摄像平台：摄影摄像记者使用，预先安放三脚架（规格）。

在主席台和摄影摄像平台之间为记者摆放椅子。

新闻发布厅需要为媒体和运动员、教练员设置不同的出入口。

一般新闻发布厅地面都铺有地毯，用来消音。

新闻发布厅公告板：通知赛程、交通抵离信息、天气预报、失物招领等。

新闻发布厅技术设备有：①满足音响需求，提供高质量的音响系统（音响师）。②在摄影摄像平台为广播电视记者配备可输入录音信号的音分器。③满足摄像需求，在主席台上安置 1 400lx 的冷光源。④满足问答需求，主席台上设有线话筒，台下设记者提问用的无线话筒。

---

① 第 29 届奥林匹克运动会组织委员会编．奥运会媒体运行．北京：中国传媒大学出版社，2007. 51 ~ 61.

新闻发布厅主管的工作职责包括：第一，负责新闻发布厅的赛前计划制订和赛时运行；第二，具体落实新闻发布厅志愿者岗前培训、分工安排、与竞赛团队对接时间、协调口译服务、引导参加发布会的运动员和教练员、引导媒体人员、发放耳机设备、为记者递送话筒等工作。

新闻发布会是举行大型体育赛事的组委会在新闻发布厅最经常举行的活动。大型体育赛事之前的新闻发布会有利于主办方、承办方与媒体之间信息的传递，树立组委会积极努力的公众形象，并且增加大型体育赛事的知名度，吸引公众的注意力，扩大大型体育赛事的影响力。

**（六）主服务大厅（含主服务台）**

主服务大厅主管主要向媒体记者提供如下信息：MPC 和 VMCs 媒体设施，媒体住宿，媒体和公共交通服务以及停车选择，地区和城市餐馆。

主服务台或附近还提供以下服务：总成绩公报分发点，MPC 楼层平面布局图，城市和场馆地图，各类出版物（GAGOC、OCA、NOCs、IFs、AFs 和下一届亚运会组委会的出版物），显示本地和世界不同时区时间的时钟，主办城市和地区的旅游信息，发放采访包。

**（七）租用办公空间**

媒体租用办公室是为世界性通讯社和赞助商提供的独立划分的工作区域，是主新闻中心的重要区域。

广州亚运会的租用办公空间以每单元约 25 平方米的形式出租，所有设施设备已包括在单元出租价格中；同时提供内部隔板和活动门租用服务，可将每个办公室进行内部隔开，以创建私人工作间。

一般来说，在预订和租用办公空间方面，通过认证的世界性通讯社和摄影队享有绝对优先权。各机构可用付费方式租用额外的面积，这些机构还需通过媒体收费卡，为租用办公空间内所有其他家具和设备付费。

**（八）餐饮服务**

由于大型体育赛事的采访工作比较忙碌，记者通常在主新闻中心内就餐，而且就餐时间并不固定。因此就要求餐饮服务快捷、方便，并且能让媒体记者在紧张的工作之余享受片刻的轻松和惬意，体会到服务的人性化，这也有助于为大型体育赛事赢得“高分”。日本世界杯主新闻中心餐饮休闲区约占整个新闻中心面积的五分之一，里面处处可见绿色的棕榈树和巴西木，地板明亮光泽，上面整齐地摆着一些崭新的紫色咖啡桌和黄色高脚椅，充满了轻松的绿色气息，记者们工作劳累时可以到这里吃点日本特色小吃，喝杯咖啡，或者小酌一杯，在充分放松的同时享受周到的服务。为了鼓励记者按时用餐，北京奥运会新闻中心推出了每天一小时的“Happy Hour”项目，在这一小时内记者可以免费用餐，新闻中心的媒体服务人员对记者的身体健康问题可谓是用心良苦。从宏观角度分析，新闻中心的新闻运行还包括记者迎送、注册、新闻采访接待、问询服务、安保、交通等服务内容。

餐饮服务主管的工作职责有：

（1）根据场馆规模和比赛日程提供相应的冷热饮料和冷热食品，配置沙发、就餐桌椅，并在重要位置摆放电视机。

（2）确保媒体记者可以在就餐时观看比赛，避免因餐饮服务问题影响媒体记者的工作，协调餐饮区供应资源的配置，应对高峰时段的媒体餐饮需求，尽量避免浪费和供应不足的现象。

## 二、志愿者服务

以下以广州亚运会志愿者为例，简述志愿者的特点与要求。

### （一）MPC 志愿者服务的特点

（1）MPC 是一个重要的非竞赛场馆，这意味着在 MPC 服务的志愿者不能到现场观看比赛，他们是亚运会的“二线人员”（进入竞赛场馆的人员称为“一线人员”）。

（2）MPC 业务口多，需要较强的协调能力。MPC 有众多的功能区和业务口为注册媒体提供服务。功能区和业务口的运行既独立又相互关联，这意味着在 MPC 提供服务的志愿者不仅需要做好本岗位的工作，还需要有很强的协调能力。

（3）MPC 运行时间最长，志愿者需要有长期作战的思想准备。广州亚运会 MPC 提前半个月开放，比赛结束三天后关闭，紧接着是亚残运会期间的开放运行。因此，MPC 志愿者的服务时间很长，工作强度很大，是对志愿者的精力和毅力的巨大挑战。

（4）MPC 是主流媒体的工作总部，运行敏感性强。MPC 是文字记者和摄影记者的工作总部，大多数记者对运动会的采访报道有着丰富的经验，他们对志愿者应具备何种素质都很清楚，这意味着志愿者要应对很多抱怨和挑剔。

### （二）MPC 志愿者服务的要求

（1）具备新闻和媒体专业相关知识。

（2）掌握一定的运动会和体育竞赛常识。

（3）具备良好的英语能力，能流畅地运用英语进行交流和书写。

鉴于 MPC 这个重要的非竞赛场馆的特殊性，MPC 的志愿者还应具备以下素质：

第一，大局意识。亚运会是个大项目，其顺利进行需要组委会所有员工和志愿者的通力合作。因此，作为亚运会的一个组成部分，服务于 MPC 的志愿者必须有大局意识。

第二，团队意识。MPC 志愿者服务的岗位很多，各功能区和业务口的志愿者需要组成志愿者小团队，这些小团队之间的相互配合和支持是提升服务水平的关键。因此，服务于 MPC 的志愿者必须具有团队意识。

第三，加强学习。对于亚运会而言，为 MPC 提供服务的志愿者，他们的现有经历和所学知识并不能满足场馆服务的需求。因此，他们需要不断学习相关业务知识，如奥林匹克知识、体育竞赛知识、国际新闻媒体知识、亚运会媒体运行知识、MPC 知识、岗位运行的政策与程序、外语口语能力的操练、IT 知识和技能等。

第四，爱岗敬业。参加早期培训的学生需要对 MPC 志愿者服务的任务和岗位职责有充分的了解，结合自己所学的专业和兴趣选择志愿服务岗位，一旦确定了志愿服务的领域和岗位，最好不要中途更改。[①]

**（三）MPC 志愿者的工作岗位和职责**

MPC 志愿者的工作岗位和职责如表 4－2 所示。

**表 4－2　MPC 赛时志愿者的工作岗位和职责**

| 岗位名称 | 岗位职责 |
| --- | --- |
| 主服务大厅助理 | 发放组委会以及其他组织的出版物和媒体礼品包，提供住宿、交通、注册、失物招领、语言、媒体运行设施服务等咨询，发放成绩公报 |
| 文字记者工作间助理 | 除了为记者提供信息咨询服务外，还负责对文字记者工作间的复印机、打印机、电视机、INFO 2010、储物柜、成绩公报柜、信息公告板进行管理，确保文字记者工作间的正常运行 |
| 新闻发布厅助理 | 分发耳机，联络翻译人员，维持新闻发布会秩序，及时递送话筒，检查证件并引导相关人员入场就座，检查灯光、音响、话筒、主席台、背景板、摄影平台等场地设施，确保新闻发布会顺利进行 |
| 租用办公空间助理 | 提供咨询服务，赛时收费卡协调，管理租用物品，支持新闻机构所需提供的日常事务服务 |

① 第 16 届亚洲运动会组织委员会编. 广州亚运会志愿者通用读本. 广州：中山大学出版社，2009. 44～45.

（续上表）

| 岗位名称 | 岗位职责 |
|---|---|
| 摄影记者工作间助理 | 负责图片传输、INFO2010、成绩公报柜、CATV、复印机、打印机、储物柜、影像中心、维护中心的管理，提供咨询服务，确保摄影记者工作间的正常运行 |
| 收费卡服务中心助理 | 提供 MPC 收费卡服务中心咨询服务，登记收费卡领用物品，分发通信设备，接受赛时预定，管理租用物品，管理收费卡物品库房，调度收费卡物品，协调各竞赛场馆收费卡服务 |

## 三、赛时交通安排

为了方便注册媒体往来于各个场馆，在所有竞赛场馆外，都有媒体班车点提供赛时媒体运行的服务。热门比赛可根据记者人数对班车车次进行机动调整，还应根据当地的气候和交通状况作出紧急预案，以保证在特殊情况发生时，媒体仍能顺利、及时地到达目的地进行采访和报道。

1999 年亚特兰大奥运会的媒体交通是奥运会媒体交通历史上的反面教材。与历届奥运会不同的是，这届奥运会没有记者村，来自世界各地的 1 万多名记者分布在亚特兰大市区内外的各个酒店，他们每天一早起来就要赶往主新闻中心，但在主新闻中心附近根本找不到一块能同时安排几十辆大巴的交通中心。尽管亚特兰大对进入奥林匹克圈内的车辆进行了限制，设立了专门的公共交通工具接送媒体，但人口密度大、媒体班车频率太低，加上许多公共汽车司机培训不够，路线不熟，致使该届奥运会的媒体交通服务被评为最差。此后的历届夏季奥运会和冬季奥运会都纷纷从亚特兰大奥运会的失败教训中总结经验，避免重蹈覆辙。

## 四、赛时 MPC 媒体运行应急预案

MPC 内如发生突发事件，如食物中毒、停电等，相关业务口要在第一时间向 MPC 运行团队汇报，运行团队需立刻向组委会汇报，根据组委会的部署，收集相关情况和资料，并协助相关媒体运行团队负责人起草相关口径。为确保对外发布信息的准确性和一致性，根据事态严重程度，在 MPC 领导或组委会领导未批准相关口径之前，任何相关工作人员都不得接受媒体有关该事件的采访或向媒体提供信息。

主新闻中心的应急预案应做到：

（1）建立沟通联络机制，保证信息通畅、准确、及时。

（2）及时关注、了解在主新闻中心召开的重点新闻发布会，了解赛时发生的重要事件。

MPC 媒体运行团队需与本中心所有业务口、组委会各办公室团队、分新闻中心团队、与赛事（或本专项工作团队）有关的其他团队保持密切联系，确保信息互通，工作高效衔接。

此外，还需要加强与省、市、属地宣传部门的沟通协调，保障在 MPC 外围发生突发事件或危机时能够有效衔接。

### 五、赛后 MPC 媒体运行

赛后 MPC 主要负责 MPC 所有物资、设施和设备的收缴以及 MPC 后勤大院的运行；MPC 临时设施的维护和拆除；与 MPC 运行相关的基础设施（永久性建筑）或设备（扶梯、电梯、门窗、上下水力、电力）的提供和维护；新闻发布会的举行。

MPC 的合同应预留足够的时间，以便奥运会结束后进行撤离和恢复工作。

在闭幕式后 24 小时内，MPC 将继续提供服务。组委会应允许那些大新闻媒体机构在闭幕式后 5 个工作日内拆卸、搬运设备。

## 第四节　MPC 媒体运行容易出现的问题和解决方案

### 一、相关专业人员的缺失

在美国，几乎每个大学都有自己的体育信息专家来专门为媒体服务，他们就职于体育部的媒体办公室，专门处理和协调学校的运动队或队员与媒体的关系。而这一行业的联盟——COSIDA 内共有上千名成员，并且每年都会有新成员加入。他们通常都有媒体从业经验，能熟练撰写稿件、拍摄照片、更新网页或者编辑图片，而且他们了解各个体育项目的规则。这样大规模的专业媒体服务人才正是我国目前所缺乏的。

大型体育赛事的媒体服务人员要求具备三方面的素质：有媒体从业经验，熟悉体育知识，可熟练使用英语。这样的要求与体育信息专家很相近，但这样的专业人才在中国并不多。北京奥组委从各地的媒体中选拔了很多优秀的记者，要求他们熟悉媒体，了解体育，并且能熟练地运用英语，管理者要至少拥有三次以上的大型体育赛事报道经验。“尽管北京奥运会培养出了 200 多名媒体服务的相关人才，但总体来说，我国这方面的人才还很缺乏。”北京奥运会主新闻中心副主任徐济成说。例如在2007年女足世界杯的一场日本队的赛后发布会上，出现了官方翻译哑口无言，日本记者情急之下客串翻译的尴尬局面。同年女足世界杯上，有记者看到在个别赛区的个别区域，一些志愿者在比赛结束后疯狂地将食品、纪念品塞进自己的包里；个别志愿者坐在椅子上，腿却跷在了桌子上；还有的志愿者一问三不知。这都令以“无偿提供优质服务”为宗旨的志愿者形象大打折扣。这些现象在奥运会的比赛场馆里也会偶尔出现。这说明我们的媒体服务人员还不够专业，素质不是很高，对于媒体服务的重要性还没有足够的认识，今后还要多加强培训和教育。

## 二、对待媒体的态度亟待转变

传统的观念认为，媒体是洪水猛兽，是统治者的宣传手段，是消磨时间的工具。这种观点将媒体作为服务的主体、管理的对象，媒体的报道内容需要以管理者的意志为转移。从新中国成立至今的六十多年里，我国体育组织与媒体的关系经历了从“兄弟式”协作关系、“朋友式”合作关系到如今的“伙伴式”竞争合作关系的转变。① 但还是有很多传统观念的残余，彻底转变需要一段时间。

对于媒体服务意识刚刚萌动的中国，这样的问题也自然而然地出现在了北京奥运会上。“很多人不熟悉媒体的工作性质，不了解媒体的需求。”北京奥运会主新闻中心副主任徐济成说，“在本届奥运会主新闻中心的筹备和运行过程中，遇到的最大困难就是其他相关部门的不理解。”主新闻中心作为一个服务部门，本身并没有资源，它的建设、筹备和运行都需要其他部门的支持和帮助，新闻中心只是站在媒体的角度提出要求，然而提出的要求越多，其他部门的预算和负担也就越大。而大多数部门都把主要人力、物力和财力放在竞赛上，媒体服务意识并不是很强，对于跟运动员“争宠”的媒体很不理解，认为没有必要在媒体服务上下这么大功夫。这也是导致目前国内大型体育赛事媒体服务呈现“只宣不传，只管不理”现状的一个重要原因。

媒体服务是目前主流的媒体观，这一观念将媒体作为服务的客体及公共关系的对象和手段，管理者尽一切努力满足媒体的需求，为媒体服务。这一观念一直为奥运会所推行，并且被越来越多的大型体育赛事所效仿。北京奥运会无疑加速了两者竞合关系的转变，但要让媒体服务意识深入人心，还有很长的路要走。

---

① 易剑东．中国体育媒体服务系统的构建．杭州：浙江大学出版社，2006. 166.

## 三、媒体服务制度不健全

随着我国经济水平的提高，近几年承办的国际性大型体育赛事越来越多，包括世界大学生运动会、女足世界杯、WTA 中国网球公开赛等国际性大型体育赛事。国际单项协会通常都会有各自的媒体服务标准和要求，我国在承办国际性赛事时必须遵循这些要求，但实际上，我国自身的大型体育赛事组织管理经验并不丰富，也没有相关的媒体服务制度。承办大型体育赛事只能一味地模仿和照搬其他国家的经验，尽管很多经验并不符合我国的国情，因此这必然会直接影响比赛的质量。

“中国有自己的国情，有自己的媒体环境。”中国网球公开赛推广有限公司新闻宣传部经理周志刚说，“我们不能拿国外的媒体服务模式来生搬硬套，而是要总结出自己的方式方法。”中国网球公开赛推广有限公司有一套自己的媒体关系处理方法：在每年比赛结束后都会进行好新闻评选，给积极宣传比赛的媒体一些奖励；公司还开办了媒体网球沙龙，请专业的网球教练教记者们打球；日常生活中，公司与媒体的接触更是十分紧密，每逢节假日都不忘给媒体的记者们送去祝福。这样的媒体关系更具有“人情味”，也更有中国特色。①

## 思考题

1. MPC 媒体运行的概念是什么？

2. 如何做好 MPC 赛前的媒体运行工作？

3. MPC 媒体运行团队组织结构一般包括哪几个部分？

4. 赛后 MPC 媒体运行有哪些工作需要完成？

5. 设想一些可能出现的主新闻中心媒体运行工作中的突发事件，并思考应该采取什么样的措施？

6. 如果你是新闻发布会的主管，将如何组织一场成功的新闻发布会？在实施中应该注意什么问题？

① 王丽．大型体育赛事新闻中心的媒体运行机制研究．北京体育大学硕士学位论文，2009. 53 ~ 55.

# 第五章　场馆媒体运行

【内容提要】场馆是注册记者采集大型赛事新闻的主战场。本章的重点是讲解媒体运行筹备工作所涉及的各种事项及赛时媒体运行工作的展开。在筹备期，需要构建组织架构，进行人员配备，对空间、流线、物资进行申报、跟踪与确认，制订子计划，培训工作人员和志愿者，参加各层面的协调会，制订应急预案，进行场馆媒体运行模拟与测试，编写场馆媒体指南。赛时，媒体接待休息区、媒体工作间、新闻发布厅、媒体看台席、混合区这五大场馆媒体运行基本区域按政策和子计划运行，预防和妥善处理紧急事件。赛时场馆媒体运行容易出现的问题有：各业务口对接问题、媒体记者沟通问题、工作强度大导致忽视计划和总结的问题、工作人员过度疲劳的问题等等。

## 第一节　场馆媒体运行概述

### 一、场馆媒体运行的概念

顾名思义，场馆媒体运行是在场馆层面的媒体运行服务工作。换言之，场馆媒体运行是在竞赛和非竞赛场馆为国内外注册媒体记者（摄影、文字及广播电视记者）提供采访报道所需的设施和服务，使他们尽可能地报道宣传赛事。场馆媒体运行工作的核心内容是服务。

与主新闻中心所拥有的绝对优越的工作环境不同，场馆层面的媒体运行工作是密切结合具体场馆的实际情况而展开的，在一定程度上受到场馆硬件设施及具体比赛项目的限制，更需要媒体运行工作人员发挥综合能力，与场馆各个业务口积极协调，尽可能在筹备期弥补硬件缺陷，在赛时则以优质服务来弥补硬件的不足。场馆本身硬件条件、与其他业务口的沟通磨合程度、场馆属地支持程度、比赛项目的受欢迎程度等多种因素都会在很大程度上影响场馆层面媒体运行工作的开展，因此所有这些因素都需要纳入媒体运行工作人员筹备工作的考虑范围。

另外，场馆媒体运行几乎涉及所有竞赛场馆和非竞赛场馆、训练馆、运动员村、媒体村等，所接待的媒体记者总数远远多于主新闻中心。作为媒体记者报道赛事的最前线，场馆媒体运行工作既需要直接应对处于高压力工作状态下的国内外媒体记者，同时还要兼顾与主新闻中心及本场馆其他业务口的工作对接，其重要性和工作难度并不比主新闻中心低。综合来看，场馆媒体运行工作是大型体育赛事媒体运行工作的基础，亦是大型体育赛事媒体运行工作的重中之重。

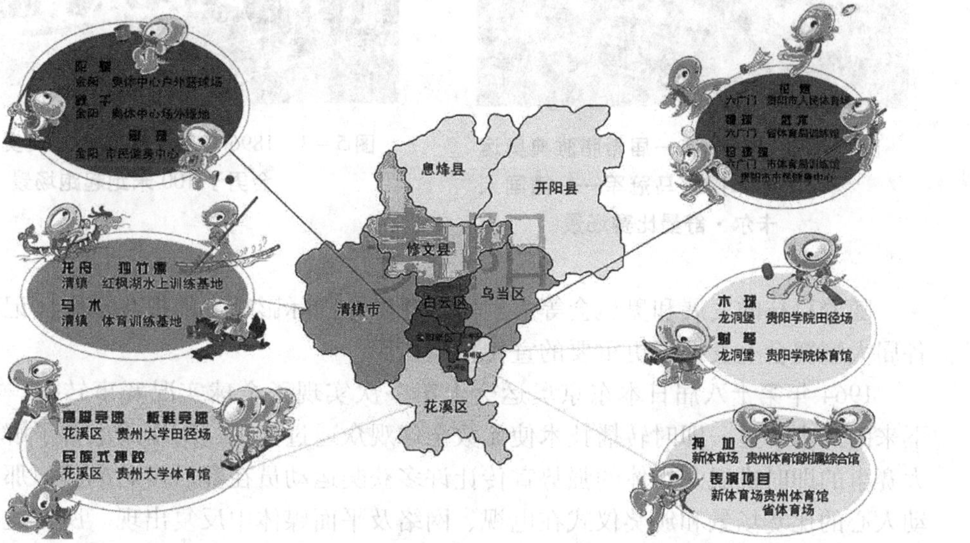


图 5－1　贵阳全国少数民族运动会场馆分布图

## 二、场馆媒体运行的发展历史

早在 1896 年的第一届希腊雅典奥运会，媒体记者们就已经在赛场及颁奖现场留下了许多珍贵的照片记录。这些照片的效果难以和现在的媒体记者拍摄的赛场照片相提并论，但它们的意义是显而易见的。一方面，早期的相机硬件条件有限；另一方面，早期运动会的影响力和宣传远达不到近几十年的水平，这些照片实在难能可贵。这也说明早在重大体育赛事萌芽阶段，场馆媒体运行工作的重要性就已经凸显出来。可以说，在各大场馆没有场馆媒体运行工作对媒体记者的保障与支持下，在当时的技术条件下，是很难留下这么多弥足珍贵的影像资料的。此外，当时的媒体传播方式也只能局限于电报及传统报纸，时效性及影响力都非常有限。

图 5－2　1896 年第一届希腊雅典奥运会体操跳马冠军——德国人卡尔·舒曼比赛场景

图 5－3　1896 年第一届希腊雅典奥运会男子 100 米跑起跑场景

随着科技的发展和奥运会等大型体育赛事在国际影响力的提高，媒体记者在各届大型赛会上发挥了更重要的宣传报道作用。

1964 年第十八届日本东京奥运会上第一次实现了全球实况赛事转播。在接下来的几十年里，即时转播技术使无数全球观众通过电视、网络或电台了解到各大赛事的即时进展。媒体的强势宣传让许多获奖运动员在赛后声名鹊起，那些激动人心的比赛场景和颁奖仪式在电视、网络及平面媒体中反复出现。所有这些都离不开场馆层面媒体运行工作的支持。

在近年的北京奥运会、广州亚运会及深圳大学生运动会等大型国际体育赛事中，场馆媒体运行服务为赛事的广泛报道提供了有力支撑，这些运动会都将媒体运行视为筹备工作的重点。

据报道，2012 年伦敦奥运会采用了最新科技来实现 3D 实况赛事转播，可以想象，这进一步考验了场馆媒体运行工作对整个赛事新闻报道的保障支撑水平。

## 三、场馆媒体运行的内容

场馆媒体运行工作涵盖了筹备期和赛时两个阶段，这两个阶段所面对的工作内容和重点都有所差别。

### （一）筹备期阶段工作内容

在场馆媒体运行的筹备期阶段，工作人员主要围绕以下几个方面展开工作：

（1）接受主新闻中心安排，制定相关分场馆工作准则及人事安排。

（2）与分场馆属地或管理方保持密切对接，确保场馆施工、装修顺利进展，并尽可能实现对媒体运行工作有利的合理整改，使空间、流线及物资等硬件得到保障。

（3）接受并履行上级主管部门安排的任务，同时与场馆的其他业务口人员进行对接，确保沟通及时有效。

（4）制订详细的场馆媒体运行工作计划，并紧跟工作推进作出适当修改。

（5）场馆媒体运行工作人员及媒体运行相关业务口的工作人员的业务知识培训。

（6）志愿者的媒体运行业务及结合场馆需求的外语培训。

（7）必要时与场馆领导或上级领导配合，召开赛前吹风会等新闻发布会，对场馆或运动会进行宣传。

（8）接待媒体记者对本场馆进行赛前报道或对测试赛进行报道。

（9）根据比赛项目的影响力和媒体记者的重视程度决定是否编写《场馆媒体指南手册》，以方便媒体记者的工作和宣传本场馆。

筹备期的重点是确保场馆硬件能够满足媒体记者的报道需求，并能够确保与上级及本场馆其他业务口及时高效地对接。

**（二）赛时阶段工作内容**

在赛时阶段，场馆媒体运行的工作内容主要包括以下几个方面：

（1）接待来访媒体记者，并为其提供本场馆工作指引，之后对来访记者信息进行统计分析，以进一步了解本场馆所面对的记者群体的情况。

（2）帮助媒体记者联系采访对象，为其采访报道提供有利条件。

（3）提供比赛相关背景信息及比赛成绩、赛事前瞻、发布会、失物招领等通告。

（4）根据需要组织召开赛前吹风会、赛后新闻发布会及突发事件发布会等。

（5）了解媒体报道动向，对于特殊事件须记录上报。

（6）必要时提供场馆新闻通稿及官方布告，正确引导舆论导向。

（7）工作人员及志愿者的每日总结和次日工作安排。

赛时媒体运行工作的重点是对媒体记者的接待和发布会的召开，这将在很大程度上影响媒体记者是否能够获得其所需信息，能否顺利完成工作任务，也将在一定程度上影响其对赛事的报道评价。

## 第二节　场馆媒体运行的筹备

相对于赛时工作短短几天或十几天的时间，场馆媒体运行的筹备工作往往耗时数月甚至更久。然而，这些筹备工作是绝对必要的。可以说，充分的场馆媒体运行筹备工作是赛时媒体运行工作成功的前提和基础。只有做好了筹备工作，才能在赛时高强度、高压力的工作环境下圆满完成工作；反之，则会在赛时手忙脚乱、束手无策。

## 一、组织架构

以往各大体育赛事中场馆媒体运行层面的组织架构并不完全相同，场馆媒体运行的组织架构往往会受到人事安排及比赛热门程度的影响。通常来说，场馆媒体运行主要是由媒体运行经理根据总部指示，在上级直接领导下，结合本场馆实际情况来引导本场馆媒体运行业务口工作人员开展相关工作。因此，场馆媒体运行的组织架构应根据实际需求来构建。

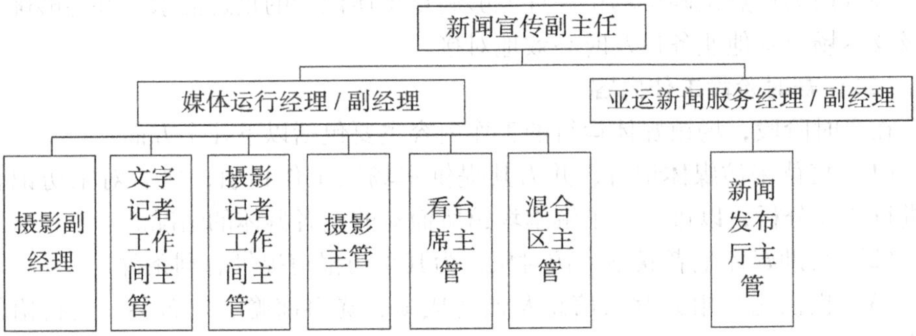


图5-4　第十六届广州亚洲运动会媒体运行组织架构图

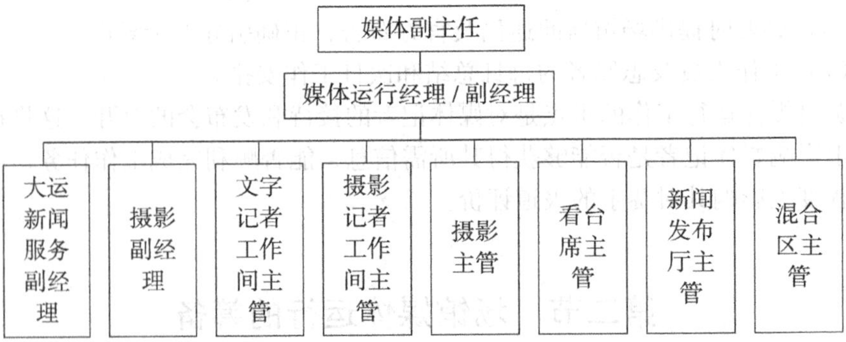


图5-5　第二十六届深圳世界大学生运动会媒体运行组织架构图

从第十六届广州亚运会和第二十六届深圳世界大学生运动会场馆媒体运行的组织架构图可以看出，虽然由于某些原因使得各职位名称和分工稍有变化（如亚运会中新闻服务不再归属媒体运行管辖），但分工基本是按工作区域及功能划分为摄影及文字两大块，涵盖了文字、摄影记者工作间，看台席，新闻发布厅，混合区等关键岗位。此外，这些岗位的工作人员在赛时还将引领各自的志愿者完成各自领域及其他媒体运行经理安排的工作。

## 二、人员配备

显然，场馆媒体运行工作的人员配备也是与上述组织架构一致的。非热门场馆往往人事编制有限，出现身兼数职的情况。

一般来说，诸如大球、小球等重要项目以及其他比赛日较多的项目需要较多的媒体运行工作人员以确保工作效率；反之，则可相应减少人员编制以精简机构。值得注意的是，在多数赛事中，场馆媒体工作人员包括组委会下派工作人员与属地抽调工作人员。组委会下派工作人员由于工作起步早，对赛事专业知识和整体工作筹备情况了解较多，但往往对属地情况了解不够；反之，属地抽调工作人员虽然对专业知识和整体筹备情况的了解可能有所欠缺，但他们通常非常熟悉属地情况。因此，这两类工作人员须齐心协力，各尽所能来做好场馆媒体运行工作。此外，人员的注册也值得注意。在以往的赛事中有过因疏忽或遗漏导致的注册错误或延迟等事故，间接影响了整体工作效率。

志愿者的配备情况也值得媒体运行工作人员在筹备期特别注意，只有与志愿者部门保持紧密跟进才能确保志愿者的数量和质量满足实际工作的需求。在安排志愿者的时候要结合赛事时间来考虑，若比赛时间过长则需要安排志愿者轮班，以保证高效、高质地完成工作。

## 三、空间

场馆媒体运行工作的展开在很大程度上受制于场馆硬件条件。例如，若媒体席位和网络端口严重缺少，不能满足媒体记者观看报道赛事的需求，则会直接影响赛事的宣传覆盖范围，并导致媒体记者的抱怨与投诉，更可能导致部分媒体记者带着情绪工作，发布对赛事和组委会不利的信息。综合考虑，确保场馆媒体记者能有充足的办公空间、畅通便捷的流线和其他必备物资就尤其关键。这应该是筹备工作的重中之重，也是场馆媒体运行工作人员需要在一开始就跟进的重要工作。

场馆媒体运行所涉及的空间主要有以下几个：

**（一）媒体工作间（可分为文字记者和摄影记者工作间）**

媒体工作间的大小由比赛热门程度和档次高低决定，与媒体记者看台席和摄影位置等的数量直接相关。理想的媒体工作间应该与媒体看台席、混合区、新闻发布厅、餐饮休息区以及其他媒体运行区域相距较近，以方便工作。

**（二）混合区**

理想的混合区要有较大的面积以满足媒体记者和运动员通行的需求。此外，还需要尽量靠近运动员赛后离场的位置，又不会离媒体看台席或工作间等媒体区域太远，以方便媒体记者在赛后第一时间顺利采访到运动员。在多数情况下混合区不能看到比赛现场，因此需要安装电视机以供等待的媒体记者观看，方便他们了解比赛进展来对运动员进行采访报道。

**（三）媒体看台席**

通常来说，媒体看台席应具备最好的观赛视角，例如设在主席台周边的最佳位置，或者与终点线同一视线的位置等等，这取决于具体的比赛项目。很多情况下还需在媒体看台席搭建一定数量的有网络端口的带桌席位，方便文字记者写稿和发稿。在高标准的体育赛事中，带桌席位还应同时配备电视机用来观看场馆混合区及比赛特写镜头。马拉松、龙舟、公路自行车等户外竞赛项目的媒体看台席通常设置在终点，这时还需提供起点到终点的相应媒体交通服务。对于诸如帆船、帆板等海上项目，须配置专业人员驾驶的媒体船来便利媒体记者的工作。室外场馆的看台席要考虑阳光及下雨等问题，需配置相应的遮阳设备和遮雨设备。

**（四）新闻发布厅**

新闻发布厅的位置应选在离媒体区域及运动员更衣室不远的地方，其面积应该满足发布会的需求，在照明和音响系统上也有较高的要求。新闻发布厅的前端应安装高出地面的平台以设置主席台，后端应安装摄影摄像位置以方便媒体记者拍摄。较为重要的场馆还可以安装同声传译设施以实现双语新闻发布会。

**（五）场地摄影位置**

许多比赛项目，例如篮球和田径项目中还会应用到场地摄影位置。场地摄影位置通常是赛前临时搭建的设施，主要目的是为了方便摄影记者拍摄更好角度的比赛照片。其大小和数量也取决于具体项目和比赛的热门程度。

**（六）媒体接待休息区**

该区域主要供媒体来访时签到及休息用。此外，这也是媒体就餐的推荐场所。该场所应该离媒体班车下车点较近或张贴清晰的指引标识。

**（七）摄影服务办公室**

该处主要是为摄影记者提供诸如场地摄影位置背心申请、马道申请、遥控相机安装申请等摄影服务。

**（八）官方新闻服务办公室**

该办公室为官方通讯社人员所用，供官方记者在赛后编辑写稿。

**（九）媒体副主任办公室、媒体运行经理办公室、媒体运行工作人员办公室等**

这些房间供场馆媒体运行工作人员办公及休息使用，标准及配置根据实际人员安排来决定。

要确保场馆媒体运行工作空间，就必须尽早与场馆进行对接，督促场馆建设或改造媒体区域空间，确保本场馆媒体运行空间足够且分布合理。换言之，媒体工作间（文字记者工作间、摄影记者工作间）需足够大，其工位及电源、网络、电视等端口要能满足媒体记者赛时工作需求；看台席媒体席位（含临建带桌席）数量要足够，且需具备最好的观看视角和拍摄位置以保障最终拍摄相片的质量，同时还需配置网络及电源端口以供媒体记者发稿；新闻发布厅席位、光线及音响系统要能满足媒体记者的需求；混合区面积要足够大，以满足媒体记者赛后第一时间采访的需求；各个媒体运行功能房或区域的距离要尽可能接近以方便媒体记者工作；部分热门场馆须设置特殊摄影位置（例如水下、马道或场地摄影位置）。

鉴于媒体的重要性，对于媒体空间应该给予充分重视，这一点要与场馆各层面领导进行解释，以得到他们的重视和支持。很多时候需要与其他业务口协调并调整办公区域以满足媒体运行工作需求，在确定好媒体空间后，需要与相关业务口签名确认，以避免不必要的争端。对于某些特殊场馆，例如射击、飞碟或马拉松等场馆往往是临建板房，这时候可以争取增加板房为媒体所用。

在各大场馆的媒体流线也是一个筹备期需要解决的重要问题。在多数情况下，由于场馆本身的布局或设计考虑得不周，媒体流线很难一开始就尽善尽美，过长或过绕的媒体流线肯定不利于媒体记者的工作，与贵宾或运动员流线交叉的媒体流线也很容易引起骚乱，此时根本无法保证媒体记者能够抵达其工作区域。因此，非常有必要与场馆领导或其他业务口（尤其是竞赛、安保、交通、颁奖仪式及综合事务等相关业务口）协商调解，尽可能使媒体流线清晰便捷，不让媒体记者绕远路，尽可能使他们在媒体班车下车点即可尽快进入媒体区域；媒体流线不与贵宾或运动员流线交叉，以免在某些时候媒体记者通道被临时封锁而影响工作的开展。在部分大型场馆，例如田径场、足球场等还可以考虑配置电瓶车等通勤车辆以方便媒体记者的工作，缩短媒体记者在媒体流线上的时间。同样，在确定好最终流线后，要与场馆内相关业务口签名确认，以避免不必要的争端。

场馆媒体运行工作对于物资的需求也应得到重视，一般来说可以分为通用物资和专用物资两类。它们的界限并不非常清晰，通常来说后者往往是场馆提供不了的专门物资，例如专门设计的成绩公报柜等。媒体记者在场馆工作可能用到的物资都应该纳入考虑范围，大至工作间的桌椅、储物柜及各种电器，小至笔纸等都应考虑。细节方面尤其能检验工作的成败。此外，还要考虑一些机动物资的需求。例如一次性雨衣、发布会用到的花束等，都需要留出预算。对于一些耗资较高且赛后利用率不高的物资可以考虑租借。在筹备工作时可参考附录5中的媒体运行物资，根据实际情况进行调整。

总的来说，无论是空间、流线还是物资问题的解决，都需要媒体运行工作人员尽早与场馆对接，需要保持各层面的一致，并始终坚持以书面形式记录进程。

## 四、子计划

场馆媒体运行工作子计划的编写也是筹备工作中的重要一项。各个场馆都应该结合本场馆和项目的具体情况来编写各自的媒体运行子计划。通过编写场馆媒体运行工作子计划，媒体运行工作人员能够更加清晰地了解工作的目的，能够进一步发现工作中存在的问题并跟进解决，也能够确保与上级及本场馆其他业务口更好地对接交流。可以说，清晰明确的子计划是场馆媒体运行工作成功的基础。

清晰明确的子计划至少应该包含以下内容：

### （一）业务口职责及活动概述

该部分旨在帮助媒体运行工作人员了解其工作职责及工作范围，细化到场馆媒体运行的几大区域（媒体工作间、看台席、混合区、新闻发布厅、摄影位置等）。

### （二）人员计划（含组织架构、岗位配置数量及分工）

这部分主要是描述本场馆媒体运行人员的组织架构及岗位配置情况，细化各岗位的分工及安排。

### （三）每日运行时间表

该部分紧密结合赛程，对媒体运行业务口的各大区域的运行作出了细致安排，确保工作有条不紊地展开。值得注意的是，许多项目的正式赛程都会在后期出现调整，因此需要根据实际情况进行调整更新，以确保无误。

### （四）各项运行政策（各媒体区域运行管理政策等）

运行政策部分主要涵盖了各媒体区域的运行管理政策等内容，例如混合区运行管理政策、摄影背心管理政策、工作间管理政策、新闻发布厅管理政策、记者看台席管理政策、媒体餐饮管理政策、媒体交通管理政策等等。

### （五）运行任务（各媒体区域工作安排）

运行任务即媒体各区域在赛时的工作安排，例如场馆媒体工作间服务准备工作安排、储物柜存放安排、媒体休息区开放安排、媒体餐饮安排、媒体交通安排、颁奖仪式拍摄安排、混合区开放安排等等。

**（六）应急预案**

应急预案的细化和完善是非常关键的，这往往与各场馆及各项目具体情况紧密连接，因此应该结合实际情况在通用应急预案的基础上增加各场馆的内容。

值得注意的是，子计划应该在场馆媒体运行团队运行之初就开始编写，并且随着媒体运行工作的推进，适时作出适当调整。

## 五、培训

场馆媒体运行筹备阶段的培训是多层面的，既可以是全体媒体运行工作人员的通用知识培训，也可以是特定场馆知识或比赛项目的培训。针对场馆或比赛项目的外语培训也非常必要。值得注意的是，培训对象不一定只局限于媒体运行工作人员及其志愿者，在必要的情况下，也可以对全场馆工作人员（尤其是安保、综合事务与交通等与媒体运行关系密切的工作人员）进行培训，以提高全场馆对于媒体运行工作的重视和确保场馆媒体运行工作的顺利展开。

培训的主要目的一方面在于帮助媒体运行工作人员或志愿者了解媒体运行知识，发现工作中的问题并设法解决，提升工作人员的专业素质；另一方面通过各个层面的交流，也有助于媒体运行团队凝聚力的提升。

在赛前媒体注册证件确定发放的时候还需要特别开展证件查验培训，媒体运行工作人员和志愿者要对各类媒体证件的权限非常了解，才不会在赛时工作中手忙脚乱。

## 六、协调会

在大型赛事复杂的组织筹备工作中，极有可能因为沟通交流的问题阻碍工作的进展。在各个层面的各种协调会中，各方常因各自工作的需求不可避免地产生矛盾、争端，造成时间和人力的耗费，并进一步增加了因对接不及时而出现的沟通障碍。为了提高效率和真正解决问题，在各类协调会上一定要注意以下几点：

（1）参会之前做好充分准备，理清问题，整理思路，明确要解决的问题，准备充分的理由以支撑自己的观点，充分设想可能会遇到的阻碍并提出应对方案。例如，当提到调整媒体流线的必要性时，就要想好为什么需要做调整（原流线过长过绕，上下楼梯太多等），不调整会有什么后果（媒体记者可能走错路，或者扛着大型摄影器材很累，会产生抱怨甚至损坏器材，可能会带着情绪工作等），调整之后不会过度影响其他业务口的工作等等。

（2）坚持做会议纪要，并要求与会方签名确认，以方便出现争端的时候有据可依。对于未能参会的相关业务口或部门也要送达会议纪要，以确保对接畅通无误。

（3）灵活采用各种人际沟通手段，与各个业务口做好平时的对接和交流，清楚各个业务口与媒体运行相关的工作范围，在坚持原则的同时也兼顾实际情况，必要时作出相应的让步和调整以照应全局。尤其要重视与竞赛、安保、交通、餐饮、语言服务及综合事务等业务口的关系，他们的支持对场馆媒体运行工作的开展也是非常关键的。

## 七、场馆媒体运行的测试

测试赛对于场馆媒体运行筹备工作乃至整个场馆的筹备及各业务口的磨合情况有非常好的检验作用。在测试赛之前，媒体运行团队应尽可能地以正式赛时的工作安排为标准，完善各项工作和物资配备，安排志愿者全部上岗，并可以邀请部分记者前来报道测试赛和提出工作建议。这对所有工作人员及志愿者都是一次绝佳的演练机会。在时间和资金允许的情况下，可以通过多次测试赛来发现问题，解决问题。测试赛的主要目的就在于查漏补缺和加强磨合。

测试赛之后的总结工作无疑是非常有意义的，媒体运行工作中许多未预料的细节问题都能得到发现和解决。此外，与场馆其他业务口的对接和磨合上的不足也能得到改进。测试赛中媒体运行工作的顺利开展能够帮助媒体运行团队进一步得到全场馆的重视，这对正式赛时媒体运行工作无疑是一剂强心针。

## 八、场馆媒体运行筹备过程中的困难与问题

在各种大型体育赛事中，由于牵涉部门众多，各个层面的对接沟通难免出现疏漏，这决定了场馆媒体运行工作的开展绝不可能是一帆风顺的。在争取媒体区域空间、申请更改有利于媒体的流线及申领媒体物资方面都会受到来自场馆层面的各种压力。媒体运行工作人员必须要顶住压力，在坚持原则的前提下采取灵活的手段以顺利完成媒体运行工作。

## 九、场馆媒体指南的编写

通常主新闻中心都会发媒体指南给媒体记者，其涵盖了各个场馆的基本信息，但往往内容有限，在一些情况下不能满足媒体记者深入采访报道的要求。场馆媒体指南的目的在于进一步为媒体记者提供便利，使其了解必要的场馆背景知识以及场馆媒体运行工作人员，熟悉场馆媒体区域及流线等重要信息以便开展工

作，此外，媒体指南还能显著减轻媒体工作人员的压力，避免媒体记者逐个发问，媒体工作人员疲于解答而无暇顾及其他事务。在热门项目及重要场馆中，媒体指南的编写就显得尤为重要。

通常情况下，完整的场馆媒体指南可以包含以下几个方面的内容：场馆简介（若为宣传考虑也可加入其他信息介绍，例如关于当地风土人情的介绍）、媒体运行工作人员简介及分工、场馆媒体区域平面图及流线、媒体工作间工作指引、摄影记者工作指引、混合区工作指引、记者看台席工作指引、媒体记者就餐指引、网络使用说明、竞赛日程。若有必要，媒体指南也应配备英文版本以方便国外媒体记者阅读。

场馆媒体运行的筹备工作耗时长，涉及事宜复杂繁琐，是赛时媒体运行工作顺利进展的必备前提。因此，场馆媒体运行人员对于筹备工作一定要非常重视，要及早介入，绝对不能怠慢拖延。否则起步越晚，工作开展越难，成效越不明显，这对正式赛时的媒体运行工作将是毁灭性的打击。

## 第三节　赛时场馆媒体运行

### 一、赛时场馆媒体运行概况

场馆媒体运行筹备工作需要耗用极大的人力、物力及时间，这一切都是为了赛时媒体运行工作的顺利开展，让媒体记者能够更好地报道宣传赛会。通常情况下，从正式比赛前三天开始，场馆媒体工作就已经对媒体开放，也就是说，在正式开赛前三天，各场馆媒体运行工作已经开始按照赛时要求运作。场馆媒体运行区域的服务时间一般是从赛前三小时至赛后三小时，让媒体记者有充足的时间搬运器材、调试安装设备和发放稿件，也让媒体运行工作人员有充足的时间测试检查本场馆设备、布置安排任务及进行总结等。若由于比赛出现延迟或媒体记者发稿未完成等原因造成媒体记者未离开场馆，场馆媒体运行区域将延迟关闭，媒体班车服务将相应延时，让媒体记者有充足的时间完成工作任务。

### 二、赛时场馆媒体运行各区域运行概况

#### （一）媒体接待休息区

通常媒体接待休息区为来访的国内外记者到达媒体区域的第一站，媒体记者在此区的接待台登记签到并领取相关比赛资料。因此，在此处应设置明显标识以指引媒体记者进入。值班工作人员及志愿者负责解答来访媒体记者关于本场馆媒

体区域的咨询。该区应设置白板以向媒体记者发布通知和最新信息。接待休息区可配置电视及信息查询系统（可查询交通及赛事等多种信息），并免费提供饮用水、饮料、咖啡、茶点等。媒体接待休息区还应配备充足的强电插座及无线网络供媒体记者使用。若为宣传考虑，还可放置当地宣传资料和报刊供媒体记者阅读。要确保媒体记者在一个安静舒适的环境中得到接待和休息，以更好的状态投入工作。媒体接待休息区还应负责为遗失注册卡的媒体记者办理一日卡，尽可能不影响其当天的工作安排。

**（二）媒体工作间**

媒体工作间是文字记者和摄影记者在场馆发稿的重要场所，因此，此处的网络、电视、电源、电脑、电话、打印机、复印机、传真机等设备都应该得到保障。媒体运行工作人员应在媒体记者到来之前即完成对所有设备的检查调试，确保不会影响媒体记者的工作。出现故障时，媒体运行工作人员要及时联系技术人员尽快解决。媒体工作间还应提供储物柜等给媒体记者存放随身物品及设备。对于摄影记者还应该准备较大空间的储物柜供其存放摄影器材。当混合区即将开放或新闻发布会即将开始的时候，还可以提醒尚未离开媒体工作间的媒体记者前往新闻发布会。

**（三）新闻发布厅**

通常新闻发布厅的开放时间是在混合区采访后。在这之前应该完成所有的音响、照明系统的调试，确保能够顺利召开新闻发布会。是否为某场比赛举办新闻发布会取决于当场比赛是否有新闻价值，可以与竞赛部门进行协商，但通常来说工作人员应该为每一场比赛做好召开发布会的准备，并且还要准备突发事件新闻发布会。举行新闻发布会的时间要根据赛程安排、混合区采访时间而综合考虑。新闻发布会的时长要控制在不妨碍兴奋剂检测程序的时间内。新闻发布会的计划和变更，要通过信息公告板等形式及时通知媒体记者。新闻发布会的主持人要提前决定，并上报主管部门，必要时可对其进行培训以满足工作需求。条件允许的情况下要在新闻发布厅外设置媒体记者通道和运动员通道，以避免因交叉而导致秩序失控；若场馆条件受限，则应该先引导媒体记者入场，待媒体记者就座完毕后方引导运动员入场，开始新闻发布会。高标准的赛事新闻发布会还应配置口译服务，因此，负责新闻发布厅的媒体运行工作人员需要提早与语言服务业务口确定口译需求。若有需要，新闻发布厅后排可安装摄影摄像平台，不得在前排放置摄影摄像器材而挡住其他与会记者的视线。

**（四）媒体看台席**

媒体看台席应该在赛前一小时就准备开放，赛后应等到所有媒体记者离开方可关闭。媒体看台席入口应安排工作人员或志愿者查验证件，必要时要求安保人员协助验证，以防止某些非媒体记者人员强行进入媒体看台席。对于高需求赛事，在媒体席位无法满足所有前来采访的媒体记者的情况下，应要求媒体记者提前申请媒体门票以控制秩序。届时只有同时具备媒体记者证件和媒体门票的人员才能进入媒体看台席。媒体记者不允许使用可能干扰计分系统的无线电技术设备，场馆媒体运行工作人员有必要进行监督。

媒体运行工作人员应严禁媒体看台席记者集体穿着或使用有明显商业标识的服装或包，不允许打伞遮挡后面人员的视线，要制止某些媒体记者阻塞通道或在媒体席位旁长时间站立等可能影响赛事进行或影响其他人观看比赛的行为。媒体运行工作人员在看台席的主要任务是维持看台秩序，协助媒体记者发放成绩公报信息，安排、维持看台席的饮料供给和清洁卫生。媒体运行工作人员不得在看台席上观看比赛。

**（五）混合区**

混合区应该在比赛结束前十五分钟或更早开放，媒体运行工作人员应在此之前就调试好必要的电视机及摆好铁马或隔离带等。在多数情况下，为了确保媒体记者有更多的时间发问，运动员不至于太快走过混合区，可以在混合区用铁马或隔离带围出曲线通道。根据惯例，媒体记者在混合区需要遵守特定的采访顺序，通常混合区最前端是广播电视混合区，文字媒体混合区在后端。媒体记者在混合区的安排将按下列顺序：①广播电视段，包括主转播机构、持权转播商；②文字摄影媒体段，包括世界通讯社（如美联社、路透社、法新社）、主办国的官方通讯社、其他文字记者、摄影记者、非持权转播记者。每个媒体机构采访运动员或教练员的时间通常限制在1分钟内，以便更多媒体记者有采访机会。在特别热门的竞赛场馆，为避免混合区过度拥挤而造成秩序失控，可以对进入混合区的媒体进行控制，要求媒体记者必须有辅助通行物才可以进入采访。通常每场比赛结束后，混合区的运行还会持续一二十分钟。媒体运行工作人员可在媒体看台席及媒体工作间等区域通知媒体记者混合区的开放时间。

## 三、赛时场馆媒体运行容易出现的问题和解决方案

赛时场馆媒体运行容易出现的问题主要有以下几个方面：

**（一）各业务口对接问题**

由于赛时工作安排紧张，各个业务口都忙于自身工作，在沟通对接上容易出现疏忽。例如，安保工作人员与媒体运行工作人员出现对接脱节，未通知媒体运行工作人员本场馆新的安保升级政策，就可能导致某些媒体记者进入场馆受到阻碍；再如，餐饮工作人员与媒体运行工作人员对接若出现脱节，未能准确记录媒

体记者所需餐食数量，可能会导致送餐延时甚至未给预订记者预留餐食的情况，这些都非常影响场馆媒体运行工作的开展。媒体运行工作人员应该在赛时进行对接工作分工，将赛时与各个业务口对接的事务落实到具体人员，确保场馆媒体运行工作不受其他业务口工作的更改或调整的影响。此外，场馆媒体运行负责人（媒体运行经理）应该在领导层面多与其他业务口负责人通气，了解可能影响媒体运行工作开展的变更和调整的因素，并迅速采取应对措施。

**（二）媒体记者沟通问题**

国内外媒体记者是场馆媒体运行工作人员的服务对象，然而在赛时的高强度工作环境下，也可能出现一些沟通上的问题。处理这类问题的原则是以柔克刚，有理有据，不卑不亢。例如某些摄影记者违反摄影服务管理规定，离开场馆未归还场地摄影背心，并将此场地摄影背心带去其他场馆使用，这种情况下，媒体运行工作人员首先应该劝其归还，若其坚持无法当日归还场馆，则可进行适当警告以督促其配合场馆媒体运行工作。

**（三）忽视计划和总结**

赛时工作安排紧张，强度往往很大。尽管如此，媒体运行工作人员仍然要重视计划的调整和开展，在筹备期根据赛程制定的运行时刻表很可能由于赛程的调整而作出相应的改动，否则工作就不能有条不紊地开展。此外，每天当全部工作结束后，都应进行各区域的工作总结，找出问题并商讨解决办法，并以书面形式进行备案。

**（四）工作人员过度疲劳**

对于诸如篮球、足球等项目，比赛日极多，每日赛程也较长，媒体运行工作人员长时间处于高强度的工作环境下很容易因过度疲劳而身体不适，因此有必要安排工作人员适度休息，让其以更好的状态投入工作。

## 四、赛时场馆媒体运行应急预案

场馆媒体运行工作人员要对赛时可能发生的影响媒体工作顺利开展的事件作出假设，并提出相应的解决措施，即赛时场馆媒体运行应急预案。其目的在于防止因人为和非人为因素影响场馆媒体的正常运行。应急预案的制订应该结合具体赛事和场馆，对于突发事件的假设应该合理，处理方式也应该合情合理，旨在解决实际问题，为国内外媒体记者的赛事报道工作创造一个优质的工作环境，尽可能降低突发事件对场馆媒体运行工作乃至整个赛事的影响。媒体运行工作人员也可在赛前对突发事件的处理进行演练，以进一步提高对于突发事件的处理能力。

## 思考题

1. 设想一些可能出现的场馆媒体运行工作突发事件，并列出应对措施。（如何应对场馆媒体运行工作中出现的突发事件？）

2. 在某次大型国际赛事上，一些不具备媒体区权限的外国技术官员坚持要求进入媒体席就座，该如何处理？对此类不具备权限但坚持要求进入媒体席的人员该如何进行劝说？

3. 志愿者群体往往是由大学生构成，他们对待工作认真负责、充满热情，但由于缺乏社会经验，导致在工作中处理不当（例如在查验证件时他们往往出现疏漏）。如何让志愿者们更好地完成媒体运行工作？

# 第六章 新闻服务

【内容提要】新闻服务是为记者提供基础信息服务的“专之又专”的工种，是大型赛事媒体运行中不可或缺的“软件”。本章从新闻服务的概念、目标任务入手，介绍了筹备期、赛时运行和赛后期新闻服务的工作内容，详细地阐述了新闻服务信息采集与编辑、成绩公报管理与发送、新闻翻译等关键领域的操作方法，并以最新的案例进行分析。新闻服务信息采集与编辑包括赛事前瞻、赛事回顾、即时引语、新闻发布会摘要、扩展型出场名单、媒体通告、综合新闻、颁奖嘉宾名单八大类新闻信息内容的采写要求、体例和方法。新闻翻译重点阐述了赛时翻译原则和要求，针对人名、地名及其他专有名词的翻译，与新闻翻译相关的重大敏感问题，以及报道注意事项的处理技巧等，并提供了赛事稿件翻译操作文例。第四节分析了成绩公报发送的筹备、运行和赛后工作，包括成绩公报的定义、成绩公报团队架构、成绩公报柜的管理、纸质（成绩）公报发送流程等内容。

## 第一节 新闻服务概述

### 一、概念

“新闻服务”相当于主办方的一个官方通讯社，它旨在为全球所有注册记者及相关单位提供准确、翔实的新闻和信息服务。组委会负责为媒体提供大型赛事综合信息服务，确保发布最全面的报道，拥有最广泛的受众。

以奥运会为例，国际奥委会按照 ORIS 的程序，在获得主要新闻机构、OBO、持权转播商、其他媒体团体和利益相关者反馈信息的基础上向组委会提供详细的 INFO 和奥运新闻服务内容。根据《主办城市合同》，国际奥委会有权选择一个或多个区域的供应商，在赛时为广播电视以及文字和摄影媒体提供必要的服务。

## 二、目标任务

以奥运会为例，奥组委新闻服务团队在 IBC、MPC、VMCs、奥运村、媒体村和 IOC 总部酒店为媒体和其他注册团体提供 INFO 信息系统。具体任务包括：

（1）INFO 新闻内容由 ONS（奥林匹克新闻服务）管理，以清晰、简洁的语言提供均衡的、符合通讯社发稿标准的新闻报道。

（2）INFO 和 ONS 的任务就是向媒体通报有关奥运会的进展，帮助它们作出最好的报道。ONS 不应替代媒体工作。

（3）ONS 的新闻报道不应有偏见或喜好，应独立自主，不受外界影响。

（4）ONS 的完整性至高无上，新闻的选用只由 ONS 的编辑负责。

（5）ONS 的工作人员应专职为 ONS 工作。在受雇期间，他们须中断与所有其他新闻机构的联系。

（6）ONS 员工的招聘须以相关技能和经验为基础，并以国际化的方式进行。

（7）ONS 新闻须按要求用英语书写，并供翻译所用。所有的工作人员须英语写作通畅、口语流利，最好以英语为第一语言。

（8）ONS 经理（主编）在 MPC 协调 ONS 的服务，并向新闻官汇报。ONS 经理和其他 ONS 高层人员应有新闻背景，最好具备通讯社的工作经验，并通晓体育项目。

（9）组委会将聘用 ONS 各职能区人员，并且发放所需的相关证件，保证他们能够进入场馆完成工作。

（10）ONS 场馆团队应向位于 MPC 的编辑部发送所举行项目的赛前、赛后信息，即时引语和新闻发布会摘要。

（11）ONS 要提供必要的机制，以便通过 INFO 系统发布组委会、IOC、IFs 和 NOCs 的新闻和信息。

## 三、运行原则

（1）ONS 以清晰、简练的语言为 INFO 用户提供均衡的、符合通讯社发稿标准的新闻。

（2）ONS 应向媒体及时通报奥运会的进展，以帮助它们发布最好的报道。但是 ONS 不应替代媒体工作。

（3）ONS 的新闻不应有偏见或喜好，应独立自主，不受外界影响。

（4）ONS 的完整性至高无上，新闻的选择只应由 ONS 的编辑负责。

（5）ONS 的工作人员应专职为 ONS 工作，他们在受雇期间，须中断与所有其他新闻机构的联系。

(6) 根据《奥林匹克宪章》，任何受雇于以及注册于 ONS 的人，不能为外部机构报道或拍摄奥运会图片。

## 四、组织架构

以广州亚运会新闻服务组织架构为例，如图 6－1 所示。

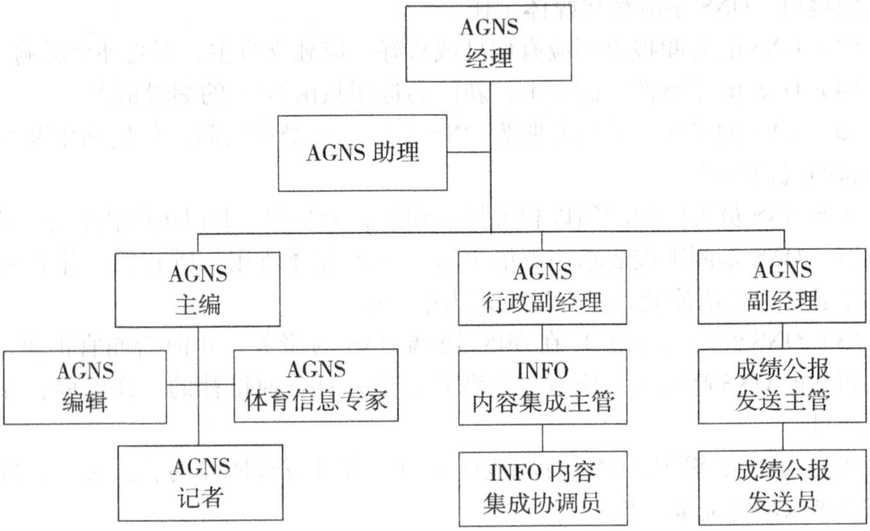


图 6－1　广州亚运会新闻服务组织架构

# 第二节　新闻服务的筹备、运行和赛后工作

## 一、新闻服务的筹备

大型赛事新闻服务的工作内容主要有两部分：第一，INFO 2010 系统服务，新闻服务提供的信息和稿件全部通过 INFO 信息系统发送，注册媒体可以通过该系统查询和打印与赛事相关的信息和新闻。第二，在主新闻中心和场馆为来访的文字和摄影记者提供成绩公报信息服务，确保注册媒体能够在第一时间获得其所需的相关信息，特别是比赛的出场名单、当日信息和比赛成绩等等。

因此，在筹备阶段的重点就是组建团队，协调空间、流线和申报工作物资。

### （一）组建团队

以北京奥运会为例，大约有150名付薪的ONS员工，每个场馆至少有4名付薪人员。在一些大的场馆如奥运体育场、游泳中心、高山滑雪和花样滑冰场馆，付薪人员则更多。MPC的ONS编辑部应有不少于15名经验丰富的专业人员轮班工作。应向ONS员工发放必要的证件，保证他们能进入场馆完成工作。

所有ONS的高级员工都要有新闻背景，最好有通讯社的工作经验，并且通晓体育项目。ONS的招募都应以相关技能和经验为基础，不管应聘者来自本国还是海外。ONS新闻须按要求用英语书写，并供翻译所用。所有的工作人员须英语写作通畅、口语流利，最好以英语为第一语言。ONS经理在赛时担任ONS主编，并向新闻官汇报。

由以经验丰富的专业新闻人员组成的MPC团队负责编辑所有竞赛场馆、奥运村媒体中心、MPC和IOC酒店的ONS团队传送的信息。每个场馆的ONS报道团队由ONS主管管理，包括项目信息专家、即时引语记者。

新闻服务的信息采集团队主要在场馆。场馆报道团队必须有一个项目专家担任核心，专门为ONS工作，其职能为：

（1）在所有竞赛场馆的比赛结束后，ONS记者立即从运动员、教练员和官员处采集即时引语；

（2）新闻信息专家和ONS记者提供赛前、赛后专项资料和媒体信息；

（3）ONS记者根据是否有新闻价值为判断标准，向媒体提供稿件；

（4）根据ORIS的要求，ONS报道小组负责准备详细的出场名单；

（5）按ORIS规定，ONS专家负责更新运动员以及其他人员的简历。

**表6－1　北京奥运会新闻服务团队人员职责**

| 职务 | 描述 |
| --- | --- |
| ONS经理/主编 | ONS经理/主编向新闻运行官汇报，并负责ONS的全面运行，包括：<br>赛前测试赛的信息服务；<br>运动员简历数据库的内容更新；<br>通过INFO收集、加工、发布赛事新闻和数据；<br>ONS服务的质量监控；<br>协调场馆员工和志愿者；<br>员工计划和招募。 |

（续上表）

| 职务 | 描述 |
| --- | --- |
| ONS 副经理 | 规划 MPC 编辑部和场馆报道运行及员工的招募；<br>监控赛时编辑程序、监控 ONS 信息流动；<br>协助 ONS 经理、主编处理员工和机构问题。 |
| ONS 行政助理 | 支持 ONS 经理和副经理工作，协助新员工融入 ONS 运行。 |
| 编辑 | 赛前，及时、准确地将背景资料输入 INFO，并管理运动员简历；<br>赛时，管理 MPC 编辑团队和处理来自场馆的稿件内容方面的问题。 |
| 助编 | 处理场馆团队的信息，并就有关内容或传送时间等问题向编辑提出建议。 |
| ONS 场馆主管 | 负责管理竞赛场馆 ONS 报道团队；<br>布置采写新闻和其他任务；<br>对 ONS 场馆团队发送的信息进行质量把关；<br>向编辑部的编辑发送即时引语。 |
| 项目信息专家 | 为项目或分项的专家。<br>负责提供 ORIS 所需的有关项目的新闻报道，比如赛前预测、赛后回顾、详细出场名单。<br>按需要为场馆报道提供专业用语，并校阅 ONS 场馆团队其他成员采写的报道。<br>协助场馆媒体：<br>联系媒体与运动员；<br>如有需要，安排采访；<br>如有需要，提供技术指导；<br>如有需要，在新闻发布会上介绍运动员；<br>如有需要，在新闻发布会上担任 MC。 |
| 即时引语记者 | 提供在混合区采集到的有关运动员的赛场表现，以及准确的、简要的和有新闻价值的赛事评论。只有有经验的人员才能担任即时引语记者。 |
| ONS 报道员 | ONS 记者通常扮演通讯社记者的角色，提供场馆赛事稿件，协助项目信息专家撰写相关项目的赛前预测和赛后回顾。<br>如有可能，ONS 还应派出少量记者作为城市记者，采集有关奥运会的相关新闻，帮助媒体为它们的用户提供均衡的、全方位的新闻稿件。 |

（续上表）

| 职务 | 描述 |
| --- | --- |
| ONS 成绩公报柜主管 | 即时、准确地往 MPC、VMC 内的成绩公报柜中投放纸质成绩公报，以满足媒体的需求。 |
| ONS 成绩公报柜助理 | 负责协助维护成绩公报柜。 |
| 赛前员工 | 赛前 ONS 团队员工的数量取决于组委会收集到的历史数据和简历的数量。<br>往届的奥运会有成功地将这些任务外包给专业体育数据公司的经验。如果选择外包，那么需要新闻运行单独建立预算。 |

**（二）培训**

一般来说，新闻服务团队会在赛事主办城市招聘一批专业志愿者，因此，在团队组建后，应尽快对专业志愿者进行新闻信息采集和编辑等专业知识培训，使其及早进入工作状态。

如对即时引语记者的培训，最重要的是反复训练其对采访对象提问的能力。问题一定要有较高的新闻价值。以下问题可供参考：

（1）你对今天的成绩满意吗？达到预期目标了吗？

（2）你觉得其他选手（队）表现如何？

（3）你完成比赛的时候有什么感觉？

（4）当你落后很多的时候想过能最终胜利吗？

（5）你觉得比赛过程中什么时候最困难？

（6）今天你的状态好像不太好，是什么原因？

（7）对自己今天的表现最满意的是什么地方？

（8）比赛的结果让你感到意外吗？为什么？

（9）在什么时候你感觉比赛的胜负已定？

（10）你觉得比赛怎么样？精彩（紧张、让人激动）吗？还是很一般？

（11）如果你对自己的成绩不满意，再有机会的话，会改变战术，比如进攻更加积极吗？

（12）你认为这次运动会对自己今后的训练和比赛有什么样的影响？

（13）有报道说这可能是你最后一次参加××运动会，离开赛场觉得遗憾吗？

### （三）空间、流线、物资

新闻服务团队人员较多，包括新闻服务经理、信息专家、即时引语记者、成绩公报发送团队等，因此，新闻服务的工作空间要求相对大一些，并且，最好能将信息采集部门和成绩公报发送部门隔开，互不干扰。同时，应保持新闻服务团队工作的独立性，避免与媒体记者交叉。新闻服务团队的工作流线以快捷、便利地采访到比赛信息为原则。

新闻服务团队的工作物资主要有 INFO 内容管理终端（ICMS）、内部管理电脑、打复印机和办公家具。

其中，对 INFO 内容管理终端（ICMS）的要求主要有：

（1）MPC 和 VMCs 的所有工作间每 15 个工位配一台 INFO 终端，每两台 INFO 终端配一台打印机。

（2）其他非竞赛场馆的 INFO 终端、打印机由组委会和 IOC 协商安装。

（3）MPC 和 VMCs 的 INFO 终端应有专用空间，不能侵占文字和摄影记者的工位。

（4）INFO 终端应安装在便于文字和摄影记者使用的位置。如果空间允许，较大型场馆看台的记者席、混合区和媒体休息区也应安装 INFO 终端。

（5）远程无线 INFO 接入不能完全替代 INFO 终端，但可以减少终端数量。

## 二、新闻服务的赛时运行

### （一）新闻信息服务内容

赛时服务主要是针对比赛期间的相关信息，包括以下内容：

（1）赛事前瞻（Sports，Event or Daily Preview）。各项重要赛事的赛前分析和预测。帮助媒体记者掌握比赛看点，针对性地做好报道计划。

（2）赛事回顾（Sports，Event or Daily Review）。各项重要赛事的赛后回顾，能帮助媒体特别是无法到现场观看比赛的记者了解比赛细节。

（3）即时引语（Flash Quotes）。它是指赛后运动员和教练员在混合区回答广播电视和文字记者提问时，即时发表的简短、中肯的感言和评论。及时、丰富的即时引语对媒体报道有很大的实用价值，是整个 INFO 2010 系统中点击率最高的三大模块之一。

（4）新闻发布会摘要（Press Conference Highlights）。新闻发布会摘要是新闻发布会主要内容（发问和回答）的概括，能帮助未能参加发布会的记者了解发布会的内容。

（5）扩展型出场名单（Extended Start List）。重要赛事（如决赛等）参赛选手（含简历信息在内）的基本信息，主要是供特权转播商做现场解说时使用。

（6）媒体通告（Media Communication）。媒体通告是与媒体报道工作有关的重要信息，如新闻发布会日程、班车时刻表以及其他重要通知等。

（7）综合新闻（News Articles）。上述既定类型以外的新闻稿件，报道赛会相关的重要事件。

（8）颁奖嘉宾名单（Medal/Flower Presenters List）。由外联部提供，决赛开始前半小时录入 INFO 2010 系统，包括颁发奖牌的嘉宾名单、职务等背景信息。

**（二）新闻服务团队赛时运行模式**

以广州亚运会为例，AGNS（亚运新闻服务）的运行模式如图 6－2 所示：

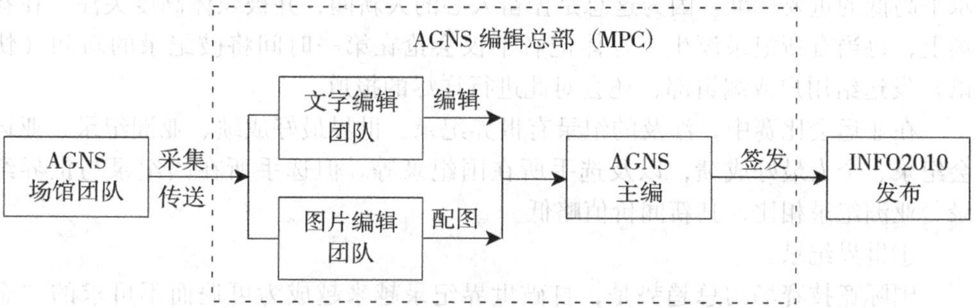


**图 6－2　广州亚运会新闻服务赛时运行模式图**

AGNS 场馆团队采集或撰写新闻稿件，通过 INFO 内容管理终端（ICMS）传送到 MPC 的 AGNS 编辑总部，总部编辑团队对上传的稿件进行编辑加工，必要的情况下 AGNS 图片编辑还要为稿件配图，然后，经 AGNS 主编审核后签发到 INFO 2010 信息系统上。注册媒体可以在任意一台 INFO 2010 信息系统终端上查询，并打印这些稿件和信息。

AGNS 稿件均用英文书写，然后由设在 MPC 的专业翻译团队译成中文（也可酌情考虑用中文书写，然后翻译成英文）。AGNS 主编负责监控 AGNS 稿件从采集到编发的整个流程，并亲自处理某些重要稿件。

**（三）AGNS 赛时信息采集内容与基本要求**

如果说赛前信息的基本要求是全面的话，那么 AGNS 赛时信息的首要要求则是快速，力求在最短时间内将赛事进程和媒体通告等重要信息传达给注册媒体。具体来说，AGNS 赛时信息收集和写作的基本要求包括新闻敏感性、时效性、简明性、客观性等几大部分。

1. 新闻敏感性

新闻敏感性是指一名记者对报道对象（新闻人物或事件）的新闻价值的衡量，以及对报道对象的认知度。记者除了要在一系列纷繁复杂的现象中挖掘出值得报道的事件和事件中最有价值的方面以外，在面对众多新闻报道素材的时候还要懂得判断孰轻孰重，在最短时间内进行取舍。

对于新闻服务来说，只有具有新闻价值的信息，才能为媒体提供有价值的参考，才能为它们所用。如在亚运会上能构成敏感性事项的有纪录、事件、赛场上的趣闻趣事等。

（1）纪录。

打破纪录，特别是打破世界纪录是衡量一个赛事（包括亚运会）总体竞技水平高低的重要标准。因为这总是振奋人心的大新闻，并被媒体高度关注。在赛场上，每当有新纪录诞生，媒体记者不仅会抢在第一时间将破纪录的新闻（快讯）发送给用户或编辑部，还会对此进行详尽的报道。

在亚运会比赛中，涉及的纪录有世界纪录、世界最好成绩、亚洲纪录、亚运会纪录、个人最好成绩，以及选手所在国纪录等。但选手所在国纪录与世界纪录、亚洲纪录相比，其新闻价值略低。

①世界纪录。

国际竞技赛场的总趋势是，打破世界纪录越来越成为可遇而不可求的“金贵”新闻。因此，每一项新世界纪录的诞生都会掀起新一轮的新闻大战。快讯、详讯是媒体记者必抢的新闻稿件。而对天气、场地条件、运动技能、观众反应、技术官员的评判、教练员的指导、破纪录者的训练水平和现场发挥等的描述将是衡量媒体记者采访和发稿水平的重要指标。对于 AGNS 记者来说，新世界纪录创造者的引语和新闻发布会上的唇枪舌剑自然是有闻必录，也是撰写每日回顾的重要内容。

新纪录的诞生有一套严格的审定程序。尽管在亚运会上的好成绩都可以被审定为新世界纪录，并很快会在场馆宣布。但需要注意的是，这个纪录并不是我们在比赛结束后从场馆记分牌或是成绩公报上看到的“非正式成绩”（Unofficial Results）。因此，只有被确认为“正式成绩”（Official Results）的信息才是最终纪录。

②世界最好成绩。

在一些竞赛项目如马拉松、竞走公路项目中，尽管比赛地点的地理、天气条件等因素不尽相同，但这些比赛的纪录通常被认定为世界最好成绩。世界最好成绩的新闻价值等同于世界纪录。

奥运会（或亚运会、全运会等）纪录，亦称大会纪录，是历届运动会上的最好成绩。凡是在亚运会上打破的世界纪录都会被列为亚运会纪录，反过来亚运会新纪录不一定全是新的世界纪录。

大多数项目的亚运会纪录成绩与世界纪录成绩还存在很大的距离，所以一届亚运会上新的大会纪录往往会远多于新的世界纪录。虽然亚运会纪录的新闻价值稍逊于世界纪录，但对于AGNS记者来说，新纪录创造者的场上表现和赛后引语仍需给予充分的关注。值得注意的是，在我们谈及“打破”纪录的时候，通常会提到“纪录和最好成绩演进”，即自该项目开始设立纪录以来，历次被打破的纪录。

提供世界纪录和世界最好成绩演进可以帮助媒体记者判定新世界纪录的新闻价值。但是，亚运会纪录可以不提供纪录演进。因为有些项目的世界纪录和世界最好成绩的起点较低，在亚运会上可能会出现多次打破纪录的情况。但是，有些项目的纪录几乎达到了运动员的极限，几年甚至十几年未被人改写。

在报道中，新的世界纪录和亚运会纪录可以被称为“打破”纪录，而新世界最好成绩只能说是“超过”原成绩。

③个人最好成绩。

个人最好成绩是除世界纪录、亚运会纪录以外的重要成绩信息。

每一位运动员都有自己的个人最好成绩，或许是世界纪录、亚运会纪录，又或许是一个不起眼的小型比赛成绩，这给媒体记者评判运动员在比赛中所取得的成绩提供了很好的参考。

(2) 事件。

每一届亚运会因其规模盛大、组织工作复杂，竞技场内外总会发生一些大小不一的“事件”。

亚运会竞赛场内外发生的事件，因其性质和影响不同而具有不同的新闻价值，所以媒体关注的程度也有所不同。

亚运会上的事件多数属于运行中的问题，如电梯故障、媒体村临时停电、班车不准时等。这些事故属正常事件，大多没有报道价值，但可能会引起抱怨。只有少数非正常事件为媒体所关注。对于这类事件，组委会将会启动应急机制，包括如何与媒体沟通，及时、透明地向媒体记者通报等方式。

亚运会上的事件可分为场内和场外、正面和负面、政治性和技术性几大类型。

①场内事件和场外事件。

发生在赛场内的事件被称为场内事件，发生在赛场外的事件被称为场外事件。

场内事件：巴西长跑运动员德利马在2004年雅典奥运会马拉松比赛中被一名据称患有精神病的爱尔兰男子“劫持”而痛失金牌。

场外事件：加拿大短跑运动员本·约翰逊在1988年汉城奥运会上被查出服用兴奋剂而被取消金牌和新世界纪录。

②正面事件和负面事件。

正面事件是指对赛会及其组织者的形象起积极作用的事件；反之，起消极作用的事件被称为负面事件。

正面事件：中国射击运动员许海峰在1984年洛杉矶奥运会上为中国夺得第一枚金牌。

负面事件：2004年雅典残奥会临近结束时，一辆运载小学生观众的车辆发生车祸导致人员伤亡。

③政治性事件和技术性事件。

政治性事件：1996年亚特兰大奥运会奥林匹克公园爆炸。

技术性事件：中国体操运动员桑兰在20世纪90年代的美国友好运动会上不慎受伤。

（3）趣闻趣事。

就竞赛场馆而言，具有新闻价值的信息有：

①比赛的戏剧性进展：雅典奥运会男子110米跨栏项目的半决赛中，刘翔的竞争对手——美国选手约翰逊摔倒。相似情况还出现在亚运会上。对于AGNS记者来说，这是激烈比赛中的点睛之笔，也是综合新闻的好题材。

②比分逆转：所有计分项目都有可能发生运动员（队）在领先情况下被对手反超的事件。对于AGNS引语记者来说，这是采集引语的新闻点。

③老将落败：老将发挥失常在比赛中落败，这种情况在每届亚运会上都有发生。对于AGNS记者来说，必须在引语中提及落败的原因。

④新手涌现：长江后浪推前浪，新手战胜老手是一个趋势。对于AGNS引语记者来说，也必须在引语中提及胜出的原因。

⑤运动员比赛中的趣闻趣事：赤足参加比赛、运动员赛前赛后的特殊表情等。对于AGNS记者来说，这些都是采写引语或综合新闻的好题材。

2. AGNS信息的时效性

AGNS信息的时效性主要体现在引语的采写和新闻发布会的摘要上。

对AGNS引语的采写和录入的时效性要求是：从采访结束到引语被上传到INFO 2010信息系统的时间应不超过12分钟，纸质稿件分发到位则应在采访结束后15分钟内完成。

对AGNS前瞻、回顾和新闻发布会摘要的时效性要求是：从发布会结束到摘要信息被上传到INFO 2010信息系统的时间应不超过30分钟，纸质稿件分发到位则应在发布会结束后35分钟内完成。

3. AGNS 信息的简明性和客观性

（1）简单明了，主题突出。

如果是引语，则应该是能反映被采访对象特点的一两句话；如果是新闻发布会摘要，则应该是反映参加新闻发布会的每一位被采访对象特点的一两句话；如果是前瞻、回顾，则应该是反映指定阶段的主要赛点。

（2）客观报道，不加评论。

如果是引语和新闻发布会摘要，那么应该是被采访者的直接引语，而不是转述话语；如果是前瞻、回顾，那么应该只是叙述，不加评论。

（3）符合通讯社报道要求。

前瞻、回顾的写作要有导语、展开、背景、引语等内容。

**（四）新闻服务信息采集与编辑**

1. 即时引语采写政策

即时引语记者应锁定每个项目的前三名，以及有新闻价值的其他事件。

在转播商采访时，即时引语记者可以聆听和记录，不能提问，但他们可以在混合区的文字记者区提问和记录即时引语。

2. 即时引语采集和编辑模板

下面以新华社体例为例：

**表 6－2　大型赛事新闻服务中即时引语模板**

| 体例 | 实例 |
|---|---|
| （1）项目：在下拉菜单中选择 | （1）高脚竞速 |
| （2）小项：在下拉菜单中选择 | （2）男女 4×100 米接力 |
| （3）标题格式：【赛段】运动员姓名（代表团，民族全称）—（空一格）名次 | （3）【决赛】谭喆（湖北，土家族）—第一名 |
| （4）电头、导语：电头前空两格（全角）。导语：对比赛的简要描述，要求有比赛项目、比赛地点、参赛运动员/队、比赛成绩及名次等 | （4）（贵阳，9 月 14 日）民族运动会高脚竞速男女 4×100 米接力决赛 14 日在贵阳市金阳体育馆举行，湖北队以 2 分 04 秒的成绩获得第一名。赛后湖北队队员谭喆发表了言论 |
| （5）导语与运动员之间空行 | （5） |
| （6）运动员：姓名（代表团，民族全称）—名次。粗体 | （6）**谭喆（湖北，土家族）—第一名** |

（续上表）

| 体例 | 实例 |
|---|---|
| （7）运动员与引语之间空行 | （7） |
| （8）提问内容：以“关于”开头，后加名词短语，是对提问内容的概括，要求精练。用斜体，顶格 | （8）*关于获得本届民族运动会第四个第一名* |
| （9）引语，前后用双引号（“”），引用原话，不能演绎，须顶格 | （9）“不意外，因为我知道自己的实力还行。”<br>关于自己的伤势：<br>“赛前在武汉训练时就已经受伤了，大约是10月份吧。”<br>“当然还疼，跑的时候特别疼，太疼了，跑完之后伤更重了。”<br>“不过跑的时候我觉得很轻松。”<br>关于比赛之后的打算：<br>“我现在在恩施土家族苗族自治州体校念高中，比赛后就不再想比赛的事情了，只想找所学校念书。” |
| （10）签名：新闻服务（空一格）记者姓名置前，若由多名记者采写则姓名并列，姓名间用“/”隔开；记者后分别为编辑和签发人的签名 | （10）新闻服务×××/××/××× |

3. 媒体通告模板

**表6-3　大型赛事新闻服务中媒体通告模板**

| | |
|---|---|
| （1）标题：【关键词】标题 | （1）【开幕式】总导演介绍开幕式情况 |
| （2）电头缩进两格（全角） | （2）（贵阳，9月6日） |

4. 综合新闻模板

**（1）【赛事花絮】风尘万里运马记**

（2）（贵阳，9月11日）虽然只出场了20分钟，但广州从化马术场上欢快激烈的叼羊表演引起了现场一片喝彩。

(3) 精彩的背后是7 300公里路程，耗时8天到达。途中经历了风雪阻挡、无处加油等诸多困扰。

“实在太不容易了!”在第八届全国民族运动会上，新疆代表团成员、自治区民委文教宣传处副处长谢兵说，“但我们终于做到了。”

8天，是10匹表演项目用马在车厢里的耐受极限。从新疆昭苏草原到广州从化马术场，从北到南，横跨大半个中国，仅来回运费就需要10万元。

“最长时间是两天两夜不停地开，”谢兵说，“两个司机轮换，除了吃饭和上厕所时下车外，所有时间都在路上飞奔。”

为了参加民族运动会，新疆团的传统叼羊表演已在伊犁昭苏集训了一个月，但如何将马匹顺利运抵举办地广州却成了一个棘手的问题。因为没有直达列车，中间周转时间无法确定，代表团只得考虑用汽车运输。

马是运动型的，不可久站。“这次运动会上表演用的是著名的伊犁马，也是当地牧民的命根子，不敢有什么闪失。”

10月23日，车队出发了。10个人、3辆车，还有两辆拖挂卡车，其中一辆载重9吨的拖挂卡车拉载10匹伊犁马，另一辆拉了6.5吨的草料，谢兵乘坐的一辆越野车用来开道和押运。

沿312国道过甘肃乌鞘岭时，遇到暴风雪，海拔3 000米的路面上全是冰，交通阻滞，上行下行都十分危险。为了早点离开这危险之地，一行人下车帮忙疏导交通，挖坑填土，帮助过路车装防滑链，相互帮助，共渡难关。

天空还下着雪，室外温度显示为零下6摄氏度。忙活了三个多小时后，交通总算通畅。此时已是下午6点多，天色已黑。车队不敢停留，冒雪继续前行。

不幸的是，进入河南境内时，全国闹起“柴油荒”；一路走来，河南、湖北、湖南、广东无一幸免。每个加油站都开始控制加油量，每辆车每次只允许加100元钱的柴油。

“这点油对两辆载重卡车来说，也就是从这个加油站到下个加油站，”谢兵说。往往加油需要十分钟，等待加油则至少需要排三个小时的队，大大影响了行程。“这样下去，十天也到不了目的地。”

一路坚持到了湖北省大悟县。就在这里，“我们遇见了一个刚从新疆调去的加油站站长，我们告诉他我们要去参加全国民族运动会，希望得到他的帮助”。

两辆终于加满了油的卡车开始一路狂奔，一口气穿湖南到广东，行程1 000多公里。10月30日，当我们按计划抵达广州从化马术场时，油箱里几乎没油了。除了一匹马出现了不适症状外，其余马匹都安然无恙。

那匹马后来也很快康复了，表演项目顺利进行。彪悍的骑手在场上驰骋，既比勇气，也比骑术，表演受到了观众的热烈欢迎。

"叼羊是新疆少数民族传统项目，也是自治区运动会常设的竞技项目，深受大家喜爱，"谢兵说，"凡是有马术基础的地区都可以推广，在上届银川民族运动会上，我们获得了表演项目的一等奖，这次的目标还是第一。"

"我们希望叼羊早日成为全国性比赛项目，有更多的人了解并喜爱它。"

回顾来时的一路艰辛，谢兵感叹不已。第六届民族运动会时也运过马匹，从乌鲁木齐到北京，路程为三四千公里；上一届到银川，也不过走了5天。"没有哪一次像这次这样曲折和漫长。"（4）（完）

（5）签名：新闻服务×××

其中，（1）标题，格式为【关键词】新闻标题。

（2）电头，电头前空两格（全角）。

（3）段落，段落之间不空行。每段前缩进两格。

（4）正文结束，写上（完）。

（5）签名，空两行签名。

5. 颁奖嘉宾名单模板

（1）电头：（贵阳，×月×日）。缩进两格（全角）。

（2）导语、正文间空一行

（3）颁奖人：颁奖人姓名、职务须确保与礼宾部门提供的信息完全一致。

（4）授花人：授花人姓名、职务须确保与礼宾部门提供的信息完全一致。

例如：

（1）（贵阳，9月16日）板鞋竞速男子百米决赛颁奖嘉宾名单

（2）

（3）颁奖：×××　×××

（4）授花：×××　×××

6. 每日精彩引语模板

表6－4　引语模板

| | |
|---|---|
| 标题：格式为【日期】精彩引语 | 【9月12日】精彩引语 |
| 电头前缩进两格（全角），导语与正文间空一行 | （贵阳，9月12日）贵州民族运动会9月12日精彩引语 |

（续上表）

| | |
|---|---|
| 项目：前缩进两格（全角）<br>引语：前缩进两格（全角）<br>背景：顶格，以破折号（——）引出。包括引语作者、说话背景 | **高脚竞速**<br>“当然还疼，跑的时候特别疼。”<br>——湖北队获得男女 4×100 米接力第一名后，土家族运动员谭喆谈自己的伤势。 |
| 项目与项目间空一行<br><br>正文后空两行 | **板鞋竞速**<br>“也许，其他地区和民族的板鞋水平比我们高是一件好事。这至少说明，板鞋竞速这个壮族人比较感兴趣的运动已经得到更多民族兄弟的喜爱，壮族群众为民族文化的丰富和传播作出了自己的贡献。”<br>——板鞋竞速是壮族人最喜爱的民族运动项目，但这次广西队的表现并不好，全队最好成绩是两个亚军。广西队领队蒋东升接受采访时做上述表示。 |
| 签名：新闻服务（空一格）编辑姓名/签发人姓名 | 新闻服务　×××/××× |

例：（贵阳，9 月 12 日）第九届全国民族运动会 9 月 12 日精彩引语

**盘马贵二妹（广东，瑶族）—表演项目瑶族长鼓队员**

关于表演的难度：

“就是要经过训练，刚一开始的时候很多人都受过伤。有一次排练的时候，在上面的队员没有把我抱紧，就摔下来了。身体先着地，当时我的手就受伤了。”

**滚想丢（贵州，苗族）—《岜沙斗牛》参赛队员**

关于训练：

“我们一个月前才开始训练的，一点都不辛苦。因为在平常做农活的时候，也是这样的动作，所以就习惯了。”

**王仁爱（贵州，苗族）—射弩项目男子标准弩立姿比赛决赛第一名**

关于和弩的缘分：

“从小就接触弩了，不过是自制的土弩，最初是用来防盗和狩猎的。一次省队的教练来村里选拔，就被选上了。没想到一项技能成了我的职业。在上一届民

族运动会中，我获得两枚金牌后，就更加喜欢它了，能代表省里参加民族运动会更是个难得的机会。我觉得我会一直走下去，因为我已经离不开它了！”

关于家人的到来：

“今天是中秋节，下午家人要来和我一起过节，但我要参加团队的中秋晚会，我只要看到家人就行了，只要把比赛打好我就可以放心了。”

关于平时的训练：

“家里的农活很忙，基本不练。村里有所小学，有时间就去指导一下他们，自己也可顺便训练一下，但是参加大的比赛都是提前一年练习的，多做练习，效果会好得多。”

**鲍峰（河南，回族）—《锁舞天下》参赛队员**

关于平时的训练：

“石锁有七公斤重，要舞动它至少要有二十公斤的力量。我练习了十一年……”

**袁昊（河北，蒙古族）—《旋转秋千》参赛队员**

关于表演项目：

“今天是因为我们表演天女散花的老师临时有事不能出演，所以由我这个男生替她表演。”

**（五）突发情况的紧急处置**

遇到突发情况，如由各种客观或人为因素引发的停电、停水、水淹、INFO故障、自然灾害、恐怖袭击等，在场的新闻服务团队成员均要保持冷静，立刻按照组委会及部门应急方案行动；同时，要迅速、准确地记录现场情况，并于第一时间汇报给场馆新闻服务主管。场馆新闻服务主管须即刻转报给新闻服务编辑部和新闻服务经理。新闻服务团队的成员授权有限，未经请示并获得批准，任何人不得擅自就此编发稿件或公告。

## 第三节　新闻翻译的筹备、运行和赛后工作

### 一、概述

前文已知，“新闻服务”相当于主办方的一个官方通讯社，它旨在为全球所

有注册记者及相关单位提供准确、翔实的新闻和信息服务。在大型国际性赛事活动中，世界各地的媒体记者聚集一堂，他们虽然来自不同的地方、不同的媒体，说着不同的语言，但他们对整个赛事信息的需求同样强烈。

为了满足不同国家、不同地区记者的信息需求，通常将国际通用语言——英语列为“新闻服务”信息发布的第一语言。

那么，对于在中国举办的大型国际性赛事活动，如何保障数量最为庞大的中文媒体的信息需求呢？这就需要有一支高效、快速的新闻翻译团队，将所有通过英文编辑审核并发布的英文信息及时、准确地翻译并发布出来，服务以第一语言为中文的媒体，满足媒体的中文信息需求。

通常来说，新闻服务的稿件审核及发布设有“英文编辑室”及“中文编辑室”两个部门。

其中，英文编辑室通常由外籍人员构成，多由国外通讯社或在媒体行业工作多年、经验丰富的英语体育记者或编辑担任，主要负责前方场馆记者或体育信息专家撰写的所有英文稿件的审核与发布。

而中文编辑室，其实就是由翻译团队（translation group）构成，所以又可以叫作翻译室。它主要负责将所有已经通过审核并发布的英文稿件快速、准确地翻译成中文稿件并及时发布出来。可见，“新闻翻译”是“新闻服务”中非常核心的一个业务环节。

通常英文编辑室和中文编辑室的办公地点必须相隔不远，而且越近越好，因为两个编辑室人员在工作过程中常常有很多具体信息需要及时沟通。

本章将以“2010广州亚运会”及“2011深圳大运会”新闻服务中的新闻翻译实践为例，来详细阐述新闻翻译工作的具体情况。

## 二、筹备期工作

对于“新闻翻译”环节来说，筹备期的主要工作就是做好翻译团队人员的招募与赛前培训工作。这是保证整个赛时阶段翻译工作顺利运行的重中之重。

### （一）招募

翻译团队在核心业务的人员构成上，主要由译审（Chinese editors）及译员（translators）两部分组成。译员主要负责将英文稿翻译成符合体例的中文稿件，译审主要负责翻译稿件的质量把关。另外还需一名既懂业务又懂管理的翻译主管负责翻译团队所有事务的统筹，以保障整个工作的有序进行。

图 6－3 广州亚运会新闻服务翻译团队组织架构

表 6－5 广州亚运会新闻服务翻译团队岗位职责描述

| 岗位 | 职责 |
| --- | --- |
| 翻译主管 | 管理翻译团队赛时运行工作，确保翻译的质量和进度，制定翻译团队与编辑团队的工作接口并协调关系，向负责采编和翻译工作的 AGNS 总部副经理汇报 |
| 译审 | 主持翻译组的日常业务，审发译文，控制译文质量，保证译文的时效 |
| 译员 | 根据英文编辑部已发稿件进行英中翻译 |

1. 译员的招募条件

总体要求：具有扎实的英文功底，专业英语八级，流畅严谨的中文表达，具备较好的中英翻译理论、技巧及实践，对各类体育项目有一定的了解；

专业：英语专业（含英语语言文学、语言学、翻译等不同方向）；

时间：赛前 6 ~ 12 个月组织招募并确定名单；

形式：考试（笔试，题目据具体情况由资深行业专家拟定）；

人数：据具体赛程安排及预计每日发稿量而定。通常平均每 8 小时译稿量为 15 ~ 20 条/人；

薪资：受薪人员；

2010 广州亚运会译员构成及人数：广东外语外贸大学高级翻译专业研究生 31 人；

2011 深圳大运会译员构成及人数：中山大学高级翻译专业研究生 11 人，广东外语外贸大学高级翻译专业研究生 7 人，共 18 人。

2. 译审的招募条件

总体要求：具有扎实的中英文功底，长期从事中英文编辑或媒体相关工作，熟悉新闻稿件的采集编辑流程，熟悉新闻稿件的写作规范及体例，有应对突发事件的经验及快速反应能力；

时间：赛前6~12个月组织招募并确定名单；

人数：据具体赛程安排及预计每日发稿量而定，通常在人数比例上，译审不能少于译员总人数的1/3；

形式：行内人士推荐或公开考试招募；

薪资：受薪人员。

2010广州亚运会及2011深圳大运会新闻服务翻译团队中，译审主要由在新华社长期从事国际新闻、体育新闻采编的资深记者、编辑担任，另外还有个别优秀的有英语专业背景，且熟悉体育新闻业务的高校传媒系老师担任。

根据以往经验，译审的招募来源主要有两个渠道，一个是长期从事英文报道的媒体退休人员，另一个是兼具“英语+新闻+体育”专业背景的高校老师。这两类人员在时间安排上较为灵活，可以专门抽出时间来参与某次大型赛事的新闻服务及新闻翻译工作。

3. 翻译主管的招募条件

总体要求：亲身参与过或组织过2008北京奥运会或2010广州亚运会或2011深圳大运会的新闻服务工作，最好是参与过新闻翻译团队的具体工作，有丰富的新闻服务或新闻翻译经验，既能够胜任译审的工作，又有良好的组织协调能力及团队管理能力，综合素质较高，还必须负责译员招募后的培训工作；

时间：赛前6~12个月组织招募并确定到位；

人数：1人；

形式：行内人士推荐或公开考试招募；

薪资：受薪人员。

**（二）培训**

翻译团队的主管、译审、译员等人员招募到位后，翻译主管必须在总部工作人员的配合下，负责整个译员小组的赛前培训工作。为此，必须提前制定出完备的培训计划。培训的总体目标是让译员清楚赛时新闻翻译工作的流程、任务、规范及目标等，了解整个新闻服务的架构及翻译团队在其中的功能及角色。

鉴于招募到的译员基本上是来源于高校英语专业的研究生，英语功底普遍较好，因此在培训内容方面，可主要从另外三个方面着手：

一是新闻知识的介绍及普及。要对整个新闻工作的基本原则、技巧及方法有初步的认知，在一些大的理念方面有基本的共识，要明白好的新闻稿件大致具备哪些重要的要素与特征等。

二是具体体育项目的规则、赛制及相应英文术语的了解、熟悉及掌握。2008北京奥运会设置了28个体育大项，2010广州亚运会设置了42个体育大项，2011深圳大运会设置了24个体育大项，不同的体育赛事所设置的比赛项目不尽相同。因此，要根据具体情况确定培训内容。这一块专业性较强，如果不熟悉每一个体育项目的具体规则、赛制及相关的基本常识，就无法准确理解其新闻报道的具体含义。因此，这方面需要加强培训与记忆。

三是以往新闻服务中采写发布的新闻稿件的翻译练习实践。这一内容可以安排作业，定期定量地给译员布置翻译练习作业，并交由译审老师修改指导。通过具体的翻译练习实践，可以让译员对赛时新闻稿件有直观的了解，也能对自己的翻译水平有清晰的认识，并且经过译审老师的修改与指导，自己的翻译水平可以逐步提高，对自己的不足之处或常见问题有清醒的认识并加以改正。

**（三）试运行**

通常在赛前两三天，有部分比赛的预赛已经开始，前方场馆记者会采写少量的预赛新闻稿件或部分比赛项目的赛前训练稿件，这时后方的英文编辑室及中文编辑室（即翻译团队）都应安排工作人员值班，开始赛前试运行阶段。通过具体的稿件编发来熟悉整个工作流程、网络操作平台，并及时发现可能存在的问题，制定更高效的工作流程，为赛时正式工作阶段做好准备。

## 三、赛时运行期工作

赛时运行期工作，是整个赛事正式开始到结束期间所需要完成的工作，即举行开幕式的当天到闭幕式结束这期间的工作。这是整个媒体运行新闻服务到新闻翻译工作的中心阶段，下面将以“2010广州亚运会新闻服务”（AGNS）为例，从多个角度更加详细地介绍赛时运行期新闻翻译工作的具体情况。

**（一）服务对象和内容**

以2010广州亚运会为例，新闻翻译工作配合AGNS采编团队或其他相关部门，为亚运会大家庭成员，如亚奥理事会、国际单项体育联合会、国家和地区奥委会、各体育代表团和注册媒体等，提供客观准确、迅速翔实的信息和新闻服务。主要工作是将AGNS采编团队采集、编辑和发布的英文版赛时新闻翻译成中文。

AGNS翻译团队负责翻译的赛时新闻类型主要包括：

赛事前瞻：整个项目和每日赛事的赛前分析和预测；

赛事回顾：整个项目和每日赛事的赛后回顾；

即时引语：运动员及教练员刚刚结束比赛后的即时感言；

新闻发布会摘要：新闻发布会的主要内容概述；

媒体通告：与媒体采访有关的重要通知；

综合新闻：上述既定类型以外的新闻稿件，报道亚运会相关重要事件；

颁奖嘉宾名单：颁发奖牌嘉宾及陪同人员的信息；

滚动字幕：INFO 系统上即时发布的赛会信息。

注：除以上八大类型新闻外，其他新闻，如交通、天气、开幕式致辞、组委会新闻等，AGNS 均不负责翻译。

**（二）工作流程**

广州亚组委内部网络信息发布平台叫作“INFO 2010”信息系统，亚运会新闻服务提供的赛时新闻和信息将全部通过 INFO 2010 系统公布，用户可以在 INFO 2010 终端获取有关新闻和信息。

赛时 AGNS 场馆团队在各竞赛场馆进行采访并通过 INFO 2010 的后台编辑系统（ICMS）录入英文稿件，待位于主新闻中心（MPC）的 AGNS 编辑总部定稿并在 INFO 2010 上发布后，注册媒体及其他亚运会大家庭成员便可在 INFO 2010 终端查看稿件、获取信息。与此同时，AGNS 翻译团队在指定的时间内将已经发布的英文稿件翻译成中文，保存在 ICMS 中，AGNS 译审审阅后，最终在 INFO 2010 上发布。AGNS 采编团队和翻译团队的赛时新闻采写、编辑、翻译和发布的整个过程都在 INFO 2010 系统上展开，如图 6－4 所示：

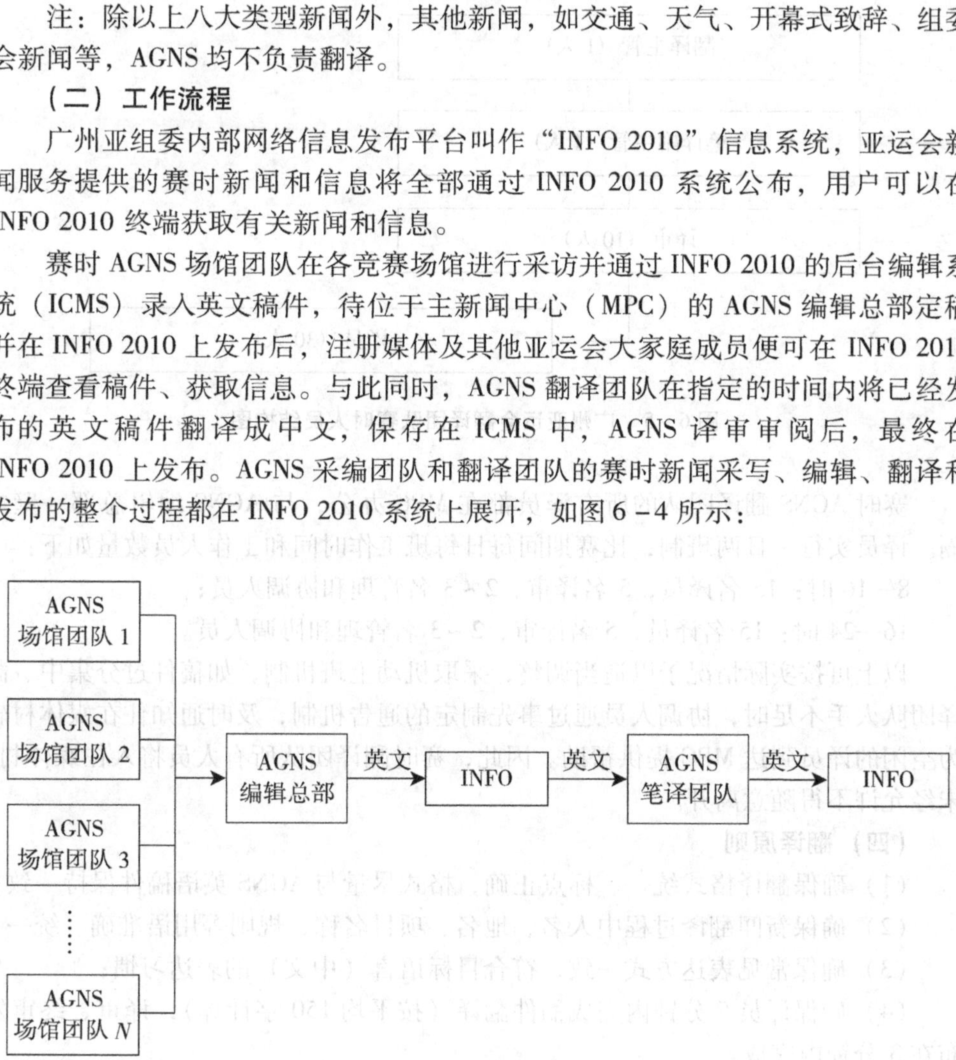


**图 6－4　INFO 2010 系统结构**

对于用中文采集和采写的新闻，各场馆团队在 ICMS 中提交英文新闻和信息的同时，还需通过“notes to translator”向 MPC 的翻译员提供中文素材，以减少由于从中文译成英文、再重新译成中文而造成的与第一语言的偏差，从而更忠实地转达采访原话。

**（三）AGNS 翻译团队赛时人员组织管理**

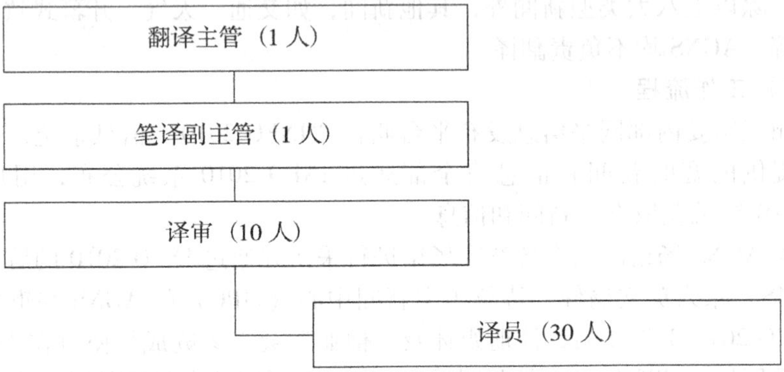


图 6－5　广州亚运会翻译团队赛时人员结构图

赛时 AGNS 翻译团队的所有译员都在 MPC 办公，与 AGNS 编辑总部一壁之隔。译员实行一日两班制，比赛期间每日每班工作时间和工作人员数量如下：

8—16 时：15 名译员，5 名译审，2～3 名管理和协调人员；

16—24 时：15 名译员，5 名译审，2～3 名管理和协调人员。

以上可按实际情况予以适当调整，采取机动上班机制，如稿件过分集中、翻译团队人手不足时，协调人员通过事先制定的通告机制，及时通知住在媒体村较为空闲的译员到达 MPC 提供帮助。因此，赛时翻译团队所有人员将入住媒体村，未经允许不得随意离开。

**（四）翻译原则**

（1）确保翻译格式统一、标点正确，格式尽量与 AGNS 英语稿件保持一致；

（2）确保新闻翻译过程中人名、地名、项目名称、规则等用语准确、统一；

（3）确保常见表达方式一致，符合目标语言（中文）的表达习惯；

（4）确保译员 5 分钟内完成稿件翻译（按平均 150 字计算），译审、终审发布在 3 分钟内完成。

**（五）人名、地名及其他专有名词翻译**

AGNS 翻译团队翻译的人名、地名须与亚组委语言服务处提供的版本一致。

赛时，亚组委版《人名地名翻译》将按照项目装订成册，供译员参考使用。

对于不包括在亚组委版《人名地名翻译》内的人名、地名的翻译，以AGNS翻译为准。对于此类翻译，赛时译员可参照赛前信息（Infostrada版）的译法，但不要求完全一致。由AGNS译员自行翻译的人名、地名或其他专有名词，需要通知翻译主管进行汇总，确保AGNS翻译稿件中该名称一致。主管应每日向译员、译审通报新确立的人名、地名及其他专有名词的翻译。

**（六）应急预案**

1. 稿件发布集中，翻译团队人手不足

开赛前需根据赛程预测发稿量，调配适当数量的译员上岗，尽量避免出现人手不足的情况。若当天仍出现人手不足，则根据轮班情况临时调配空闲译员上岗。以上方法仍未解决问题，则按以下原则执行：

（1）按比赛阶段分，比赛分为预赛、半决赛、奖牌决赛，应首先保证奖牌决赛的稿件翻译，其次是半决赛。

（2）按项目分，根据《亚运会比赛项目关注度》，比赛分为国际水平、中国优势和特色项目。应优先保证国际水平的稿件翻译，其次是中国优势。

2. 稿件出错，需要立即纠正

管理和协调人员之一负责稿件反馈—纠错。纠错步骤如下：

（1）发现问题方（场馆团队等）通过拨打翻译室电话反馈稿件错误信息；

（2）如遇到文字拼写错误，稿件反馈—纠错负责人立即纠正；

（3）如遇到内容相关问题，先查找、对比英文稿件。如果是翻译理解错误，稿件反馈—纠错负责人要反馈给译员，立即纠正；如果排除翻译理解错误的可能性，则将问题稿件反馈到总编室。

3. 赛时发现人名、地名翻译与INFO系统的翻译不符，或者有其他疑问

AGNS翻译团队通过邮件提出疑问，并通过电话提醒语言服务部查收邮件且快速回复。若时间紧迫，则由协调人员通过电话直接联系语言服务部获取信息，事后要求语言服务部书面确认。

4. 译员遇到生僻词汇

AGNS译员的翻译任务主要是将英文译成中文，赛前AGNS将准备好各项目相关的英文—中文词汇表，为赛时译员的翻译工作提供支持。译员遇到陌生单词时可在词汇表中查找，若未能解决，可向协调人员求助。

**（七）赛时稿件翻译的优先原则**

1. 按赛时稿件分类

第一级别：

Tickers > Medals Presenters > Flash Quotes > Press Conf. Highlights

第二级别：

Extended Start Lists > Head to Head > GACOG News > OCA News > Media Communication > Facts and Figures > News Article

第三级别：

Quotes of the Day > Sports Previews

第四级别：

Event Preview > Category Preview > Daily Preview

第五级别：

Match Review（Game Review） > Event Review（Category Review） > Session Review（Phase Review） > Daily Review

注：优先度首先按级别分，第一级别优先度最高。级别内，按重要程度排名。当天必须完成前两个级别的翻译，次日必须完成第三级别的翻译。第四级别和第五级别属于选择项。

2. 按比赛阶段分类

金牌赛 > 其他奖牌赛 > 半决赛 > 四分之一决赛

3. 按关注度分类

国际水平 > 中国特色 > 特色项目

**（八）与新闻翻译相关的重大敏感问题及报道注意事项**

1. 提法类

（1）台湾问题。

作为一个地区奥委会派运动员参加北京奥运会，台湾的正式称谓是“Chinese Taipei”，台湾运动员不能称作“Taiwanese Athlete”，而应称作“Athlete from Chinese Taipei”。

“中国大陆”的英文称谓是“Chinese mainland”或“China's mainland”，不得使用“mainland China”。

“台湾”与“中国大陆”是对应的概念，不得将“台湾”与“中国”并列提及，必须并列提及时应称作“大陆与台湾”（“Chinese mainland and Taiwan”）。

（2）香港和澳门。

香港和澳门是中华人民共和国的特别行政区。“中国香港特别行政区”的英文称谓是“Hong Kong Special Administrative Region（SAR）of China”，“中国澳门特别行政区”的英文称谓是“Macau Special Administrative Region（SAR）of China”。

香港的 NOC 代码为 HKG。澳门奥委会现在还不是国际奥委会成员，所以没有 NOC 代码。

在表述“香港、澳门运动员来北京参加奥运会”时，不得使用“港澳运动员来华（China）参加奥运会”，而应称为“港澳运动员来内地（或来京/津/沪/秦皇岛/沈阳/青岛）（inland or Beijing/Tianjin/Shanghai/Qinhuangdao/Shenyang/Qingdao，建议直接用城市名）参加奥运会”。

（3）朝鲜。

朝鲜的正式称谓是“朝鲜民主主义人民共和国”，对应的英文称谓是“The Democratic People's Republic of Korea”，英文缩写为“DPRK”或“DPR Korea”，NOC 代码是 PRK，奥林匹克新闻服务稿件中不得把朝鲜称作“North Korea”。

（4）韩国。

韩国的英文称谓是“The Republic of Korea”，也可称作“South Korea”，NOC 代码为 KOR。

2. 民族宗教类

伊斯兰（Islam）教从阿拉伯传入我国已有 1 300 多年。“伊斯兰”为阿拉伯语的译音，字面意思为“和平”、“顺从”，作为宗教用语是指信徒以“顺从唯一真主安拉的意志”为己任。中国的回族、维吾尔族、哈萨克族、柯尔克孜族、撒拉族、东乡族、保安族、塔吉克族、塔塔尔族、乌孜别克族等 10 个少数民族中，许多人都信仰伊斯兰教，信教人数为 1 400 多万。

“穆斯林”（Muslim）是伊斯兰教信徒的通称，是阿拉伯语音译词，意思为“皈依伊斯兰教的人”。应注意不能把宗教和民族混为一谈，不能说“回族就是伊斯兰教”、“伊斯兰教就是回族”，也不能把“阿拉伯人”和“穆斯林”混为一谈，因为波斯（伊朗）等民族也信仰伊斯兰教，也是穆斯林。

3. 中国内政类

（1）西藏问题。

西藏是中国领土的一部分。“3·14”事件是在国际反华势力的支持下发生的。揭露批评“藏独”的罪恶行径要把矛头指向达赖集团。

（2）食品、药品安全问题及交通、环保问题。

随着奥运会的临近，西方媒体的注意力可能会转移到奥运食品、药品安全和中国的环境保护方面。

奥运会新闻服务一般情况下在混合区和新闻发布会采访提问时不主动提出涉及上述方面的问题，当运动员、教练员、官员谈到上述问题时，应积极报道中国在保证食品、药品安全方面采取的有力措施和成效，报道时可引述权威专家和学者的评论，客观看待北京的大气污染和交通堵塞等问题。

4. 中国外交类

（1）中日关系问题。

中日友好是大势所趋、人心所向。维护和加强中日睦邻友好合作关系，是双方唯一的正确的选择，符合两国人民的根本利益，有利于东北亚乃至亚洲的和平与发展。

妥善处理历史问题是确保中日关系健康稳定发展的关键，正确看待历史和处理历史问题是中日关系的重要基础。中日间历史问题包括靖国神社问题、慰安妇问题、历史教科书问题、南京大屠杀问题、日本在华遗弃化学武器问题、民间索赔问题等。

日方在中日之间三个政治文件中就台湾问题作出了明确承诺，中方希望日方能恪守承诺，确保两国关系正常、健康地向前发展。

钓鱼岛及其附属岛屿自古以来就是中国的固有领土，中方对此拥有无可争辩的主权。中方不会接受日方以钓鱼岛是日本领土为前提进行的任何交涉。“搁置争议、共同开发”是解决东海问题的唯一正确的选择。中方一贯主张通过对话协商逐步解决东海划界争议。

（2）朝核问题、中朝关系、中韩关系问题。

中国政府主张通过六方会谈，以对话方式和平解决朝核问题，并为此作出了巨大贡献。中国支持建立朝鲜半岛和平机制，主张朝鲜半岛问题最终应由南北双方自主和平解决。

有关对朝鲜的报道，应以维护朝鲜政治社会稳定、朝鲜半岛的安全和稳定为重，不涉及朝鲜国内的阴暗面。

中国与朝鲜半岛有着数千年的友好交往历史。中韩、中朝之间不存在领土争端问题。对于韩国民间所谓的“历史争议”、“领土争议”，不作纠缠，必要时以我官方的正面表述为准。

（3）中印关系问题。

西藏问题一直是中国和印度关系中最重要、最敏感的问题之一。鉴于中印之间的边界问题悬而未决，报道中涉及印度国土面积、人口统计、行政区划等敏感问题时必须严格把关，既不能在涉及我国主权、领土的问题上发生授人以柄、有损我权益的重大错误，也要避免因报道失实刺激印方，进而引起外交纠纷。（建议尽量避免提及印度的国土面积、人口统计、行政区划等）

2003 年 6 月，时任印度总理瓦杰帕伊访华期间，中国和印度签署了《中印关系原则和全面合作的宣言》，首次明确“印方承认西藏自治区是中华人民共和国领土的一部分”。

5. 国际问题类①

（1）达尔富尔问题。

苏丹达尔富尔问题是非洲的热点问题，比较复杂。

在达尔富尔问题上，中国政府一直主张维护苏丹的主权和领土完整，通过对话、和平协商推动达尔富尔问题的政治解决，通过谈判早日实现达尔富尔的和平、稳定与经济重建，支持非洲联盟、联合国在达尔富尔问题上发挥建设性作用。

在涉及达尔富尔问题时，不使用“种族屠杀”（Ethnic Massacre）、“人道主义危机”（Humanitarian Crisis）等字眼。

（2）克什米尔问题。

印度和巴基斯坦关系长期不和，存在克什米尔争端，两国自1947年相继独立以来为争夺克什米尔地区已爆发了两次大规模的战争，印巴边境地区的武装冲突一直不断。

中国政府认为，克什米尔问题是个复杂的问题，主张印巴通过对话寻求解决。在报道方针上，应注重客观、平衡。

（3）科索沃问题。

科索沃在美国、欧洲等一些西方大国的支持下，于2008年2月中旬宣布独立，是西方大国蓄谋已久、处心积虑的结果。

科索沃问题相当复杂和敏感，科索沃独立对中国政府处理“台独”、“藏独”等问题难免产生干扰和影响。

具体报道应注意低调，不渲染、不炒作，要强调塞尔维亚和科索沃双方都能接受的方案才是最佳出路。

（4）中东问题。

中东地区是“二战”后持续时间最长、牵涉面最广、斗争最为复杂激烈的热点冲突地区。阿拉伯国家和以色列之间的民族矛盾和领土争端是中东地区动荡的根源，其核心是巴勒斯坦问题。

中国政府一贯主张有关各方根据联合国决议和“土地换和平”的原则，通过政治谈判，建立互信，解决中东问题。

对阿拉伯国家和以色列之间的冲突，中国一贯支持阿拉伯国家为被以色列占领的土地所做的斗争，支持巴勒斯坦人民为恢复自己包括建立独立国家在内的一切被剥夺的合法民族权利的斗争。在阿拉伯国家的合法权益得到保证的同时，以

① 国际问题类的立场仅供参考，一般来说，大型赛事新闻服务应尽量避免在稿件中涉及。

色列人民的安全与生存权利也应得到保障。

关于巴以冲突，中国政府对以色列和耶路撒冷等地发生的自杀性爆炸事件和以色列随后采取的军事报复行动予以谴责。中国政府还谴责任何针对平民的暴力行动。

（5）缅甸问题。

缅甸问题纯属缅甸的内政，中国政府坚决反对联合国安理会介入缅甸问题。

缅甸局势并没有对地区和国际的和平与安全构成任何威胁。缅甸的其他邻国，包括东盟国家和不结盟运动的国家也持相同的态度。中国政府敦促有关国家谨慎行事，本着负责任的态度，避免采取使缅甸局势进一步复杂化的行动。

（6）恐怖主义问题。

中国反对一切形式的恐怖主义，中国政府明确反对把恐怖主义同某一宗教、民族或地区挂钩，反对在反恐问题上搞双重标准。

对美国单方面给一些国家扣上“恐怖主义”或“支持恐怖主义国家”的大帽的行为，报道时应严格谨慎，不要授人以柄。

**（九）赛时新闻稿件翻译文例**

## 例文1 即时引语翻译

**●英文原稿（Flash Quote）**

**[SH] M skeet final：TAZZA（ITA）- gold**

SHENZHEN，Aug. 21 - Comments from gold medallist Giancarlo TAZZA（ITA）after the men’s skeet final at Longgang Shotgun Range on Sunday.

Giancarlo TAZZA（ITA）- gold

On his performance：

“It was tough. The weather is very hot and I was lucky to be in the final. I missed two targets，fortunately Ralf（BUCCHEIM，GER）also missed two，so that I could keep up with him.”

On whether Marco PANNIZA（ITA）wining the gold medal in the men’s trap on Aug. 19 inspired him：

“He motivated me a lot since he shot that high score. I wanted to follow his lead.”

On turning his back on BUCHHEIM in the shoot - off：

“I didn’t want to watch him shooting. I just wanted to focus myself on the target.”

On who he will call first back home：

“I want to call my personal coach（Giampiero MALASOMMA，ITA）immediately.”

UNS zls/cyt/lby/lyj/sx/bm/pj/dk

●**中文翻译稿（即时引语）**

**【射击】男子双向飞碟决赛：塔扎（意大利）—冠军**

（深圳，8月21日）8月21日在深圳龙岗飞碟赛场举行的大运会双向飞碟决赛上，吉安卡洛·塔扎夺得金牌，赛后他发表评论。

吉安卡洛·塔扎（意大利）—冠军

关于自己的表现：

“很艰难。天气十分炎热，而且我进决赛也有些运气成分。我有两枪脱靶，幸运的是拉尔夫·布赫海姆（德国）也有两枪脱靶，所以我能追上他。”

关于是否受到马尔科·潘尼扎（意大利）19日在男子多向飞碟中夺冠的鼓舞：

“自从他打出那么高的分数后，我备受鼓舞。我想跟随他的脚步。”

关于自己在决赛中背对布奇姆：

“我不想看着他射击。我只想把注意力集中在自己的目标上。”

关于回家后自己会给谁先打电话：

“我会马上打给我的私人教练（吉安皮罗·马拉索玛，意大利）。”

UNS zls/cyt/lby/lyj/sx/bm/pj/dk/xcg/zrh

## 例文2 每日前瞻翻译

●**英文原稿（Daily Preview）**

**［TE］Daily Preview：Doubles gold on the line at tennis**

SHENZHEN，19 Aug. –The first two gold medals at the Universiade Shenzhen 2011 tennis will be awarded on Saturday when the men's and women's doubles finals are played at Longgang Tennis Center. Singles semifinals will be the other big drawcard.

In the women's doubles championship match，GUO Lu/LI Ting（CHN） will be seeking China's first tennis gold medal since LI Na won three of them at Universiade Beijing 2001.

The unseeded Chinese team will meet No. 3 seeds Shuko AOYAMA/Kotomi TAKAHATA（JPN）. As the world No. 79 in women's doubles，AOYAMA is the highest-ranked player in the entire tennis event.

Men's doubles top – seeds HSIEH Cheng – Peng/LEE Hsin – Han（TPE） will meet No. 3 seeds Siarhei BETAU/Aliaksander BURY（BLR） after the Belarusians play their respective men's singles semifinals.

With a victory Saturday, LEE (TPE) would become the first player in Universiade history to win a second gold medal in men's doubles. He won the Universiade Belgrade 2009 championship alongside YI Chu – Huan (TPE).

BETAU (BLR) meets No. 1 seed Teymuraz GABASHVILI (RUS) and BURY (BLR) challenges No. 2 seed LIM Yong – Kyu (KOR) in Saturday's men's singles semifinals, with the possibility of an all – Belarusian final on Sunday.

Two players from the same team are also in the women's singles semifinals: No. 4 seed Nudnida LUANGNAM and No. 10 seed Nungnadda WANNASUK of Thailand.

But the path to an all – Thai women's singles final is a difficult one. WANNASUK faces regining gold medallist Ksenia LYKINA (RUS) in the semifinals Saturday, while LUANGNAM meets YOO Mi (KOR), who has won all eight of her sets this week.

UNS jr/rgh/adg

**●中文翻译稿**

**【网球】赛事前瞻：网球项目头两枚金牌即将出炉**

（深圳，8 月 19 日）8 月 20 日将在龙岗区体育中心网球场举行男子双打和女子双打的决赛，将产生 2011 年深圳大运会网球项目的头两枚金牌。单打的半决赛也会同样吸引眼球。

在女子双打决赛中，郭露/李婷（中国）将有望拿下继李娜在 2001 年北京大运会上夺 3 金后的首枚金牌。

这对中国队非种子选手将遭遇 3 号种子青山修子/高畑寿弥（日本）。世界排名第 79 位的女子双打选手青山修子是所有网球选手中排名最靠前的。

男子双打种子选手谢政鹏/李欣翰（中华台北）将遇上 3 号种子选手西亚尔黑·贝涛/亚历山大·贝利（白俄罗斯）。这两位白俄罗斯的选手之前还要参加男子单打的半决赛。

如果在 20 日李欣翰（中华台北）能获胜的话，他将成为大运会史上首位拿下第二枚男子双打金牌的选手。他曾跟易楚寰（中华台北）搭档拿下 2009 年贝尔格莱德大运会的冠军。

在 20 日的男子单打半决赛中，贝涛（白俄罗斯）将对阵 1 号种子选手泰穆拉兹·加巴什维利（俄罗斯），而贝利（白俄罗斯）则将迎战林容圭（韩国）。

女子单打半决赛同样有来自一个队伍的选手，她们是泰国队的 4 号种子 N. 卢安格纳姆和 10 号种子 N. 万娜苏克。

但是，两名泰国选手想打进 20 日的女子单打决赛并非易事，因为 N. 万娜苏克的对手是卫冕冠军克谢尼娅·卢金娜（俄罗斯），而N. 卢安格纳姆将遇到本周8盘全胜的柳美（韩国）。

UNS jr/rgh/adg/wl

## 例文3　项目前瞻翻译

**●英文原稿（Event Preview）**

**[DV] W Event Preview: China looks tough to beat in women's 3m springboard**

SHENZHEN, 19 Aug. – Chinese divers are expected to dominate in the women's 3m springboard but could be pushed by entrants from Mexico, the United States and Ukraine when competition begins at the Shenzhen Swimming and Diving Gymnasium on Saturday.

China has three divers entered in this event, all have impressive records.

HE Zi (CHN) won the silver medal in the 3m springboard event at the world championships in Shanghai last month. HE also won gold in the 3m springboard synchronised event with WU Minxia (CHN).

China's WANG Xin (CHN), who the bronze medal in the 10m platform event on Thursday and is the Olympic gold medallist in 10m platform synchronised event with CHEN Roulin (CHN), is also expected to perform strongly.

The 19 – year – old is the reigning Olympic bronze medallist in the 10m platform.

WANG Han (CHN), the silver medallist in the 1m springboard at the world championships in Shanghai, is also competing.

While all three Chinese divers will compete in the preliminary phase, only the top two divers from any one country can advance to the semifinal.

Paola ESPINOSA (MEX), who will be aiming to win her third medal in as many days at these Games, has taken the bronze medal in the 3m springboard event at the last three Universiades.

The 25 – year – old took the gold medal in the women's 10 platform and silver in the 10m platform synchronised event with Tatiana ORTIZ (MEX) at Shenzhen 2011.

Kelci BRYANT (USA) will also be looking for a podium finish. BRYANT won the silver medal in the women's 1m springboard event on Tuesday and was seventh at the world championships last month.

Olena FEDOROVA (UKR), who was fourth in this event in Belgrade 2009, is another medal hopeful.

There will be 23 women competing from 14 countries. The preliminary will start on Saturday at 10：00，with the semifinal at 11：50 and the final at 16：00.

UNS jco/omg/dk

●中文翻译稿

**【跳水】女子项目前瞻：中国队在女子3米跳板上的霸主地位难以撼动**

（深圳，8月19日）大运会跳水女子3米跳板比赛8月20日开始在深圳游泳跳水馆举行。尽管中国队会占据优势，但是墨西哥、美国和乌克兰的选手也会给中国队带来麻烦。

中国队有三名选手参赛，她们个个战绩骄人。

何姿（中国）在7月的上海世锦赛上获得女子3米跳板银牌。她还与队友吴敏霞（中国）搭档获得3米跳板双人冠军。

8月18日在深圳大运会上获得10米跳台铜牌的王鑫，曾和陈若琳（中国）搭档获得奥运会10米跳台双人项目的冠军。预计她也会有精彩的表演。

19岁的王鑫是上届奥运会10米跳台项目的季军。

在上海世锦赛1米跳板项目上斩获银牌的王涵（中国）也参加了大运会的比赛。

虽然3名中国选手全都会参加预赛，但每个国家（地区）只有成绩最好的两名运动员可以进入半决赛。

保拉·埃斯皮诺萨（墨西哥）已连续在三届大运会上获得3米跳板比赛的铜牌，她正瞄准自己在本届大运会的第三枚奖牌。

25岁的保拉·埃斯皮诺萨（墨西哥）在深圳大运会上已经赢得了女子10米跳台的金牌，并且与塔蒂亚娜·奥蒂斯（墨西哥）搭档获得了10米跳台女子双人的亚军。

## 例文4　赛事回顾翻译

●英文原稿（Sport Review）

**[BV] Sport Review：Poland，Germany win first beach volleyball golds**

SHENZHEN，19 Aug. – A deserving Polish partnership and a powerful German pair survived the demanding pool stages to win gold at the inaugural beach volleyball double elimination competition at Dameisha Beach Volleyball Court.

The Polish duo Michal KADZIOLA/Jakub SZALANKIEWICZ weren't even backed by their coach Robert SLAWOMIR（POL）at the start of the tournament，but as teams progressed through the preliminary stages it became apparent KADZIOLA/SZALANK-

IEWICZ were strong medal hopes.

KADZIOLA said the three teams who medalled – from Poland, Russia and Ukraine-benefitted from experience.

"The three of us play on the FIVB World Tour, and the American boys are students. They play volleyball for fun," he said.

Sergey PROKOPYEV/Yury BOGATOV (RUS) claimed the silver while Ukraine's Sergiy POPOV/Valeriy SAMODAY took bronze.

In the women's, Karla BORGER/Britta Kristin BUETHE (GER) beat Emily DAY/Heather HUGHES (USA) 2 – 0 for the gold, avenging their narrow loss to the USA pair in early play.

HUGHES/DAY, who topped Brazilians Elize SECOMANA/Agatha BEDNARCZUR in the semifinals, got silver.

SECOMANA/BEDNARCZUR took bronze, their powerful spikes proving too much for China's JIN Jieqiong/MIAO Chenchen who lost in the semis to BORGER/BUETHE.

UNS mbh/kml/adg

**●中文翻译稿**

**【沙滩排球】赛事回顾：波兰队、德国队赢得首枚大运会沙滩排球金牌**

（深圳，8月19日）波兰双雄和德国姐妹花过关斩将，最后出现在了大梅沙沙滩排球场的男子和女子沙滩排球决赛上，并最终赢得冠军。

波兰选手米哈乌·卡齐奥拉/加克波·绍兰科维齐在比赛开始时，甚至不被他们的教练罗伯特·斯拉姆沃米尔（波兰）看好，但是预赛之后，卡齐奥拉/绍兰科维齐则成了夺冠热门。

卡齐奥拉说获得奖牌的三支队伍——波兰队、俄罗斯队和乌克兰队都得益于丰富的经验。

"我们这三个队都参加过国际排联的世界巡回赛。美国选手都是大学生，他们打排球完全是出于兴趣，"他说。

谢尔盖·普罗科皮耶夫/尤里·博加多夫（俄罗斯）夺得了银牌，乌克兰的谢尔盖·波波夫/瓦莱丽·绍莫道伊则获得了铜牌。

女子沙滩排球方面，卡尔拉·博格/布莱塔·克里斯汀·比特（德国）2∶0战胜了艾米丽·戴/希瑟·休斯（美国），夺得冠军，为此前她们在预赛中输给美国队报了仇。

休斯/戴在半决赛中战胜了巴西选手伊莉莎·赛科玛娜/阿加莎·贝德纳佐克，最后夺得银牌。

赛科玛娜/贝德纳佐克获得了铜牌。她们依靠强有力的扣球在铜牌争夺战中战胜了中国队的金洁琼/缪辰晨。金洁琼/缪辰晨则在此前的半决赛中输给了博格/比特。

UNS mbh/kml/adg/ly/ln

## 例文5 项目回顾翻译

**●英文原稿（Event Review）**

**［AT］ W Event Review：20km walk. Spain reigns on the road**

SHENZHEN，19 Aug. – Spain's Julia TAKACS NYERGES（ESP） edged out two Russians to take gold in the women's 20km road walk at the Longgang Road Walk area.

For the first few kilometres the field stayed close together following the pace set by China's SHI Yang and WANG Shanshan.

SHI（CHN） continued to set the pace and was joined by teammate YANG Yawei（CHN） in the lead but by the half – way mark TAKACS NYERGES（ESP） surged to the front.

By 14km Tatiana SHEMYAKINA（RUS） had joined TAKACS NYERGES（ESP） in the lead and the Chinese walkers，feeling the pace，were dropping back.

In the final 2km TAKACS NYERGES（ESP），the European under 23 bronze medalist，broke SHEMYAKINA（RUS） and went on to win in 1 hour 33 minutes 51 seconds.

SHEMYAKINA（RUS） finished second in 1 hour 34 minutes 23 seconds and Nina OKHOTNIKOVA（RUS） was third in 1 hour 35 minutes 10 seconds.

The overall standard was quite high in the difficult conditions. There were no disqualifications and only four walkers failed to finish the course.

UNS pj/npb

**●中文翻译稿**

**【田径】女子项目回顾：女子20公里竞走，西班牙称霸该项目**

（深圳，8月19日）深圳大运会田径女子20公里竞走决赛8月19日在龙岗区内公路竞走赛区举行，西班牙选手尤利娅·陶卡奇·涅尔盖战胜两名俄罗斯选手，夺得该项目金牌。

头几公里，中国选手石阳和王珊珊领先，其他选手紧随其后。

在随后的比赛中，石阳（中国）继续领先，她的队友杨亚伟（中国）后来也追了上来。接着，陶卡奇·涅尔盖（西班牙）在中途加速，也赶了上来。

到14公里处时，塔季阿娜·舍米亚金娜（俄罗斯）和陶卡奇·涅尔盖（西班牙）超越两名渐渐慢下来的中国选手，处于领先地位。

欧洲23岁以下锦标赛铜牌得主陶卡奇·涅尔盖（西班牙）在离终线还有2公里时甩开申亚吉娜（俄罗斯），并最后以1小时33分51秒的成绩率先冲线，夺得冠军。

舍米亚金娜（俄罗斯）第二个抵达终点，成绩是1小时34分23秒。尼娜·奥霍特尼科娃（俄罗斯）以1小时35分10秒的成绩获得第三名。

在严酷的环境下，比赛总体水平较高。没有选手被取消比赛资格，仅有4名运动员没有完成比赛。

## 四、赛后工作

赛后工作，即比赛结束后的工作。新闻翻译在比赛结束后的工作基本上不多了，主要是统计赛时发稿总量及日均发稿量，撰写工作小结，总结工作经验及不足之处，打包工作设备，整理资料等。只要赛时运行阶段工作顺利，赛后的总结整理工作就会比较轻松。

# 第四节　成绩公报发送的筹备、运行和赛后工作

## 一、概述

### （一）成绩公报的概念

成绩公报是指由场馆竞赛团队中的竞赛系统产生的比赛成绩报告，以及由场馆新闻服务团队采写的各类新闻报告，主要向场馆内的媒体记者，单项联合会的官员、裁判等提供。所有的成绩公报将会在INFO系统上开放，其中部分公报会生成纸质版，由成绩公报团队负责向媒体发送。

注意：这里讨论的主要是竞赛场馆（VMCs）成绩公报柜的管理与纸质公报的发送。

### （二）成绩公报的种类

成绩公报分为两种：竞赛类公报（C类公报）、新闻类公报（N类公报）。

C类公报由场馆竞赛团队中的竞赛系统产生，直接发布在INFO系统上；纸质版的C类公报由场馆信息技术团队（PRD）提供。C类公报主要包括竞赛日程、出场名单、比赛结果等。不同项目的比赛，其C类公报会有所不同。

Athletics Working Group　　Proposal Output No. C73A

# RESULTS
## ATHLETICS
## MEN'S 110m HURDLES
## SEMIFINAL 1

OLYMPIC STADIUM　THU 26 AUG 2004　START TIME 21:00

| | | | | | |
|---|---|---|---|---|---|
| WORLD RECORD | 12.91 | JACKSON Colin | GBR | Stuttgart (GER) | 20 AUG 1993 |
| OLYMPIC RECORD | 12.95 | JOHNSDN Alen | USA | Atlanta, GA (USA) | 20 JUL 1996 |

Wind: +0.6 m/s

| Rk | Bib | Name | NOC Code | Date of Birth | Lane | React. Time | Fn | Result | | |
|---|---|---|---|---|---|---|---|---|---|---|
| 1 | 1470 | GARCIA Anier | CUB | 9 MAR 1976 | 3 | 0.172 | | 13.00 | Q | NR |
| 2 | 3318 | TRAMMELL Terrence | USA | 23 NOV 1978 | 4 | 0.221 | | 13.16 | Q | PB |
| 3 | 3262 | CREAR Mark | USA | 2 OCT 1968 | 6 | 0.214 | | 13.22 | Q | |
| 4 | 3291 | JOHNSON Allen | USA | 1 MAR 1971 | 5 | 0.182 | | 13.23 | | |
| 5 | 1802 | JACKSON Colin | GBR | 18 FEB 1967 | 1 | 0.139 | | 13.28 | | |
| 6 | 1888 | SCHWARTHOFF Florian | GER | 7 MAY 1968 | 7 | 0.184 | | 13.42 | | |
| | 2031 | DORIVAL Dudley | HAI | 1 SEP 1975 | 2 | | $F^2$ | DQ | | R 162.7 |
| | 3106 | KRONBERG Robert | SWE | 15 AUG 1976 | 8 | | $F^1$ $F^3$ | DQ | | R 162.7 |

Qualification: First xxx in each heat (Q) and the next yyy fastest (q) advance to zzz

Note: IAAF Rule 162.7 – Athlete false start

Weather conditions
Temperature: 24°C　Humidity: 91%　Conditions: Cloudy

Legend:

| | | | | | | | |
|---|---|---|---|---|---|---|---|
| $F^n$ | False start | DQ | Disqualified | NR | National record | PB | Personal best |
| q | Qualified by time | Q | Qualified by place | R | IAAF rule | React | Reaction |
| Rk | Rank | | | | | | |

图 6－6　2004 年雅典奥运会男子 110m 栏半决赛成绩——C 类公报

N 类公报，由场馆官方通讯社的新闻服务团队提供，直接发布在 INFO 系统上；纸质版的N类公报由成绩公报团队从INFO终端上打印并复印。主要包括即时引语、新闻发布会摘要、综合新闻等。不同项目的比赛，其N类公报基本相同。

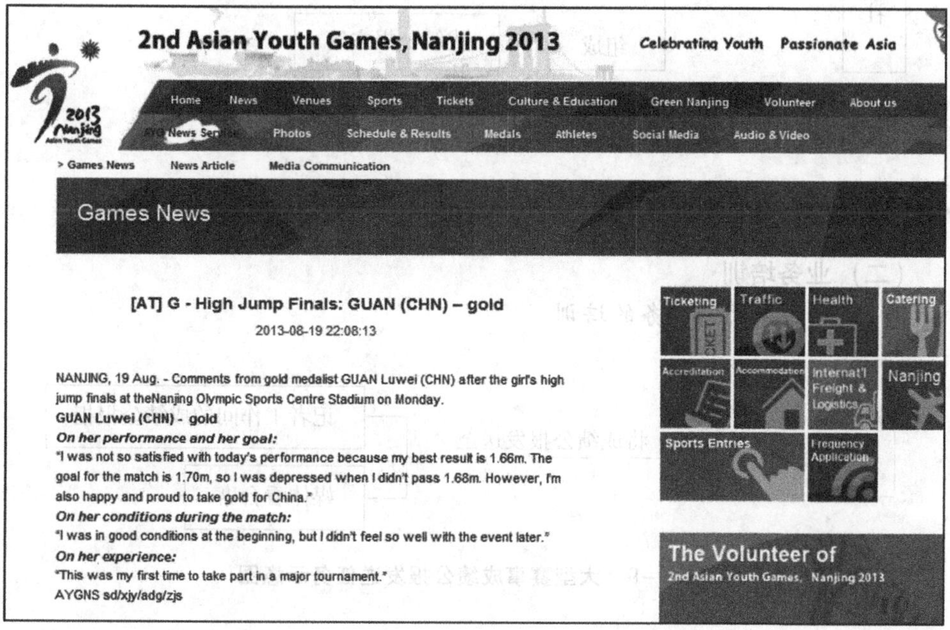


图6－7　2013年南京亚青会N类成绩公报

## 二、赛前筹备

### （一）组建成绩公报团队

成绩公报团队主要由成绩公报主管和成绩公报发送员组成。其中，成绩公报主管属于付薪人员，成绩公报发送员属于通用志愿者。一般来说，一个项目只配备一名成绩公报主管，成绩公报发送员的数量则因赛事的不同而不同。

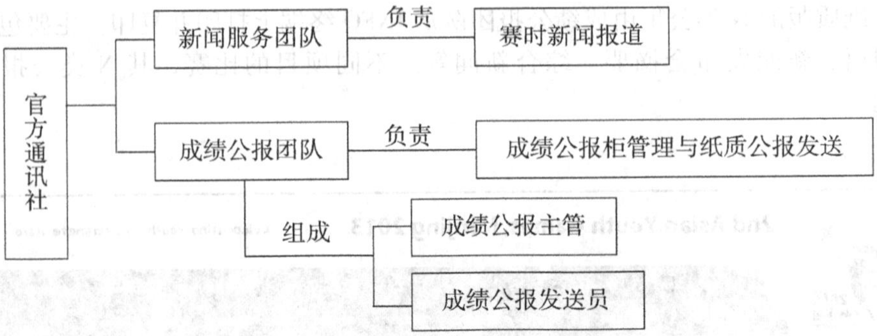


图 6-8　大型赛事成绩公报发送团队组织架构图

## （二）业务培训

1. 成绩公报团队任务的培训

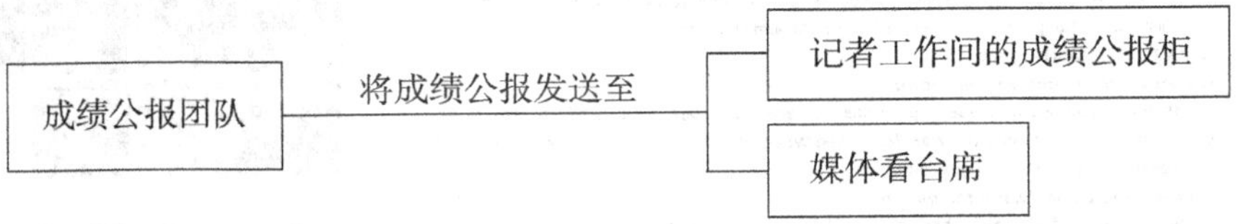


图 6-9　大型赛事成绩公报发送任务示意图

2. 成绩公报发送要求的培训

其中包括所需发送的成绩公报类型的确定、所需发送成绩公报份数的确定、发送地点等内容。

3. 成绩公报柜管理流程的培训

收：时刻关注比赛进程，根据成绩公报发送计划做好签收公报工作的准备。若 PRD 未能按时将 C 类公报送达，则需马上到 PRD 办公地点了解情况；当 PRD 将 C 类公报送达时，负责在对方的签收表上签字。此外，还要负责从 INFO 终端上打印并复印 N 类公报。

记：赛前，制成成绩公报签收存档表（成绩公报签收存档表一式两份，一份由记者工作间负责人签收，一份由媒体看台席负责人签收），以便记者工作间及媒体看台席的负责人在收到成绩公报后签收，也方便日后进行查询及加印；赛时，在签收完 PRD 送达的 C 类公报后，还要在本团队制定的成绩公报签收存档表中做好登记，并各拿出一份做存档；此外，对于自行打印、复印的 N 类公报也要做好登记，要各拿出一份做存档（在此期间，还要根据所签收的成绩公报制作标签）。

发：登记、存档、标签制作完成后，要立即将成绩公报分别发送至记者工作间的成绩公报柜及媒体看台席，同时要求记者工作间及媒体看台席的负责人分别签收。

换：依照成绩公报摆放方案，根据赛程及赛时的实时进展，替换“过期”的公报，摆放新的公报；同时也要根据需要替换对应的标签，将“过期”的公报回收至存档处。

4. 成绩公报发送团队的英语培训

（1）成绩公报英文名称。

（2）常见单词的意思，如 Pigeonhole、Press Stands、MPC、VMCs、PRD、INFO、Label 等等。

（3）掌握一些与所负责项目相关的专业词汇等。

成绩公报发送常用词汇：

NS　新闻服务（例如，2008 年北京奥运会的新闻服务——ONS，2010 年广州亚运会的新闻服务——AGNS，2011 年深圳大运会的新闻服务——UNS）

Press Stands　媒体看台席

Pigeonhole　成绩公报柜

PRD　信息技术团队（也称技术部成绩打印、复印中心）

Label　标签

**（三）制定成绩公报发送计划表**

由成绩公报主管制定三份计划表：成绩公报发送列表、成绩公报发送计划、成绩公报摆放方案。

1. 成绩公报发送列表

（1）制定依据。

①成绩公报种类。

②发送时间规则（不同项目比赛所产生的 C 类公报是不同的，一般来说，一种公报只对应一种发送时间规则）。

（2）确定需要哪些成绩公报。

①C 类公报的确定。与本场馆 PRD 对接 C 类公报的种类，确认该项目所需要的各种 C 类公报在赛时均可由场馆 PRD 提供，并明确双方职责。

②N 类公报的确定。由官方通讯社的新闻服务团队提供，原则上由场馆 PRD 负责复印。

（3）制成成绩公报发送列表。

2. 成绩公报发送计划

(1) 制定依据。

①成绩公报发送列表。

②该项目的竞赛日程（该项目的竞赛日程一般会在赛前一周发布，在竞赛日程发布之后开始制订该项目的成绩公报发送计划）。

(2) 制成成绩公报发送计划。

3. 成绩公报摆放方案

(1) 制定依据。

①成绩公报发送计划。

②成绩公报柜的个数（各项目所在场馆的成绩公报柜个数会有所不同）。

(2) 制成成绩公报摆放方案。

**(四) 确定成绩公报的发送数量**

在当天各类成绩公报发布之前，成绩公报主管分别向媒体看台席的负责人和记者工作间的负责人确定当天到来的注册媒体记者人数，然后将人数告知场馆PRD，由场馆PRD负责C类公报的打印与复印。N类公报则由成绩公报团队从INFO终端上打印出来，并根据人数将打印样稿拿到场馆PRD复印所需份数。成绩公报的发送数量少于当天到来的注册媒体记者人数会影响媒体的发稿计划；多于当天到来的注册媒体记者人数又会造成资源浪费。这就要求成绩公报主管要随时与媒体看台席和记者工作间的负责人保持畅通的联系，以保证成绩公报团队的正常运行。一般情况下，成绩公报的发送数量比当天到来的注册媒体记者人数多三份左右。

## 三、赛时运行

**(一) 成绩公报团队各成员的岗位职责**

(1) 成绩公报主管：负责管理竞赛场馆的成绩公报柜，组织协调纸质（成绩）公报的发送工作。

(2) 成绩公报发送员：负责竞赛场馆纸质（成绩）公报的发送。

**(二) 成绩公报柜的管理**

1. 场馆成绩公报柜的规格和样式

成绩公报柜的基本规格：2（列）×10（行）。

2. 成绩公报柜的管理过程

(1) 收：签收由场馆PRD送来的C类公报，以及自行从INFO终端打印、复印的N类公报。

（2）记：签收 C 类公报与打印、复印的 N 类公报后都要做好登记、存档等工作，以方便日后进行查询和加印。

（3）发：登记完成之后由成绩公报发送员将成绩公报分别发送至媒体看台席和记者工作间的成绩公报柜中，同时根据成绩公报的类型放置标签（标签的制作要求见图 6－10）。

**Ranking（Team）**
Men's team tournament
Round 1（08－17）

图 6－10　大型赛事成绩公报标签样式

（4）换：根据赛程及赛时的实时进展，及时替换"过期"的公报，摆放新公报，同时也要根据需要替换对应的标签。

图 6－11　大型赛事成绩公报柜管理过程
（左上图：收；右上图：记；左下图：发；右下图：换）

3. 标签的制作要求

成绩公报的标签制作有统一的规格要求，并与成绩公报的内容相对应，应随着成绩公报的替换而替换。

（1）标签要简单明了，不要花哨，C类公报标签要和公报名称完全一致，尽可能详细清楚地表示公报内容；

（2）“公报名称”字体为“Verdana”，字号为20pt，加粗；

（3）公报标签不超过4行；

（4）Flash Quotes 和 Press Conference Highlights 标签中要写被采访运动员的名字和NOC。

**（三）纸质（成绩）公报的发送流程**

1. C类公报的发送流程

场馆竞赛团队中的竞赛系统产生C类公报，场馆PRD负责打印和复印后，交给成绩公报主管，由其负责将成绩公报发送至文字/摄影记者工作间的成绩公报柜以及媒体看台席。

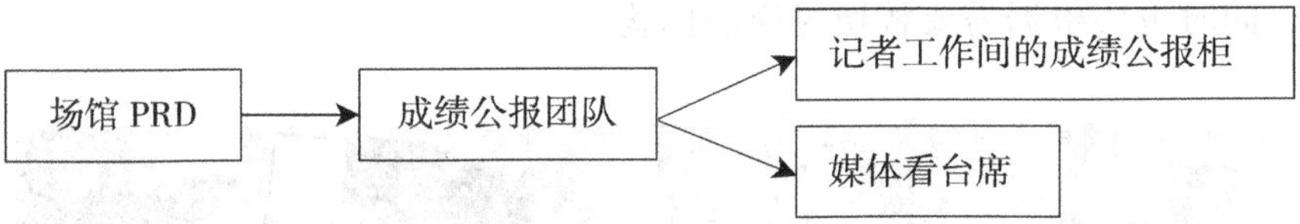


**图6-12 场馆中C类公报的发送流程**

2. N类公报的发送流程

新闻服务团队采写的新闻，经主编签字发布至INFO系统后打印出来，送交场馆PRD复印，然后发送至文字/摄影记者工作间的成绩公报柜和媒体看台席。

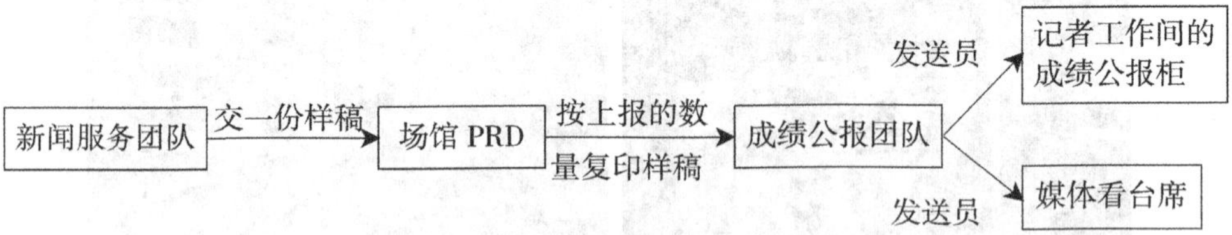


**图6-13 场馆中N类公报的发送流程**

## 四、赛后工作

（1）每天比赛结束以后，成绩公报团队需将成绩公报柜中剩余的当日成绩公报分类回收至存档处。

（2）部分 C 类公报可能在赛前一天发布，则这部分 C 类公报应在发布后就发送到成绩公报柜中（不需要提前一天发送至媒体看台席）。

## 五、注意事项

（1）成绩公报团队应密切关注比赛进程，及时将纸质（成绩）公报发送到注册媒体记者手中；成绩公报发送员应按照成绩公报发送计划中规定的发送时间及地点发送成绩公报。

官方通讯社是一个为所有注册媒体、OCA 官员和各个单项体育联合会成员提供客观准确、迅速翔实的新闻信息的服务机构，尽管这些新闻信息对于媒体来说仅仅是一种素材，但其准确性和时效性却不容忽视。

成绩公报团队作为官方通讯社的组成团队之一，及时将纸质（成绩）公报发送到注册媒体记者手中就成为最重要的工作原则之一。同时，在发送过程中应保证成绩公报发送的准确性，避免成绩公报与标签不符、标签制作不合规范，甚至将前一天的成绩公报错拿的情况。而且，各类成绩公报是依比赛进程随时产生的，因此，要求成绩公报团队要密切关注比赛进程，工作时要提起十二分的精神，保证成绩公报发送工作的准确性和时效性。

此外，成绩公报主管要监控各类成绩公报的发送情况，如出现发送不及时、信息错误等情况要及时处理。

（2）成绩公报团队要加强与场馆其他业务口的沟通交流，保证成绩公报发送工作的顺利进行。

由于成绩公报团队进驻场馆的时间较晚，往往在赛前一周开始进驻，这就使得在成绩公报柜管理与纸质公报发送工作的运行过程中，常出现与场馆其他业务口发生对接障碍的情况。因此，成绩公报团队在进驻场馆后要不断加强与场馆其他业务口的沟通交流，特别要提高人员熟悉度、业务沟通度、应急预案整合度等，成功实现与场馆其他业务口的对接，保证赛时工作的顺利进行。

此外，在未进驻场馆前，应积极运用现代通讯技术如电话、网络等进行多方面沟通；在进驻场馆后，还可通过沙盘演练（实战模拟练习），以帮助实现赛时工作的顺利进行。

（3）要求成绩公报团队的成员具有良好的英语基础。

大型赛事的新闻服务对象一般是国际化的客户，故常将英语定为工作语言。因此，所有的成绩公报都将在第一时间用英文发布，然后再根据需要由专业的翻译团队翻译成其他语言。

## 六、常见问题及应对方案

1. 当天到来的注册媒体记者人数与之前向负责人确定的人数有较大出入

（1）所发送的成绩公报份数不够：立即加印。若与PRD离得较远，则应选取有复印机的地方进行复印，以确保能将成绩公报及时送至记者手中。

（2）所发送的成绩公报份数过多：在当天比赛结束以后，成绩公报团队需将成绩公报柜中剩余的当日成绩公报分类回收至存档处。

2. 办公室的电脑、打印机等发生故障

（1）赛前，成绩公报主管应检查设备运行是否正常，以确保赛时工作的顺利进行。

（2）成绩公报主管对场馆内电脑、打印机的数量及地点要非常熟悉，以便在故障突然发生时能及时、有效地保证成绩公报发送工作的顺利进行。

## 思考题

1. 新闻服务在大型赛事媒体运行中处于什么地位？
2. 新闻服务的内容主要包括哪些？
3. 新闻翻译的工作流程是什么？
4. 新闻翻译的稿件类型有哪些？
5. 新闻稿件的翻译原则有哪些？
6. 什么是成绩公报？
7. 成绩公报分为哪两种？并分别列出三份成绩公报名称。
8. 如何确定成绩公报发送数量？
9. 纸质（成绩）公报的发送流程是什么？
10. 根据书中所提供的成绩公报发送列表等信息，设计相应的成绩公报发送计划及成绩公报摆放方案。

# 第七章　赛事媒体运行摄影服务

【内容提要】摄影服务是赛事媒体运行的重要领域之一。本章第一节介绍了媒体运行摄影服务的定义及其运行要求，摄影记者的类别、标志物，不同类型媒体摄影记者的行为模式，以及摄影位置的设置依据与考虑因素。第二节着重介绍了赛事摄影服务的筹备内容。第三节介绍了大型赛事组委会如何依据摄影服务政策与程序运行赛事摄影服务。

## 第一节　赛事摄影服务概述

美丽的图片，在千百年间影响着世界，它通过全世界共通的一种语言——形象语言打动人们，不论是在过去、现在还是未来。

在体育报道方面，摄影报道比文字报道具有更为广阔的天地，有着更为丰富的表现形式与手段。体育照片已成为时下人们最为喜欢的摄影样式之一。

图 7－1　北京奥运会的摄影记者①

① 第 29 届奥林匹克运动会组织委员会编．奥运会媒体运行．北京：中国传媒大学出版社，2007．

在摄影图片中，最扣人心弦的瞬间被定格下来，载入史册。图片的魅力正在于此，这就是为什么在电视和网络直播技术如此发达的今天，摄影记者在运动会上仍然是所有媒体中一个举足轻重的群体的原因。

## 一、摄影服务的概念

摄影服务是赛事媒体运行的重要领域之一，旨在为前来报道赛事的注册摄影媒体提供所需的相关设施和服务，确保摄影媒体能在开闭幕式和赛场内外拍摄到赛事上的最佳图片。

摄影服务团队是赛事广播电视与媒体服务的重要组成部分，由摄影服务经理、场馆摄影经理、场馆摄影服务主管和助理组成。摄影服务团队的工作人员大多数都是有一定摄影知识的专业媒体人员，以保证能充分理解摄影记者的需求。

### （一）赛前运行

在赛前，摄影服务最重要的职责之一是规划各场馆的摄影位置，与 AFs、组委会充分沟通协调，为摄影记者确定最佳视角的摄影位置，确保能无遮挡地拍摄到场内和终点运动员的比赛镜头。同时要制定丰富的赛事特色背景元素以及高质量的照明灯光标准，以满足摄影记者拍摄最佳图片的要求。

摄影服务还负责规划各竞赛场馆 VMCs 专设的摄影记者工作间、足够规格的储物柜、快捷畅通的摄影记者路线、场内摄影位置的供电需求以及协同相关部门为摄影记者提供高效稳定的传输大量图片的技术支持等工作。

赛前摄影服务的另一项重要工作是在 MPC 内配合赞助商，协同建立功能齐全且配备专业的“影像中心”，以满足赛事官方摄影队和摄影记者的需求；同时也要在影像中心的空间内规划出专用的摄影记者工作区域和摄影服务团队办公区域，并且使两个不同功能的分区充分体现空间整合的概念，从而为广大摄影记者提供从硬件到软件的全方位优质服务。

### （二）赛时运行

在赛时，摄影服务在 MPC 内的工作主要是管理摄影记者工作间和协调影像中心的运行。而在摄影服务的另一个重要阵地——竞赛场馆中，摄影服务的任务则繁重得多。主要包括：运行和管理 VMCs 的摄影服务区，保证所需设施的落实，如摄影记者工作间、储物柜、场内摄影位置和场内通讯、光线等；与其他相关部门密切联系，协调解决场馆内争抢摄影位置所发生的争执或摄影记者遇到的其他困难；管理磁盘/胶卷递送系统的运作，使摄影记者能够向世界提供关于赛事的最佳图片报道，等等。

## 二、摄影服务的运行要求

### （一）在 MPC 中的运行要求

（1）设有功能齐全且配备专业的影像中心，以满足摄影记者的需求。

（2）设有装备齐全的摄影记者工作间。

（3）备有足够容量的储物柜，以存放大型摄影器材。

### （二）在所有竞赛场馆中的运行要求

（1）为赛事官方摄影队成员预留足够的停车位，位置要尽量靠近场馆。

（2）每个场馆的媒体班车点与场馆的媒体专用入口处距离要近，方便摄影记者步行快速到达。

（3）摄影经理按照组委会的相关指南布置场地，并加以管理。

（4）媒体专用入口安排工作人员进行手工安检，以防安检设备的 X 射线对摄影器材造成损害。

（5）摄影记者需穿戴特殊标识物或者辅助通行物。

（6）精心规划摄影位置，确保能无遮挡地拍摄到场内和终点线运动员的比赛镜头。

（7）VMCs 专设摄影记者工作间。

（8）摄影经理按照场馆情况、竞赛项目需要，根据组委会的相关指南规划遥控相机的安装位置。

（9）备有足够容量的储物柜，以存放大型摄影器材。

（10）为摄影记者设定从 VMCs 快捷进入场地摄影位置的路线和通行权限。

（11）提供从 VMCs 到 MPC 影像中心的磁盘/胶卷的定时递送服务。

（12）记者看台席上要给摄影队所在通讯社的图片编辑预留带桌记者席。

（13）提供高质量的照明条件，以满足专业的图片拍摄。

（14）摄影服务设施的技术水平应满足现代国际体育赛事和新闻摄影的需要。

（15）摄影经理需由合格的媒体专业人士担任，有丰富的经验和专业知识，并能了解专业摄影记者的需求。

## 三、摄影记者

### （一）摄影记者的类别

注册摄影记者分为两大类别：赛事官方摄影队记者和非摄影队记者。

赛事官方摄影队是专门为赛事组建的官方性质的摄影队伍，一般由 OCA 认可的三大世界性通讯社（美联社、路透社和法新社）、主办国通讯社和 AFs 的摄影记者组成，规模和人员视赛事需要而定。官方摄影队拥有优先挑选最佳摄影位置等权限，同时赛事组委会拥有官方摄影队拍摄图片的版权和使用权。

非摄影队记者为受雇于所属媒体机构的普通摄影队记者。

### （二）摄影记者承诺书

摄影记者和其他记者一样，要获得组委会核发的身份注册卡才能进入赛事场馆工作，但考虑到摄影记者工作的特殊性，注册的摄影记者还需要签署摄影记者承诺书。摄影记者承诺书将附在注册报名表后。

承诺书规定，在赛事上拍摄的图片“仅用作平面图片编辑”，禁止通过媒体或者任何其他途径将图片用于广告或者任何商业赢利目的。

组委会保留对摄影记者承诺书的更改权利。

### （三）摄影记者的标志物

在工作期间，除了身份注册卡外，所有注册摄影记者都必须穿戴特殊标识物或者辅助通行物（胸标、背心和袖标）。注册摄影记者抵达主办城市激活证件时，在 MPC 摄影服务经理处领取这些辅助通行物。胸标、背心或袖标一旦丢失，组委会将不予以补办。摄影记者不能将胸标、背心或袖标转让给非注册摄影记者，或者在摄影运行部门工作的人员，但提前得到组委会书面批准的情况除外。

#### 1. 摄影记者的胸标、背心和袖标及相关规定

①胸标、背心和袖标的大小、材料、图案描述和设计需报组委会审批。②胸标、背心和袖标的前后处需要编号，且能让摄影记者穿上后达到易识别的效果。③胸标、背心上不能有广告。只有组委会会徽和官方图片赞助商（如果他们提供胸标、背心）的标识才可以出现在背心的正面和背面，其大小设计需按组委会规定的标准。④背心的颜色和设计应与“形象与景观”的风格保持一致。⑤摄影队的背心应印有特定的字样，并进行编号，颜色应区别于非摄影队记者的背心。⑥非摄影队记者的背心也标有相关的字样，并进行编号。⑦摄影记者在指定的摄影位置工作时，不能穿戴有其他广告图标的背心、夹克或其他服饰。

#### 2. 摄影记者的着装规定

组委会对摄影记者的着装有明文规定，并需要经体育组织部门批准。相关规定包括应时宽松的着装标准，以及何时穿着何种鞋子等要求。

进入比赛场地或者某些特定位置，摄影记者可能会被要求遵循某项特殊的着装规定，如特殊仪式上的全黑或全白着装的规定。

### （四）摄影记者的行为模式

#### 1. 通讯社摄影记者工作方式主要是团体作战

通讯社的报道一般是综合性和全面性的，其采访覆盖面广，几乎包括所有金

牌赛事的报道。由于时效性的竞争激烈，某些重要的赛事中甚至会出现赛场配备编辑人员以及文字记者团队的情况。

2. 专业团队摄影记者的工作方式

单项体育协会的摄影师在该项比赛的采访中享有摄影队的特权，并允许全程跟踪，他们拍摄的图片多注重记录性，主要是留作单项体育协会的资料保存所用。

3. 报社摄影记者的工作方式

只为版面服务，拍摄版面所需要的赛事和人物。一般报社的记者人数少，记者只能独立完成图片传输的工作，并根据报纸的截稿时间来控制报道的时效性。

4. 杂志摄影记者的工作方式

根据编辑和版面的需求，拍摄独特视角的图片，避免因时间的延迟而失去竞争力。

5. 网站摄影记者的工作方式

主要以内容全面、时效明显为特点，但传输数据量少。

## 四、摄影位置

摄影位置是摄影记者能否取得精彩镜头的关键，所以摄影位置的规划在赛事摄影服务中处于特殊地位。摄影服务不但要保证摄影位置的数量能满足图片摄影的需求，而且要根据场馆的条件和竞赛项目的特点来进行精心规划，有时位于观众看台，有时在场地内，有时甚至在有独特视角的任何地方。官方摄影队的摄影位置会有专门的预留。

### （一）摄影位置的规划依据

在场馆工程规划阶段，摄影位置的规划就已经被列入考虑范围之内，组委会根据以下标准和原则规划摄影位置，并与相关部门协调落实。

（1）《组委会摄影指南》是一份极具参考价值的文件，但是它只能起到引导性的作用。因为每个场馆都是唯一的，安排场馆摄影位置并没有统一模式可言；北京奥运会田径场获得成功的摄影位置的安排经验未必适合伦敦奥运会。摄影指南应该被看作是计划的起点，它将提供有关摄影位置安排的基本信息，最终的决策必须结合专家和富有经验人士的建议。

（2）摄影记者和工作人员的视野不受遮挡，观众的视线也不例外。

（3）每个场馆应充分考虑摄影记者对热门赛事和颁奖仪式的摄影位置的需求。

（4）根据不同的体育项目和竞赛场馆安排不同的摄影位置。摄影位置的规划和设计是至关重要的，理想摄影位置的确定应作为场馆建造阶段工作的一部分。

（5）接受 AFs、世界性通讯社、组委会以及业内行家的指导。

（6）进入摄影位置的路线规划需要慎重考虑。

（7）可以考虑搭建特殊看台或者提供长凳坐席。

（8）要与转播商进行良好的沟通，以确保双方的需求都得到满足。

（9）在场馆中有规划或已经预留了摄影位置的地点需粘贴胶条以方便辨识。

（10）摄影位置如设有通过收费卡预定的通讯服务，须提供电源接口。

摄影服务团队在确定摄影位置后要进行密切跟踪：①严格监管摄影位置的建造过程。一个摄影位置 1 米的偏差将会造成 10 ~ 20 个摄影位置或预留位置面临作废的危险，应保证每一个摄影位置的建造都与图纸要求保持一致。②密切关注摄像机位的搭建。电视转播平台建设过程中几厘米的偏差将可能遮挡几十个摄影记者的视野，应根据图纸要求详细检查所有电视转播平台的建造。③仔细核对注册摄影记者和摄影位置的数目，尤其是在规划长椅的数量和位置时，应给每位摄影记者留出至少 75 厘米的空间。④在摄影记者坐席的座位下面预留空间，供购买收费卡项目的摄影记者存放手提电脑。⑤在每个比赛区的摄影位置为摄影位置助理预留至少两个座位。⑥摄影记者和摄影位置助理都不允许站在比赛区。⑦为了避免观众对摄影记者的工作造成不必要的干扰，摄影位置严禁观众进入。因此，摄影位置上必须有清晰的标识，场馆中也要对观众坐席和摄影位置有清晰的指示。⑧每项比赛开始之前，摄影服务团队必须组织摄影记者进入摄影位置。⑨在某些热门的比赛中需采用媒体门票限制措施，摄影记者可以在比赛前一天向组委会申请门票，赛时凭门票进入摄影位置。场馆的摄影经理可持有 15 ~ 20 张机动票。

### （二）摄影位置的规划

摄影位置不仅仅是摄影记者用以拍摄比赛的地点，更是一个系统的工作区域。摄影记者在赛事的大部分时间都会在摄影位置上，他们的工作在很大程度上依赖于摄影位置设施和服务的完善；同时，摄影位置是场馆中的一部分，摄影记者要利用场馆中的各种有利条件获得最好的摄影作品，摄影位置也要自然和谐地融入到场馆中，不会因为过分注重其特殊性而显得突兀，妨碍其他工作人员的工作和观众观看比赛，甚至对比赛造成影响。摄影位置的规划必须考虑以下因素：

#### 1. 摄影位置与技术

在摄影位置上，对技术要求最高的是通讯设施。由于数码技术的普及化，数码摄影已经成为赛事摄影领域的主导。为了追求时效性，很多摄影记者都会直接在摄影位置上将拍摄到的图片即时传送回去。虽然部分记者会采用无线网络的传输方式，但是出于稳定性和高效性的考虑，线缆传输依旧是摄影记者的首选。

为了在媒体大战中取得先机，摄影记者们不但自己使用最先进的摄影器材，也往往要求主办方能够提供最先进的传输技术，这会影响到摄影记者对赛事主办城市的印象。因此，为了让世界各地的观众能在最短时间内看到赛事的精彩图片，赛事主办方应在摄影位置的传输技术上加大投入，在场馆的基础摄影规划和建设中保证摄影位置上传输设施的高效稳定，如主要场馆的光纤传输和无线通信。

数码影像传输技术的发达和对数码摄影的重视已经使得摄影记者把摄影报道的主战场从 MPC 转移到了各竞赛场馆，有的摄影记者甚至从拍摄、编辑到发送图片都选择在摄影位置上进行，因此，在重要场馆的摄影位置上还应该配有电源，以保证摄影记者可使用电脑进行工作。

2. 摄影位置与灯光

为了防止对运动员造成干扰，体育比赛的拍摄严禁使用闪光灯。因此，良好的照明条件对摄影记者来说是十分重要的。为了最大限度地保证图片质量，组委会对摄影位置的照明进行了严格的规定。包括：每个竞赛场馆的照明必须达到电视转播和图片摄影报道需求的最高质量；照明的技术特点和具体位置要以竞赛场馆为基础，需要和组委会广播电视与媒体服务部协商后确定；照明设计必须考虑所报道的项目、电视转播和图片摄影的理想效果；如果有些场馆的自然光和照明光混合，必须特别注意场馆内色温的匹配；带有窗户和透明顶棚的室内场馆会有自然光干扰，必须重视这些问题，以免产生负面效果。

通用的原则主要有：

（1）照明强度不低于 1 400lx（比赛场地任一地点垂直测量而得），某些赛事需要灯光强于 2 000lx。

（2）场地内垂直照度最小与最大之比不得小于 2 : 3。

（3）各个区域要统一色温（如 5 600K，且色差在 IEC 范围内。单个光源的色温偏差允许在 ±300K 内）。

（4）各个区域的显色指数必须大于 90。

（5）灯光安置必须经组委会竞赛部和广播电视与媒体服务部共同批准。

（6）对运动员和技术官员不可有眩光。

（7）某些赛事、项目和仪式需要有额外的剧场光补偿效果。

（8）体育比赛的拍摄区禁止使用闪光灯，以防止对运动员的比赛造成干扰。

3. 摄影位置与形象景观

摄影记者拍摄的不是运动员个人，而是在比赛中的运动员，拍摄的不是某个静止的场景，而是充满竞技激情的比赛场面。因此，对摄影记者来说，一个理想的工作环境还包括能烘托摄影对象的赛场装修和形象的景观设置。

摄影记者的工作是捕捉精彩瞬间，他们无法花额外的时间去考虑背景，只能快速地通过镜头焦距的长短、横竖画面的布局等手段去配合拍摄对象。因此，摄影位置的规划要求是从摄影位置上的任一角度都能为摄影图片提供丰盈而充满张力的背景。

摄影位置要求从摄影记者的角度出发，使得该竞赛项目在特殊背景下显得突出和集中，并要求对周边环境和“赛事形象景观”的背景也要给予构图上的特别关注。一张精彩的赛事体育图片不应只是运动员的“独角戏”，而应将运动员置身于赛场的大环境中，最重要的就是将赛事的景观特色，如将亚运会会徽与运动本身融合在一张图片里，以突出这是在亚运赛场上缔造的精彩。在很多室外项目上，如公路自行车、马拉松等，摄影位置还要考虑将沿途“漂亮”的外景或城市标志性的建筑物作为背景，向世界展现主办城市的风采。历史上，每届奥运会或亚运会等赛事，都会有一张能识别举办城市或国家的标志性的图片，以此向人们展示体育之外的文化魅力。

图 7－2　北京奥运会公路自行车比赛的形象景观设计（图/新华网）

### （三）摄影位置助理

摄影位置在比赛场地和看台都是分布集中且地位关键的，摄影位置服务应对这些地点加倍重视。集中而重要的摄影位置上将设有 1～2 名志愿者担任摄影位置助理，负责协助摄影记者的拍摄工作，解决有可能出现的技术传输问题，协调摄影记者与周边观众、摄像机位的关系，并帮助摄影记者自由而快速地在不同的摄影位置间移动。

# 第二节　赛事摄影服务的筹备内容

## 一、摄影服务在 MPC

MPC 是综合性赛事赛时，各大新闻媒体运行的大本营，是注册媒体的主要工作场所之一，同时还是全世界各大新闻媒体机构、通讯社的租赁办公室和为媒体提供各类服务的相关机构的重要场馆。其中，摄影服务也在 MPC 驻扎，在赛时相当于“指挥根据地”。

大型赛事的 MPC 往往有专门为摄影记者设立，并能充分体现其整合性功能的摄影记者工作区。它的设立将影像中心、摄影记者工作间以及摄影服务团队办公区域有效地结合在一起，其空间布局科学完善，为摄影记者提供全方位的资源服务。MPC 全天 24 小时开放，摄影记者可随时在这里工作和用餐，并享受全方位的资源服务。

图 7－3　深圳大运会 MPC 的摄影记者工作间（图/徐傲寒）

### （一）功能齐全的影像中心

影像中心由组委会与市场项目的成员，即赞助商直接协商设立，其设计以及装配的具体细节和规格由组委会和赞助商/服务商协商，组委会对 MPC 影像中心的设计方案，包括服务水平进行严格审定。

（1）方便的通道，影像中心为注册摄影记者提供从媒体班车点到 MPC 的方便通道以及装卸搬运重型器械的服务。

（2）优惠的胶卷冲洗、扫描和打印等服务。

（3）全面的摄影器材服务，包括相机的调试、数码相机的借用和修理，以及单反相机镜头的借用和修理。

（4）输出服务，包括热升华打印、大尺寸的喷墨打印影像服务。

**（二）便利高效的摄影记者工作间**

摄影记者工作间是摄影记者在 MPC 内的主要工作场所，综合性运动会的摄影服务不仅希望能给他们提供足够便利的工作条件，更希望能为他们提供一个舒适的工作环境。

1. 宽敞且充足的工作位置

在赛事期间，摄影记者工作间的工作位置要充足，且空间充裕。既保证摄影器材有充足空间摆放，又不会在分发物资时对记者造成干扰。

2. 先进的工作设施

工作位置上配备摄影记者所需的 CATV、INFO 2011 信息系统终端、打印机、电源插座、快速网络宽带接口和有数据插口的付费电话（私人电话可通过收费卡订购）。而 INFO 2011 信息系统则会为记者提供全面、准确和丰富的有关所有比赛的信息，并提供成绩公报打印服务。

3. 安全的电脑锁定装置

摄影桌上有手提电脑锁定装置，以确保摄影记者在场馆工作时所携带的笔记本电脑的安全。

4. 全程直播赛事的电视

工作间内的电视可提供各场比赛的公共信号，摄影记者们即使身处 MPC，也能及时观看其他场馆比赛的精彩画面。

5. 快速更新的成绩公报柜

每一项赛果都会及时在成绩公报柜更新，摄影记者可以随时获得所有比赛的结果。

**（三）大容量的储物柜**

赛事期间，组委会在 MPC 摄影服务管理区域，提供数量充足且容量较大的临时储物柜（每个柜子至少配两套钥匙），以免费供摄影记者存放摄影器材。

**（四）舒适的餐饮休息区**

餐饮休息区是为所有注册媒体包括摄影记者服务的。这里有舒适的沙发坐椅、各类饮料小吃、电视节目，还会准备游乐设施让摄影记者们充分放松、休息。

**（五）全方位的优质服务**

作为总部所在区域，摄影服务团队将在此区域内提供全方位的优质服务。在摄影记者工作间服务台将为摄影记者提供必要的介绍和服务，记者们可以感受到服务团队最亲切、热情的接待服务。同时，服务团队还会及时和信息技术部门、管理部门沟通协调，以帮助摄影记者解决相关的问题。

### （六）热情的志愿者

在摄影记者工作区域内工作的志愿者虽然承担繁重琐碎的工作，却起着举足轻重的作用。他们的工作要面对几乎所有注册摄影记者和来自赞助商的工作人员，而他们所提供服务的好坏将会影响整个服务团队给人的第一印象。志愿者的热情服务能让注册记者们感觉亲切，有利于日后新闻工作的开展。

志愿者们将根据摄影服务团队的不同任务分工，提供相应的志愿服务，如协助磁盘/胶卷递送工作，在记者休息区内为摄影记者提供服务，在服务台协助工作，等等。因此，志愿者首先要了解、熟悉摄影记者们的工作流程，能够配合记者们的工作时间开展工作，还要具备基本的体育新闻知识、良好的语言沟通能力和团队合作能力。除此之外，还要有一定的社会经验，在遇到突发事件时能快速反应并作出妥善处理。

## 二、摄影服务在VMCs

竞赛场馆对摄影记者的重要性不可忽视，赛事竞赛场馆的VMCs为注册摄影记者专门提供的设施和服务有：

### （一）停车场

为方便注册摄影记者装卸沉重的摄影器材，VMCs将预留足够数量且靠近场馆的停车位（包括专为赛事官方摄影队成员进入所有场馆而预留的车辆通行证）。每个竞赛场馆、媒体村和MPC不少于6个车位。

### （二）专用通道

设有从媒体班车点和VMCs能直接而快速地进入摄影位置的通道，且沿途有清晰的路标。摄影记者从班车点到媒体入口处的路程应设为可步行距离（当个别场馆存在特殊情况时，需采用诸如电瓶车摆渡等方式解决问题）。

### （三）精心规划的摄影位置

在不影响运动员比赛的情况下，摄影位置应尽可能靠近比赛场地，确保能让摄影记者无遮挡地拍摄到场内运动员的比赛镜头；在特定的位置预留更多的空间，以容纳更多报道赛况的摄影记者；摄影位置上配有线缆和可靠的无线通信的收费卡；重要摄影位置配备电源。

在一些户外的竞赛项目中，赛事的摄影服务还会将沿途的城市亮丽风景和标志性建筑融入背景中，使摄影图片能体现出主办城市的风采和特色。

然而，摄影位置又因摄影记者类型的不同而有所差异。

1. 赛事官方摄影队的摄影位置

每个场馆至少预留6个最好的摄影位置，为摄影队专用。这些位置的设置要求有：

（1）可以无遮挡观看场内运动员，尽可能设在终点线附近。

（2）可以设在比赛场地内，如田径、游泳等项目，但不能妨碍运动员比赛。

（3）在场馆规划阶段的图纸上以及建成后的场馆内，都要清楚标明可辨的位置。

（4）由摄影经理、世界性图片社和OCA协商后并遵循AFs的规定进行挑选和确定。

（5）为电视转播和摄影报道提供干净的画面，确定摄影位置时要特别考虑背景元素。

（6）要考虑图片摄影与电视转播的不同，如遥控相机的安装位置、屋顶马道、通行区可行的摄影位置或比赛场地正对头顶上方的梁架位置。

2. 非摄影队的摄影位置

非摄影队的摄影位置是为所有注册摄影记者提供的位置。这些位置的设置要求有：

（1）无遮挡观看场内运动员。

（2）在场馆规划阶段的图纸上以及建成后的场馆内都要清楚标明可辨的位置。

（3）由摄影经理、世界性图片社和OCA协商后并遵循AFs的规定进行挑选和确定。

（4）为电视转播和摄影报道提供干净的画面，确定摄影位置时要特别考虑背景元素。

（5）参考往届赛事摄影位置的数量和位置。

（6）不遮挡观众视线。

**（四）航拍**

根据往届大赛惯例，摄影媒体需在赛事前夕和赛事期间使用直升机等航空器进行航空拍摄，以充分展示主办城市及协办城市的景观，而现场直播室外项目及闭幕式等活动也可能需要航拍。

**（五）媒体车船**

赛事的摄影服务部门为移动型竞赛项目提供必要的媒体交通工具，如帆船和马拉松项目，摄影服务部门将为摄影记者提供媒体船和媒体车，并配备经验丰富的驾驶员。

**（六）对摄影记者的机动管理**

如果有空置的观众席或记者看台席，摄影记者可以进入使用，但不能遮挡观众的视线。

**（七）摄影记者工作间**

VMCs 的摄影记者工作间配有收费电话、电源插座、INFO 2011 信息系统终端、打印机和 CATV、计算机、图片编辑所需的照明设备、放置成绩公报和出场名单的成绩公报柜以及垃圾桶。

**（八）充足的照明**

比赛场地的照明应确保图片高质量的摄影效果。

**（九）足够容量的储物柜**

VMCs 配有数量和容量都足够的储物柜，以存放摄影器材。钥匙开启为最佳，密码锁或挂锁次之。

**（十）快捷的递送服务**

提供从每个摄影位置到 VMCs 摄影记者工作间或记者看台席，图片编辑所需的磁盘/胶卷收集和递送服务，以及从 VMCs 到 MPC 影像中心的磁盘/胶卷的定时递送服务。

**（十一）摄影队图片编辑坐席**

应为赛事官方摄影队的图片编辑在记者看台席上预留席位，这些席位的设置应以有良好的视野、可清晰地看到比赛场地为标准，席位一般设在记者看台席的最后一排。

除此之外，根据摄影服务赞助商和组委会共同签订的合同，如有条件，需在 VMCs 的摄影记者工作间里或附近设置小型影像中心，但具体方位需要视场馆布局而定。

## 三、摄影服务的特殊需求

与北京奥运会、深圳大运会和南京青奥会等综合性赛事一样，广州亚运会是一个全亚洲共同参与的体育盛会。有了北京奥运会的成功典范在前，广州亚运会比以往任何一届亚运会都要出色。在摄影服务上，除了满足摄影记者的一般需求外，还注重摄影服务中的特殊要求。这些特殊要求包括摄影位置安排、遥控摄影装置安装、磁盘/胶卷的递送服务和特殊项目的交通要求。

图 7－4　北京奥运会比赛中用特殊装置拍摄的运动员游泳效果图（图/Getty Images）

**（一）特殊摄影位置的需求**

首先，对于赛事新闻摄影报道来说，竞赛场馆的摄影位置最为重要，因为其决定了摄影记者能否拍摄到最佳图片，向人们展示这一届赛事的风采。摄影服务部门应尽量给摄影记者设置良好的摄影位置，除了看台、场地摄影位置等常规位置外，摄影服务团队还应争取有效地使用一些特殊摄影位置（如屋顶马道和摄影地沟），并保证这些特殊摄影位置的畅通。这样，摄影记者不仅可以从观众视线的角度捕捉一幕幕竞技场上激动人心的场景，还可以借助更多、更独特的视角，根据记者自身对运动项目和赛事精神的理解，从其他侧面挖掘体育之美。

1. 屋顶马道

马道是室内竞技场馆屋顶附近的一条狭窄的小通道，原本是用于维修和悬挂旗帜等物品的，英文名是“Catwalk”。在这条通道上，记者可以居高临下、俯瞰全场，因此得到越来越多摄影记者的青睐。摄影记者往往能从这里拍摄到一些角度独特、构图新颖的图片，从而获得体育新闻摄影专业人士和读者的一致认可。在往届的赛事中，有不少从屋顶马道拍摄的图片留下了比赛的精彩瞬间。

为了最大限度地发挥摄影记者的创造力，使其拍出更别具一格的图片，摄影服务应尽量在设有屋顶马道的竞赛场馆中，搭建安全的屋顶马道摄影平台，并制定一套严格而有效的政策和程序，使摄影记者能够畅通无阻地、安全地使用屋顶马道进行特殊角度的拍摄。

2. 摄影地沟

如果说在屋顶马道拍摄的角度主要是俯视赛场，在摄影地沟摄影的角度则是仰视赛场。摄影地沟是设在运动场边的下沉通道，专供摄影记者拍摄使用。在往届赛事中，摄影地沟一般在田径和网球比赛中使用。

拍摄时，摄影记者站在摄影地沟内，镜头刚刚露出沟外，其视线刚好和地平面平行，所捕捉的画面就更具动感和张力。

摄影记者在摄影地沟中可以纵览整个田径赛场的比赛，其优势在于拍摄田径比赛尤其是像百米短跑这样的短途赛事中特别明显。百米短跑一向是运动会中最令人瞩目的项目之一，而摄影记者在摄影地沟中可以拍摄到从起点到终点全过程中的每一时刻，不会错失任何一个激动人心的瞬间。

因为这个优势，摄影地沟在体育赛事拍摄中的地位越来越重要，在某些项目中，摄影地沟中往往聚集了大批的摄影记者，此时如何维持摄影位置的秩序，对摄影服务来说是一个不小的挑战。

**（二）安装遥控摄影装置的要求**

遥控摄影装置是一种新式的拍摄器材，采用的是遥控而非手工控制的拍摄方式。遥控摄影装置主要是遥控相机，它可以在不对运动员造成干扰的情况下进行图片拍摄，同时也突破了摄影位置的局限和制约，得以更靠近运动员和比赛场地，以及一些摄影记者无法进入的地点，如水下、球门旁。遥控相机可以同时安装在多个地点对同一个目标进行拍摄，使摄影记者拍到同一时刻不同角度的图片。

遥控相机的安装地点一般有：游泳比赛安装在水下，跳水比赛安装在水下、跳台和池边，足球比赛安装在球门后，篮球比赛安装在篮球架上、篮板后，等等。

在安装遥控摄影装置时要做好安全保障工作，有些装置需要装在高处，如马道和篮筐背后的摄影机，要避免其掉落伤人。

**（三）提供磁盘/胶卷递送服务的需求**

刚刚拍摄完成的图片，并不能成为可以即时刊登的稿件，还需要图片编辑的挑选和加工。因此，摄影媒体通常会同时派出图片编辑和摄影记者，摄影记者负责在前线（竞赛场馆的赛区附近）拍摄图片，图片编辑则在后方（竞赛场馆的记者看台席或者 MPC 的摄影记者工作间）进行图片编辑。摄影记者和图片编辑的工作是两个紧紧相扣的链条，一旦脱节，就会严重影响摄影媒体工作的进度。

赛事的摄影服务包括为这个链条的顺利运作提供保障，提供专门的磁盘/胶卷递送服务，协助在竞赛场馆的摄影记者把摄影磁盘/胶卷送到记者看台席或 MPC 的摄影记者工作间。

磁盘/胶卷递送服务有两种：一是在竞赛场馆的指定地点收集磁盘/胶卷，收集工作有时由指定的递送员负责，有时由摄影位置助理组织在 VMCs 摄影记者工作间或记者看台席的编辑，将图片送到场馆的图片处理中心；二是将磁盘/胶卷递送到 MPC 摄影记者工作间，这项工作由专门的递送人员负责。

如果赛事官方摄影队所在通讯社，提出要使用自己的图片递送人员，摄影服务部门则要为其配发相应证件。

在综合性赛事上，磁盘/胶卷的递送由专人送到 MPC。

磁盘/胶卷递送服务的运作流程如下：

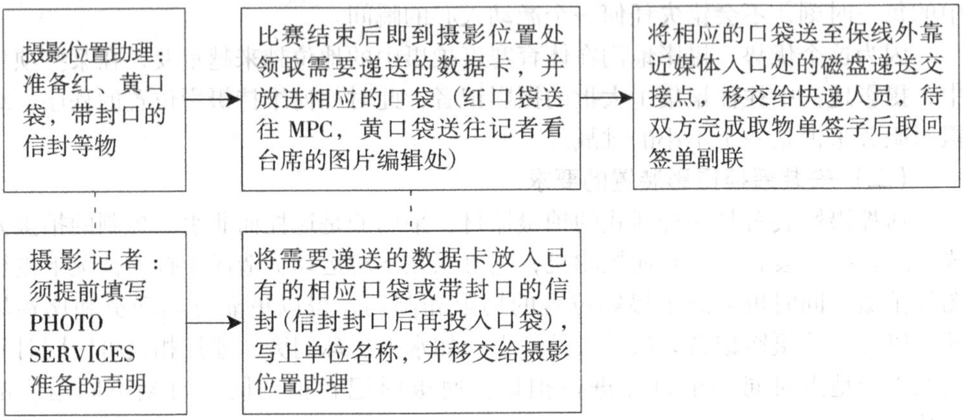


图 7－5　大型赛事摄影服务中的磁盘/胶卷递送服务运作流程

### （四）对特殊项目采访的交通工具需求

摄影记者的工作是要捕捉比赛的精彩瞬间，因此要全程关注赛事，可以的话，要一直跟在运动员附近。但是有些户外的比赛，如公路自行车、马拉松等比赛路程太长，而且，除了起点和终点能设置固定的记者看台席外，在中途无法设置摄影位置，即使设置了看台，运动员一闪而过，摄影记者也无法进行有效拍摄。对于这类比赛，摄影服务部门将为摄影记者提供专用的拍摄交通工具，如摄影车和摄影船等，让摄影记者随运动员同时移动，以进行沿途拍摄。

## 第三节　赛事摄影服务的运行

赛事摄影服务部门的运行依据摄影服务政策与程序进行，目的是规范注册摄影记者行为，保证广播电视与媒体服务正常运转，以及对实现服务所需的具体执行步骤作出清晰的表述。

摄影服务政策的主要依据是注册摄影记者的工作特点和场馆的具体状况，而程序则以严谨和灵活为原则，以保证摄影服务运作的效率。

## 一、摄影位置以及数量的规划

为了确保注册摄影记者拍摄到赛事相关活动的最佳图片，摄影服务部门将在每一个场馆提供合适的摄影位置，并确保数量充足。

在每一个竞赛场馆，摄影位置都将尽可能多地提供，让摄影记者毫无阻挡并不受干扰地捕获比赛的精彩瞬间。这些摄影位置包括高处或其他能够带来更新视角的位置。

**（一）场地摄影位置**

（1）在所有竞赛场馆，都为摄影记者作预留，优先保证官方摄影队记者的需求；

（2）在每个场馆为每项赛事至少保留6个最重要的摄影位置，供摄影队用；

（3）可以毫无遮挡地观看场上运动员；

（4）为了有助于转播和摄影报道清晰影像的创作，确定摄影位置时尽量将背景纳入考虑范围；

（5）现场设立清晰可辨的标识；

（6）由官方摄影队协调人、组委会、相关负责组织机构（如FISU）共同选择确定；

（7）与赛事转播机构共同协商确定。

**（二）非场地摄影位置：为所有赛事的注册摄影记者提供**

（1）赛事转播机构协调。

（2）不应阻挡观众视线。

（3）在场馆中利用标识清楚标明。

（4）摄影记者除可以在比赛场馆内的指定摄影位置进行拍摄外，出于拍摄角度的需要，摄影记者还可以通行至文字记者看台区和普通观众坐席区。进入观众坐席区必须是在观众坐票没有售完或席位空置的情况下，并且摄影记者需遵守组委会的相关规定。

（5）不应阻挡贵宾视线。

场馆媒体坐席的分配优先顺序是摄像机位、摄影位置、评论席、带桌文字记者席、观察员席等等。

在所有竞赛场馆、所有竞赛环节以及官方训练阶段，这些摄影位置必须对摄影记者开放。

## 二、进入摄影位置的政策

摄影位置只有注册摄影记者可以进入并进行拍摄，任何其他人员不得占用。

摄影记者到达摄影位置的路线由场馆摄影服务设计，设计的前提应避免摄影记者进入场馆的敏感区域——医疗区、兴奋剂检测区、VIP 区和运动员区。

为了保持干净的 FOP（比赛内场），摄影记者只能在指定的时间，在比赛过程之前或者之后移动——进入场地摄影位置，或者是从场地摄影位置离开。在比赛开始之前，所有的摄影记者都需要有工作人员陪同进入场地摄影位置；比赛结束之后，所有的摄影记者亦需要有工作人员陪同离开。摄影记者在场地摄影位置移动只能在比赛的间隙进行，避免对比赛造成干扰。

摄影记者可以在观众席活动，在不阻挡或干扰其他观众观赛并遵守场馆规定的前提下，他们可以暂时占用未被使用的观众席进行拍摄。观众服务工作人员监督观众区域，摄影记者任何被认定的违规和接到的投诉都将报告给场馆摄影副经理。这个政策只适用于赛事的注册摄影记者。任何持票观众在其坐席上进行拍摄，其行为影响到比赛和其他观众的话，将由观众服务和安保部门负责。如果在场馆内这条政策被滥用，场馆摄影副经理可以剥夺违规者个人使用这项政策的权利。

摄影记者可以通行到媒体看台。除了确定的摄影编辑席之外，不允许摄影记者长时间占用媒体看台席拍摄、编辑和传输图片。摄影副经理助理应该与媒体运行经理充分沟通，确保这项政策能够在场馆执行。如果摄影记者不遵守这条政策，场馆摄影副经理助理保留对摄影记者禁止使用这项政策的权利。

## 三、摄影服务工作人员在摄影位置进行监督和管理

在所有场馆，大量的摄影记者会聚集在有限的摄影位置上，需求大，空间小。

此时，摄影服务将安排摄影服务工作人员管理摄影记者，任何违背管理条例者会被上报给场馆摄影副经理。

摄影服务工作人员由摄影服务指定，监督摄影记者在摄影位置工作，负责磁盘/胶卷的收集，并管理磁盘/胶卷递送服务。摄影服务工作人员将引导摄影记者进入和退出场地摄影位置。

摄影服务工作人员与摄影记者的配比最小为每二十位记者配一名摄影服务工作人员。

摄影服务工作人员需身着工作背心，工作背心作为辅助通行物，赋予摄影服

务工作人员通行场馆内所有摄影位置的权限，包括场地摄影位置、看台摄影位置以及其他特殊摄影位置。

## 四、进入屋顶马道的政策

很多精彩的体育运动照片都是在屋顶马道这一特殊的位置拍摄的。本政策明确了进入屋顶马道的一些规定及申请进入马道的摄影记者必须符合的条件。本政策最重要的是确保摄影记者、运动员、官员和观众的安全。符合本政策中所有规定摄影队（POOL）记者具有进入马道的优先权。有进入马道拍摄需求的新闻机构，必须在赛前提交申请给摄影总监。所有摄影记者必须符合进入马道的安全要求。

摄影总监与各单项组织和场馆摄影副经理助理，共同确认有权利进入马道的摄影记者。

摄影记者马道安全带由摄影服务提供，申请进入马道的摄影记者如果自备安全装备，应事先得到摄影服务的认可。

一切可能坠落的物品都严禁带上马道，包括但不限于帽子、眼镜、硬币、手机、镜头盖、钥匙、SD 卡等存储设备。具体情况下，摄影副经理助理有权决定哪些物品不可带入。

严禁携带摄影包进入马道。

摄影记者只允许携带一个已装好镜头的相机进入马道，且相机必须用金属链锁连接到摄影记者的安全带上。马道上不允许更换镜头。

进入马道的摄影记者必须有摄影服务工作人员陪同。

摄影记者必须在比赛开始前，提前至少 1 个小时进入马道，比赛结束后确保马道途经区域的垂直下方无人后方可离开马道。严禁在比赛进行中出入马道。

场馆摄影副经理在现场有权根据情况决定是否允许摄影记者进入马道。摄影记者上马道前应该提出申请，并出具保险证明，与场馆摄影副经理签订协议后，本政策方可执行。

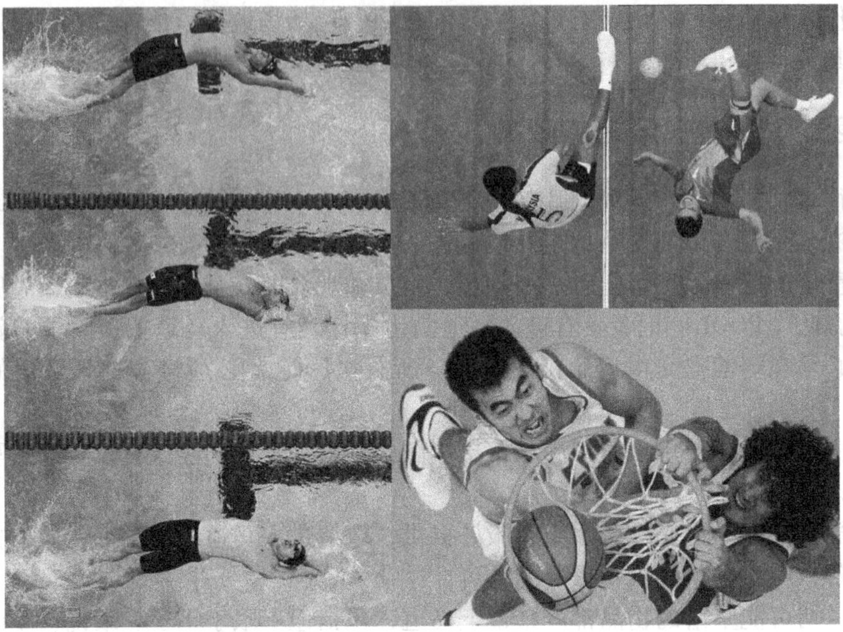

图 7－6　马道上拍摄的比赛动作效果图（图/Getty Images）

## 五、安装遥控相机的政策

场馆内有很多非常好、独特而摄影记者不能亲自占用拍摄的摄影位置，在这些位置上只能安装遥控相机。由于可以在特殊的摄影位置上拍出好的照片，遥控相机的使用，目前已经成为体育摄影的重要部分。该政策旨在保证成功而安全的遥控相机安装。遥控相机安装申请要提前交给大赛组委会的摄影技术经理。

摄影副经理在各个场馆征得竞赛管理和国际单项组织的同意后，将结果通知媒体机构。

提供合适的经过认定的安全设备是遥控相机安装方的责任。所有的遥控相机设备需要由场馆摄影技术经理批准。

屋顶遥控相机必须达到严格的安全标准。

遥控相机安装需使用经过认定的安全设备，相机机身和镜头必须用两条安全线拴在安装位置的建筑上，以避免相机的脱落。

当相机安装位置属危险位置时，只有那些使用指定攀爬设备和有攀爬经验的摄影记者，才能安装屋顶遥控相机。

水下相机安装位置确定必须经过相关部门同意。

只有具有 PADI 潜水证并使用 SCUBA 潜水装置的摄影记者，才能安装水下相机。

遥控相机的安装必须在比赛前的规定时间里进行，只有在一个比赛段结束后才能被调整。

场地内遥控相机只能在比赛间隙里进行调整。遥控相机的使用不需要单独申请频率，由场馆摄影副经理助理和技术经理在一定频段内为摄影记者分配频率。

赛事组委会摄影服务负责在赛前检查所有的待安装遥控相机，并检查已安装的相机。

没有被赛事组委会摄影服务认定的遥控相机将不得被批准安装。

当空间有限时，只有官方摄影队记者才能安装遥控相机。

遥控相机安装者将购买意外保险，并承担安装遥控相机所带来的一切风险，如相机有损坏或者丢失，赛事组委会不负责任。

图 7－7　2011 年 7 月 23 日上海世游赛 10 米跳台赛选手入水姿态（图/Getty Images）

## 六、媒体技术人员

当数码相机的使用和摄影记者在摄影位置直接传输图片遇到障碍时，注册为 ET 的技术人员需要携带必要的修理工具，拥有通行摄影位置的权限，对计算机等设备进行修理和维护。

大通讯社和大型新闻机构都会有注册为 ET 的技术人员，这些技术人员将负责竞赛场馆中高速复杂的图片传输设备的维护。在注册阶段，组委会应为这些技术人员准备 ET 类背心供赛时使用。

技术人员需要携带必要的修理工具，对复杂的设备进行修理和维护。

技术人员在赛前和赛后可以通行到摄影位置，进行设备维护。

摄影记者在场馆的摄影位置上进行图片传输时，若设备发生故障，ET 技术人员可通行到摄影位置进行修理。而技术人员应该将情况报告给场馆摄影副经理助理，要求通行到该摄影位置。同时摄影副经理为技术人员发放 ET 背心，安排摄影服务人员引领技术人员到达摄影位置，在修理完毕后摄影服务人员引领技术人员离开，技术人员交还背心。

严禁技术人员在摄影位置编辑图片、拍照或进行报道。

## 七、摄影编辑席

在开闭幕式场馆里，摄影队成员的摄影编辑可以在媒体看台上的摄影编辑席编辑照片。

不应给予摄影编辑媒体看台上最好的位置。

媒体看台上的摄影编辑席的唯一要求就是对比赛场地的清晰视野。

需要提供给每个机构的摄影编辑席两个座位。

不允许在摄影编辑席上拍摄照片。

组委会的摄影服务部门应与场馆媒体运行经理密切配合，在媒体看台上确定合适位置，确保这些位置为摄影编辑席所使用。摄影编辑席应该以标识清晰标注出使用的通讯社名称。

## 八、摄影记者工作区

为摄影记者提供工作区域和通讯条件，使记者能从所有竞赛场馆传输出数码图片。摄影记者工作区域设置：专门的摄影工作间，或摄影位置的邻近区域，或场馆文字工作间部分区域。

摄影记者应有专属的一定数量的电话和工作区域。

摄影服务部门根据各场馆摄影位置总量来决定工作区工位数量。

各场馆工作区工位和摄影记者的比率为 1：3。相关业务口应为每个工位提供规格、尺寸、大小匹配的办公桌、电源插口以及储物柜，并在工作区内提供储存饮用水的冰箱、挂钟、白板等物品。技术部门应提供电视、付费电话、打印机和网络接口。

在摄影工作区，必须提供电源到每个工位，一个工位至少配备一个电源插口。

摄影记者工作区的照明应当满足编辑图片的需求。摄影记者工作时要携带大量的器材，当器材未使用时，必须要得到安全的存储。主新闻中心的影像中心和各个场馆的摄影记者工作区，都会为记者提供储物柜存放设备和器材。组委会摄影服务在所有的摄影记者工作区都会提供安全、带锁的摄影记者储物柜。储物柜的大小应适合摄影设备的尺寸，场馆应至少满足每三个摄影记者使用一个储物柜的基本要求。

每个储物柜配备两把钥匙，其中一把钥匙由摄影记者保存，另一把则由摄影记者工作区的工作人员保管，以防记者丢失自己的钥匙。储物柜的编号将记录到使用该柜的记者名下。

储物柜的使用是依照“先到先得”的原则。每个场馆应为摄影队（POOL）预留适量的储物柜。如果记者钥匙遗失，储物柜立即停止使用，特殊情况由摄影副经理助理决定。

原则上，储物柜钥匙需要当天归还，特殊情况由摄影副经理决定。

图 7－8　2011 年深圳大运会羽毛球馆的摄影记者工作间（图/徐傲寒）

## 九、摄影器材的政策

为了防止摄影记者的工作干扰运动员不能发挥最好的竞赛水平，以及避免摄影记者之间的相互影响，某些摄影器材将被限制带入场馆的摄影位置。组委会的摄影服务有职责确认何种摄影器材可以带入场馆摄影位置。

（1）比赛进行期间，所有竞赛场馆内禁止使用闪光设备或频闪灯，但颁奖期间可以使用闪光灯。

（2）在所有摄影位置上，不允许摄影记者使用三脚架（tripod）占据位置或进行拍摄；鼓励摄影记者使用独脚架（monopod）拍摄。

（3）所有摄影位置内不能使用摄影梯。

(4) 在被指定为摄影位置的区域内，任何位置都不能被圈占，只有摄影副经理助理可以预留摄影位置。摄影器材需要在第二场比赛开始前全部清场。

摄影记者携带的摄影器材应该被允许带入场馆。摄影器材安检时，要保证摄影记者能够携带摄影器材，快速通过安全检查。摄影记者的器材无须贴标。安保部门在安检时，要为摄影器材提供足够宽大的桌面，保证器材不跌落。摄影记者应当配合安保部门的安检工作，在每个场馆接受安检。

## 十、摄影记者穿着背心的政策

摄影记者须穿着标有序号的摄影背心。摄影背心是给予佩戴官方证件的注册摄影记者的，并赋予其以最短流线通行到所有摄影位置的权限。

注册摄影记者须亲自领取并持有摄影背心。标号的摄影背心和官方证件共同赋予了摄影记者注册身份。摄影记者须佩戴官方证件并穿着摄影背心，方可进入比赛场馆的所有摄影位置。只佩戴官方证件而未穿着摄影背心的摄影记者，将被视为不具有注册身份，禁止进入摄影位置。只穿着摄影背心而未佩戴官方证件的摄影记者，将被视为不具有注册身份，禁止进入摄影位置。

摄影服务部门对摄影背心进行分发，并按照相应的背心序号登记摄影记者姓名及所属机构。摄影服务处将在主新闻中心的摄影服务台分发摄影背心。

丢失或被盗的摄影背心原则上不予补发。由摄影服务部门执行此项政策。

安保和观众服务须了解此政策并能够识别摄影背心样式。

在所有的竞赛场馆内，设立了为 POOL 摄影记者保留的特殊优先的摄影位置。为了识别允许进入这些摄影位置的摄影记者，POOL 摄影背心将在场馆层面发放。POOL 摄影背心和普通摄影背心颜色不同，可以更容易识别 POOL 摄影记者。各场馆的摄影副经理将把 POOL 摄影背心分发给有资格进入优先 POOL 摄影位置的摄影记者。POOL 摄影背心的发放，要考虑各个竞赛项目可以进入 FOP 摄影记者的数量，并由场馆竞赛团队和场馆摄影服务团队共同协商后确定。任何分发到 POOL 摄影背心的摄影记者都需要在比赛中以普通摄影背心交换。在每场比赛结束之后或每日比赛结束之后，POOL 摄影背心必须交还，并且换回普通摄影背心。场馆摄影副经理负责分发 POOL 摄影背心，记录背心的编号和获得背心的摄影记者的姓名。

要求摄影记者遵守着装规范，其中包括不穿着无袖 T 恤、短裤、健身房的运动短裤。如果穿着短裤，则需要穿鞋和袜子。

不允许摄影记者穿着带有明显广告标志的衣服，否则将要求其更换。摄影背心的设计将遵循大赛媒体指南的原则，并由组委会批准。

## 十一、磁盘/胶卷递送系统的政策

摄影记者需要将磁盘/胶卷递送到在摄影记者工作区或主新闻中心的编辑手中，以保证快速地将图片传送到世界各地的新闻机构，这是非常重要的。为了协助图片的递送，摄影服务将在开闭幕式场馆中提供磁盘、胶卷收集服务。

在开闭幕式中，摄影服务工作人员将从在摄影位置上拍摄的摄影记者手中收集磁盘/胶卷。

每位摄影记者有责任准确填写由跑卡员提供的收集磁盘/胶卷的信封，并交与跑卡员。

信封由摄影服务提供，只有准确填写信封的磁盘/胶卷才会被收集（磁盘/胶卷不完整或未准确填写信封的将不被收集）。

组委会将尽可能保护磁盘/胶卷，但不对磁盘丢失和损坏负责。

此项服务仅为单向递送，磁盘将不会被送返摄影记者。

## 十二、摄影记者交通

赛事期间，摄影记者会携带大量沉重设备，为减轻记者负担，场馆管理部门、交通部门及摄影服务部门将为其提供最便捷的交通条件。在所有场馆，场馆管理部门、交通部门及摄影服务部门将为 POOL 机构提供专门的、预留的停车位。这些车位需尽可能地靠近场馆的摄影记者工作区。场馆管理部门与摄影服务部门将共同商定，POOL 机构在场馆的停车位，并清楚标识位置和流线。交通部门为 POOL 机构提供场馆停车证，保证 POOL 机构车辆的顺利通行。

摄影服务部门将协同场馆管理部门及交通部门商定媒体下车点，并使其尽可能靠近摄影记者工作区。

自驾车停车位和出租车停车点应该在距离安保入口较近的地点，如果距离较远，应提供摆渡班车。

在马拉松、公路自行车和竞走这类比赛项目中，为摄影记者提供班车交通系统十分必要。记者班车在比赛期间将摄影记者带到沿赛道的摄影位置，并且在比赛结束前将他们带回比赛终点拍摄冲刺。场馆管理部门将确认媒体下车点位置、自驾车和出租车停车点，并设置明显标识。

交通部门将确保媒体班车准确停靠下车点，并为记者提供班车以及引导服务。

长距离项目需要由交通部门提供班车交通系统。

## 十三、摄影记者拍摄颁奖仪式

颁奖仪式是比赛的重要组成部分，在其中，会出现许多运动员最丰富的情感画面，是展示赛会文化的重要平台。历史上的很多经典图片都记录并凝固下了颁奖仪式上的精彩瞬间。注册摄影记者在拍摄颁奖仪式时，在摄影服务工作人员的引导下，可以进入场地或者在场地外围的指定位置进行拍摄工作。

在拍摄过程中，摄影记者要注意与电视转播人员进行良好的合作，相互照顾对方的需要。

由于在场地内拍摄颁奖仪式的摄影记者往往会进入电视转播的画面和现场观众的视线，所以他们也有义务遵守相关的着装规定。

摄影服务与颁奖仪式负责人进行沟通，确保摄影记者在颁奖时和颁奖后有尽可能多的机会拍摄获奖运动员。

并非所有摄影记者都能进入场地拍摄颁奖仪式，摄影服务将视场馆情况与竞赛业务口、电视转播和 AF 协商，确定进入场地拍摄的记者人数。

摄影记者不应阻挡电视转播人员拍摄的视线。

在颁奖仪式之后，颁奖仪式负责人应该引导获奖运动员，为摄影记者提供更多的拍摄机会。

非摄影记者不得在指定的摄影区域进行拍摄。其他人员不能干扰摄影记者拍摄颁奖仪式，不能遮挡拍摄视线。其他人员在摄影区域之外的管理不由摄影服务部门负责。

图 7－9　广州亚运会某项目颁奖仪式记者拍摄区

## 十四、形象景观的政策

摄影背心的颜色和款式设计应与赛会形象景观一致，并与电视转播机构商定。摄影位置周围和拍摄范围的背景、墙面装饰、标识要能够充分体现本届赛事形象，为摄影记者提供合适的背景。摄影服务用品设计需要与形象景观协调一致，例如，摄影船、摄影车、摄影标识等等，保证面向外部客户群的物品形象景观与整体一致。

## 十五、场馆照明

竞赛、电视和摄影三个部门对比赛场地的照明有各自不同的需求。比赛场地的照明要求必须经过竞赛、电视和摄影三个功能区在正式会签时达成一致。竞赛部门出于对比赛的考虑，必须确保场地的照明不会干扰比赛或者照明被证实不会分散运动员注意力。媒体运行必须确保视觉媒体（电视、摄影）记者的要求得到满足。在有人造灯光和日光的场馆，应具体考虑调配色温。室内场馆的窗户或半透明的屋顶可能导致日光干扰，这个问题应予考虑，以避免不利影响。总原则如下：

（1）亮度不低于 1 500lx（在赛场的任何地方垂直测量），部分比赛场馆的亮度在 2 000lx 以上，以满足摄影记者对激烈对抗竞赛项目拍摄的需求和高清晰电视转播的需求，最大与最小的光比不得超过 1.5：1；

（2）平均水平与垂直的光比不得超过 2：1；

（3）比赛场地与观众席的垂直测量光比不得小于 4：1；

（4）各个区域需统一色温（如 5 600K）；

（5）各个区域的颜色指数大于 90，按照规定，照明主要照射在赛场，不能照在观众和摄影记者身上；

（6）灯光的安置需经竞赛部和新闻宣传部批准；

（7）不允许对运动员、摄像师和评论员闪光；

（8）某些运动、赛事和仪式增加装饰用光；

（9）不允许使用闪光灯，混合区照明达不到要求时，才可以使用闪光灯拍摄；

（10）电视转播方面的相关要求和政策，需与 UBS 进行协调。

图 7－10　羽毛球馆比赛期间灯光控制效果图（图/Getty Images）

## 十六、开（闭）幕式着装彩排禁止事项

因摄影记者需要确定开（闭）幕式拍摄使用的镜头，并预估当时的照明条件，故摄影记者被允许参加开（闭）幕式着装彩排。

允许摄影记者参加着装彩排时拍摄，但他们必须在关于禁止其将任何与着装彩排有关的照片传输或发布的表格上签字。

任何违反此规定的行为，将导致相关摄影记者被剥夺在赛会余下比赛中的注册记者权利。

开（闭）幕式彩排将实行分票制。

## 十七、摄影船

由于竞赛场馆的特性，帆船比赛没有固定的摄影位置提供给摄影记者进行拍摄，所有的摄影位置都在摄影船上，以便摄影记者能够接近比赛场地中的竞赛选手。为摄影记者提供足够数量的摄影船，以尽量满足有需求的记者能够拍摄整个帆船比赛。摄影船的设计应当提供一个固定的平台，便于放置设备、拍摄照片并有足够的空间，使摄影记者更自由地工作。摄影船驾驶员应当是有经验的，并遵守组委会关于到达比赛场地和转弯标志的规则。摄影船不得在转弯标志 80 米以内、100 米以外。对 POOL 摄影记者应单独提供一条摄影船。

每条摄影船必须提供足够的空间，过度拥挤会导致拍摄困难，也会产生安全隐患。摄影船不能干扰裁判和官员的视线或任何官方计时设备。所有的摄影记者必须对竞赛运动员有清晰的视线。

有经验的摄影船驾驶员由竞赛主办方提供，摄影服务有责任提供摄影船，并对所有摄影船进行管理。这些船只必须能够在所有的比赛中正常工作，船上所有人员必须身着救生衣。摄影服务工作人员有责任监督所有在摄影船工作的摄影记者。

摄影船的相关政策需要与电视转播机构和组委会协调。

图7－11　深圳大运会媒体船（图/樊广军）

## 十八、摄影车

公路自行车赛、计时赛中将使用摄影上路车，目的是为了让摄影记者能够充分拍摄公路自行车沿途带有城市和本届赛事的特殊标志的照片。摄影上路车的数量由竞赛主办方和摄影服务共同确定。摄影上路车的驾驶员应具有在相近比赛中为摄影记者提供服务的经验。摄影上路车驾驶员由竞赛主办方提供，并负责培训。摄影上路车在赛时的运行，由竞赛主办方和摄影服务协同管理。摄影服务为摄影记者规定上下车时间、拍摄点等摄影要素。

马拉松比赛中将为摄影记者提供合适的卡车。卡车应至少能容纳15名摄影记者乘坐，座位呈阶梯状，座位高度从车头至车尾依次下降。卡车将行驶在领跑运动员的前方，相隔距离由竞赛经理和FISU决定。卡车的前排座位为官方摄影队（POOL）记者预留座位。摄影服务团队将负责管理车上摄影记者的活动。

摄影车的相关政策需要与电视转播机构和组委会协调。

## 思考题

1. 什么是摄影服务？

2. 摄影服务有什么基本要求？

3. 摄影记者包括哪些类别？他们的标识物与行为模式是怎样的？

4. 如何在不同的比赛场馆设置摄影位置？

5. 在摄影服务上，除了满足摄影记者的一般需求外，还要注重摄影服务中的哪些特殊要求？

# 第八章　广播电视服务

【内容提要】本章概述部分主要从广播电视服务的概念、历史及内容对广播电视服务工作进行介绍，旨在帮助读者了解广播电视服务工作的基本知识。本章的重点是讲解广播电视服务筹备工作所涉及的各种事项及赛时广播电视服务工作的展开。

## 第一节　广播电视服务概述

### 一、广播电视服务的相关概念

大型体育赛事是指全国性、世界性的各类综合性运动会或有较大影响的单项赛事，如全运会、奥运会等。在大型赛事中，广播电视的报道和转播，无疑是最重要的宣传手段。很多国家的媒体，特别是参赛国家的广播电视转播商和广播电台、电视台，都会参与到赛事的报道中。有些具备实力的媒体，还会专程派出前方报道组，在主办地对比赛进行现场直播。

大型赛事广播电视服务由组委会联合多方成立国际广播中心（IBC）负责。IBC 在大型赛事期间为主转播商、持权转播商以及广播电视媒体人员提供相应的设施及服务，是主转播商和持权转播商的前方总部。总的来说，大型赛事广播电视服务提供的服务主要包括多边设施服务和单边设施服务。多边设施服务是指由主转播机构及赛事组委会提供的，供所有持权转播商使用的设施和服务，一般位于场馆的公共转播区域，包括国际转播公共信号及信息服务等。单边设施服务则更具个性化，它是指为某个特定转播商提供的设施和服务，包括位于 IBC 的工作间、演播室、解说评论席、单边摄像机位、家具以及其他电视制作设备。

转播是指通过广播、电视以及其他方式，向公众传播赛事的正式活动和仪式，它不做任何有形方式的流通。

广播电视的服务手段是多样的、不断变化的，从业人员对服务的意识也会随之变化。曾有一位主持人在世界杯专题节目中说道：“裁判员对足球是否整体跨过门线难以判定，有舆论呼吁设置鹰眼来履行电子裁判的职责，其实不必那么麻烦，电视台的慢镜头回放就能解决争议球的判定。”这就将服务的概念泛化了，电视镜头不能取代专门装置来作为裁决依据，是对媒体公正性的保护。

## 二、广播电视转播的历史

在大型赛事期间，能够在现场观看比赛的观众毕竟是少数，绝大多数人都是通过电视来观赏的。在奥运历史上，第一次发送电视录波信号是在1932年洛杉矶奥运会上，美国全国广播公司的广播频道在深夜新闻节目中，播出了简短的奥运会当天的比赛新闻综述。电视信号的尝试使用，使国际奥委会看到了超越现场观看奥运会的前景。

1970年第六届曼谷亚运会首次运用卫星转播技术，向各国传送亚运会开幕式和各项精彩赛事的ITVR信号。当时购买了电视转播权的国家/地区有日本、中国台湾、韩国、伊朗、以色列、印度尼西亚以及中国香港，每个转播商收费为2 000美元，这是亚运历史上首次电视转播。

1984年洛杉矶奥运会有156个国家获得了电视转播权，全世界有25亿人收看了电视转播，仅开幕式就吸引了6亿观众。1988年汉城奥运会，获得电视转播权的国家有160个，电视观众超过20亿，收视规模达到了104亿人次。1992年巴塞罗那奥运会，获得电视转播权的国家有193个，电视转播时间为20 000个小时，电视观众达到了25亿，收视规模达到了166亿人次。

雅典奥运会期间，雅典向全世界提供了3.5万小时的电视转播时间，比悉尼奥运会多27%。雅典奥运会电视节目覆盖了全球220个国家和地区，电视观众创下了39亿人的新纪录，平均每个观众收看奥运会转播节目的时间为12个小时，电视观众总人次接近400亿。在美国，至少有2.03亿观众观看了部分比赛，美国境外举行的历届奥运会在54个国家的累计收看时间达到3.5亿个小时，转播语言达到19种，收看时间比悉尼奥运会增加了50%，平均每个欧洲人收看了14个小时的奥运会节目。

2008年北京奥运会有700多万名现场观众，而电视观众则超过40亿人，显然大型赛事的传播在很大程度上要靠广播电视来实现。3万名参与北京奥运会报道的媒体从业人员为北京奥运会搭建了一个巨大的平台。[①]

## 三、奥运会广播电视服务

奥运会的影响随着电视转播的发展而不断扩大，电视转播是奥运会媒体运行

① 范帆．奥运会媒体服务的历史演变研究．北京体育大学博士学位论文，2009.

的重要内容。向国际奥林匹克委员会（IOC）购买了电视转播权的转播机构被称为持权转播商，他们享有转播协议所规定的相应权利。每届奥运会，IOC 和奥运会组委会都会委托一家转播机构作为主转播机构，负责制作广播电视国际公共信号，并为持权转播商提供奥运会转播所需的设施和服务。[①]

北京奥运会的广播电视运行主要分为两大部分：一是 IBC 的运行，二是竞赛场馆内的电视转播服务。IBC 包括以下设施：配有各种服务设施的主服务大厅，BOB 办公区和技术区，提供多项支持和信息服务的信息中心和支持中心，按照转播商要求建设的专用工作间，可容纳 300 人的每日通气会会议室，技术支持、餐饮等配套设施。其中，BOB 技术区是整个 IBC 设施的中枢，包括输入分配传输中心、传输控制中心、中央技术设施区、评论切换中心等。BOB 技术区战略地位高，有特殊的权限和安保措施。竞赛场馆中，奥组委和 BOB 提供大量的电视转播设施和服务，包括转播综合区、技术运行中心、解说评论席、评论控制间、混合区及单边机位等。

## 第二节　广播电视服务的筹备

以北京奥运会为例，筹备阶段是指从获得奥运会主办权到奥运会开始的一段时间，其主要工作有：

### 一、成立奥林匹克广播服务公司

早在 2001 年 5 月，IOC 就成立了奥林匹克广播服务公司（OBS），负责奥运会的电视转播工作。2004 年 5 月 27 日，北京转播有限公司（BOB）在京签署了成立协议。这是北京奥组委与 IOC 所属的 OBS 共同出资组建的非营利性中外合作企业，负责为购买转播权的世界各国广播电视媒体，提供北京奥运会和残奥会的公用信号及相关服务，与 OBS 的职能大致相同。

奥林匹克广播服务公司，其主要目标和使命就是履行通常由奥林匹克广播组织或主转播机构承担的职责，为奥林匹克转播提供设施和服务。

在筹备阶段，奥林匹克广播服务公司的主要职责有：

（1）为奥运会制作 ITVR 信号。

（2）设计、建设、安装国际广播中心。

① 殷旭. 浅谈北京奥运会的媒体服务. 四川体育科学，2009（2）.

（3）竞赛场馆和国际广播中心之外的非竞赛场馆的设计、建设、安装。

（4）与持权转播商协调提供多边及单边设施和服务。

（5）代表持权转播商的需求。

（6）制作专题片，提供奥运存档服务。

（7）履行奥林匹克广播组织的职责，以及《奥林匹克宪章》、《主办城市合同》、《媒体技术手册》和《持权转播商协议》所规定的义务。

（8）国际奥委会所要求的其他服务。

## 二、奥运会电视转播权销售

体育比赛的电视转播权，是指体育比赛的主办单位对通过电视报道比赛的许可及拥有由此带来的价值的权利。按照国际惯例，电视转播权归比赛组织者所有，对于电视转播权的开发，主要体现在对电视转播权的出售上。奥运会电视转播权属国际奥林匹克委员会所有，IOC 直接负责同所有电视转播商进行奥运会电视转播权合同的谈判，以使奥林匹克运动的长期利益得到保护。世界上大多数人是通过电视来观看奥运会的，基于这个原因，在《奥林匹克宪章》中，IOC 制定的电视转播政策是保证最大限度地将奥运会呈现给全世界，保证最大范围的观众能看到奥运会，且所有必要的步骤由 IOC 执委会决定和奥运会组委会（OCOG）执行。同时，奥运会电视转播权只出售给那些能保证在他们各自国家和地区让最大范围观众免费观看奥运会的转播商。奥运会是目前世界上保留这个政策的主要比赛之一。①

奥运会电视转播权指通过电视直播或录播的形式，在奥运场馆的转播区域、采访区、IBC、MPC 等地制作电视信号的权利。在大型赛事举办之前，IOC 将电视转播权销售给一些转播机构，允许其在规定的区域内转播奥运会。

根据主办城市合同，奥运会组委会有义务在国际奥委会执委会的指导下，与奥林匹克广播服务公司全面合作。

## 三、国际广播中心建设

国际广播中心（IBC）是广播和电视转播场馆，由 OBO/OBS 负责其设计和设备配置以及运行。在这里，OBO/OBS 接收和发送在各个场馆制作的国际电视和广播信号。所有广播电信设备，包括接收和发送设备，都在此集中。IBC 被设计为转播权持有者的工作场所，按照他们的要求提供广播设备，构建办公场地和

---

① 高长力. 北京奥运会如何为媒体服务. 中国广播，2008（5）.

提供基本服务。IBC 内的一般性服务根据与转播权持有者签署的协议的要求由奥运会组委会和 OBO/OBS 协商提供。

国际广播中心是奥林匹克广播电视运行的中心及世界转播商的总部。转播运行由奥林匹克广播组织计划和实施，它必须规划并协调相关的转播电信服务并满足世界转播商的需要，可能也需要安装运行设施和技术设施。奥运会组委会将在国际广播中心针对转播商提供一般性服务，尤其是在信息、制证、交通等方面。所有基础设施和相关服务由奥运会组委会提供。

国际广播中心的位置非常重要。最理想的位置是邻近或毗邻主新闻中心和主要场馆，包括奥运村、媒体村和媒体酒店，以方便出入。奥运会的国际广播中心至少包括 75 000 平方米的使用空间和一个邻近的 10 000 平方米的拥有卡车通道、装载区和安全存放区的后勤广播电视综合区。国际广播中心应该设在会议中心类型的建筑，或者是新建的，或者是比较容易改造的大库房。

国际广播中心所在区域应包括一个媒体交通枢纽，设有班车站及通往各竞赛场馆和媒体住宿地的候车区。另外，根据实际条件需要，离城市较远的高山场馆可以建立相应的山区国际广播中心。奥运会组委会需负责提供停车场，夏季奥运会最少车位为 800 个，冬季奥运会为 600 个。

按照国际奥委会的要求，北京奥运会的 IBC 在奥运会开幕前一个月对媒体开放，直到奥运会结束后的一周关闭，实行 24 小时运行。

另外，残奥会的 IBC 又有差别，它在一般 IBC 的基础上还有自己的特点，主要有：

（1）残奥会的 IBC 沿用奥运会的 IBC，基础设施满足国家对无障碍设计的标准，主要功能集中在 1 层和地下 1 层。

（2）残奥会 IBC 的设计同奥运会 IBC 的设计同步完成，在临时设施的设计方面要方便拆改，避免浪费。

（3）残奥会服务与奥运会类似，兼顾残障人士的特殊需求，在规模上因为报道残奥会的记者较少，所以对广播电视设施和服务的需求会减少。

## 四、广播电视转播运行

在广播电视转播运行协调中，组委会需提供的服务内容包括：国际广播电视中心（IBC）、电视转播塔的设立，各场馆转播后院空间的提供和技术保障，库房需求，信号传输需求和各场馆评论员席的设置，摄像机位的设置和混合区的设置等。

广播电视运行服务内容

| 功能区 | 功能 | 服务内容 |
|---|---|---|
| 广播电视运行 | 协助电视转播运行 | 摄像机位（camera position）<br>混合区（mixed zone）<br>后院（compound）<br>卫星上传区（satellite farm）<br>风景摄像（beauty camera）<br>评论员席（commentary potion）<br>观察员席（observer seats）<br>评论控制室（commentary control room）<br>转播信息办公室（broadcast information office） |

由于电视转播对奥运会具有巨大的影响力以及经济效应，国际奥委会规定了电视转播在媒体运行中的优先服务权。电视转播服务的提供是实现组委会最终推广和营销目标的保障。北京奥运会全部使用高清数码技术，技术的发展也给媒体运行服务带来新的挑战。

**（一）摄像机位**

在每一个场馆中，奥运会组委会必须安排必要空间，用以安装提供 ITVR 信号的电子摄像机。以向观众提供所有奥运会赛事的最佳画面为目的，确定摄像机的数量和位置。不得有固定或移动的障碍物干扰摄像机镜头。所有摄像机平台的建设归奥运会组委会负责，这些机位的修建必须确保稳固，并耐得住天气条件的变化。在场馆限定范围内，转播权持有者通过奥林匹克广播组织，也可以在现场安装自己的设备以制作个性化报道（单边转播）。这些摄像机平台的修建费用由该转播权持有者承担。每一个场馆中，也必须为进行电子新闻采集的摄像机提供足够的平台。

奥林匹克广播组织将和奥运会组委会一起设定所有电视摄像机的位置。赛场摄像机位置必须征得奥林匹克国际单项体育联合会的同意。摄像机位最终布局须征得奥运会组委会的批准，如遇矛盾，国际奥委会就会介入。若可行，奥林匹克广播组织将与新闻运行人员合作，使组队或非组队的摄影人员得以在最好的条件下开展工作。出入摄像机位，需穿戴特别袖标或背心。某些摄像机位，如在赛场内的区域，国际奥委会将采用服装编码措施。特殊情况下，经过奥林匹克广播组织的协调后，国际奥委会可允许使用其他摄像机（如生物力学摄像机、Ifs 光端机和 IMAX 摄像机等）。

深圳大运会摄影机架位示意图

**（二）评论员席**

每一个竞赛场地都要安装足够的评论员席，以满足转播权持有者的需要。这些席位应保证评论员对赛场和重要信息（如记分牌等）有最佳视角，若可行的话，应可直接看到终点线。每一个席位至少占地 2m×2m，至少有三个相连座位，并与其他席位用有机玻璃或塑料屏风分开。对冬奥会来说，这些席位必须安装在供暖充足的封闭空间内。每一个席位都有一张桌子，其大小需能放置评论控制单元和一个可以接收场馆闭路电视信号的彩色电视监视器，还要给笔记本电脑配置足够的电源插座以及电话接口。有些比赛，需另提供一个信息显示监视器或电视监视器。

体育馆中为评论员预留的位置将与公共区分开，位于一般媒体区内，它有自己的出入口。若可能，席位应尽量靠近场地媒体室、媒体混合区和采访区。为工作方便，除非另经国际奥委会批准，户外场馆配有桌子的媒体席位都应有顶棚以保证不受天气变化的影响。每一个竞赛场馆的评论员席数量必须由奥运会组委会和奥林匹克广播组织一起商定，并考虑往届奥运会的需求。评论员席由转播权持有者于整个竞赛期间在特定场馆租用。主持人现场报道的特殊评论员席可以安置在评论员席区的后部。这些席位的使用（如出入、照明等）不可妨碍评论员的正常工作。评论员席的费用须与往届奥运会一致，并包含在转播收费卡中。

每个场馆要设评论控制室，位置要靠近评论员席。评论控制室负责安装、维护和运行所有评论设施、线路和闭路电视设备。所有线路最后连接到位于场馆和国际广播中心的不同转播权持有机构。

奥运会组委会需向评论员席提供免费饮料。

**（三）观察员席**

必须准许广播电视评论员拥有观察员席。这些席位必须位于媒体区，并邻近评论员席。在参考转播权持有者合同后，每一场馆的观察员席位数量须与往届奥运会一致，并须经过奥林匹克广播组织和奥运会组委会批准。观察员席的分配本着“先到先得”的原则或者遵照奥林匹克广播组织的指示。观察员席不得收费。

**（四）采访设施**

奥运会组委会需在所有竞赛场馆和奥运村提供采访区，以便于媒体采访运动员和官员。

**（五）供电**

满足所有转播需求的技术和普通用电，包括合理的备用系统、分配和接地。

技术用电：提供转播所需最大限度的供电稳定性（如移动设备、转播设备架、闪光灯、上传设备和评论控制室等）。普通用电：提供办公空调、普通照明、餐饮和各种辅助服务的用电。

**（六）照明**

每一个奥林匹克场馆为电视和摄影报道提供的照明必须是最高质量的。照明的技术标准必须依据竞赛需要和场馆自身情况，由国际单项体联、奥林匹克广播组织和媒体运行部门协商确立。照明的设计必须考虑要报道的运动项目和电视制作与摄影报道所希望达到的效果。

在虚拟光和日光混合的场馆中，必须特别注意色温的配合。在窗户和半透明顶棚可能造成日光干扰的室内场馆中，必须解决这一问题，以避免造成不良后果。奥运会组委会为所有转播区（赛场、检录处、媒体混合区、赛前和赛后单边位置及采访区）提供的照明必须符合奥林匹克广播组织和媒体运行部门的要求。照明的基本原则有：

（1）照明亮度必须不低于 1 400lx（各竞赛点任何地方垂直测量），一些项目照明亮度需要超过 2 000lx。

（2）最大与最小的光比不超过 1.5∶1。

（3）平均水平与垂直的光比不超过 2∶1，比赛区域与观众席的垂直测量光比不低于 4∶1。

（4）所有材料需统一色温（比如 5 600K）。

（5）所有材质的显色指数大于 90。

（6）照明设置要经体育部、奥林匹克广播组织和媒体运行部门批准。

（7）光亮强度不能闪到运动员、摄像机和评论员。

（8）一些项目、活动和仪式需要额外的效果灯光。

（9）不准使用频闪灯。

（10）所有广播电视综合区均有安全的工作照明。

### （七）技术区

竞赛场地将为转播商提供封闭的、有顶棚的、必要时装有空调的空间，用于存储或安放制作广播电视节目所必需的设备，同时，也将为技术区的使用者提供操作这些设备所必需的电源。

### （八）信息服务

在每一个竞赛场馆，为该场馆媒体提供的信息至少包括竞赛日程、开赛名单、竞赛结果、媒体混合区的即时引语和一般信息。

这些信息将通过硬件拷贝形式，在 INFO 终端 RTDS 和/或远程评论员信号系统上，通过闭路电视本地信号输入进行分配。在竞赛场地，文字信息都必须优先分配到所有转播区。INFO 终端必须位于场馆媒体中心。相关即时引语必须在本地录像频道中播出。来自场馆的以上信息，将同时在国际广播中心和主新闻中心以文字形式呈现，以便拷贝和在 INFO 终端进行分配。

除此之外，将为所有评论席、其他相关场地和国际广播中心的电视转播区域提供一个特殊的评论员信息系统。奥运会组委会也要确保转播商可以在本国远程获取评论员信息系统的服务或任何其他比赛结果和信息信号（加强的信号），其费用通过国际奥委会批准。

### （九）信息办公室

信息办公室位于每一个场馆靠近评论员席的地方。信息办公室由奥林匹克广播组织管理，负责管理为转播权持有者提供的设施和服务，包括媒体混合区、预订的电子新闻采集的摄像机位和评论员席的信息发布。

## 五、场馆广播电视服务

### （一）广播电视综合区

每一个场馆都将设广播电视综合区，以安置奥林匹克广播组织的技术设施，并在合理范围内，满足单边转播商转播车的需求。广播电视综合区有充足的电力供应，其后备设备和其他设施如下：

（1）奥林匹克广播组织办公空间、餐饮、库房、发电机和洗手间。

（2）奥林匹克广播组织的移动技术、节目制作车辆和其他技术设备。

（3）奥林匹克广播组织将负责技术运行中心，在这里，所有音频和视频信号将接入场馆单边制作设施。

（4）转播权持有者的移动技术、制作车辆和转播车辆。

（5）适当的围栏、照明、安保、卫生设施、24 小时出入控制和必要的除雪设备。

广播电视综合区的地面应尽量减小坡度并保证平整，备用广播电视综合区也要根据需要在相应场馆设立（如山地场馆）。

**（二）场馆媒体中心**

持权转播商和奥林匹克广播组织人员可进入场馆媒体中心，在场馆媒体中心为转播商提供电信和餐饮设施。

**（三）一般性服务**

停车、电缆通道、安保、清洁和其他一般性服务。

## 第三节　赛时和赛后的广播电视服务

### 一、奥林匹克广播服务公司的运行

奥林匹克广播服务公司作为主转播商，在一定意义上要承担责任和履行义务。最基本的是，要履行国际奥委会和奥运会组委会规定的各持权转播商应尽的义务，同时还要遵循《奥林匹克宪章》、《主办城市合同》、《媒体技术手册》和《持权转播商协议》的相关条例。奥林匹克广播服务公司应尽最大的努力提供最好的奥运报道并把主办城市的风采呈现给全世界。制作质量应至少不低于最近的一届奥运会的转播水准。

在赛时阶段，奥林匹克广播服务公司还要负责为奥运会制作 ITVR 信号；运行国际广播中心、竞赛场馆和国际广播中心之外的非竞赛场馆；与持权转播商协调提供多边及单边设施和服务；代表持权转播商的需求；保持奥运会存档服务；履行奥林匹克广播组织的职责，遵循《奥林匹克宪章》、《主办城市合同》、《媒体技术手册》和《持权转播商协议》所规定的条例，等等。[①]

### 二、奥运会组委会提供给媒体的一般性设施及服务

奥运会组委会提供给媒体的一般性设施及服务包括但不限于：

（1）方便、舒适、价格合理的靠近国际广播中心和主新闻中心的住地。

（2）连接国际广播中心和主新闻中心到媒体村、所有竞赛场馆及奥运村的高效的交通网络，以及全方位的机场到达和出发服务。

---

① 第 29 届奥林匹克运动会组织委员会编．北京奥组委工作人员读本．北京：北京体育大学出版社，2006.

（3）符合现代行业标准的电信和技术服务。

（4）可靠、快捷、高效、准确的信息服务。

（5）确保奥林匹克广播组织、转播权持有者及文字和摄影记者制证的顺畅与安全。

（6）主办国联邦和州政府保证媒体工作人员的身份注册卡作为出入境签证，并与有效护照或其他旅行文件相结合，同时也是转播权持有者履行与奥运会相关的工作职责的工作许可证。

（7）除注册外，其他的通行配备如门票、通行证、袖标、背心根据具体需要予以落实。

（8）奥林匹克广播组织负责管理和分配充足的停车位给转播商和奥林匹克广播组织。另外，在所有场馆入口的附近要设立一个电子新闻采集的下车点。

（9）与海关协作保证媒体设备的出入关免税。

（10）一般的媒体辅助服务包括：协助雇用当地工作人员；国际广播中心、主新闻中心、场馆新闻中心及媒体村的医疗服务；车辆租用的人身事故保险；观众和非工作人员的门票购买。

（11）满足媒体工作需要的餐饮、安保、频率协调、后勤支持及其他设施和服务。①

## 三、场馆内转播的设施及服务

（1）奥林匹克广播组织会在场馆中安装并运行必要设备以制作 ITVR 信号。设备的数量、质量及技术标准是当前世界最先进的，并遵循往届奥运会高质量和创新性报道的传统。

（2）奥运会组委会需在每个场馆为电子摄像机提供空间和相关基础设施以提供 ITVR 信号。

（3）摄像机的数量和位置要能覆盖奥运会比赛的最好视角。

（4）转播权持有者可以自行安装制作单边信号的设施，费用自理。

（5）每个场馆要有足够的摄像机平台用以满足单边机位和电子新闻采集的运行。

（6）每一个竞赛场馆，应设置充足的评论员席以满足转播权持有者的需求。这些席位应保证评论员对竞赛和重要信息（比如记分牌）有最佳视角，若可行的话，应可直接看到终点线。

---

① 第29届奥林匹克运动会组织委员会编．奥运会媒体运行．北京：中国传媒大学出版社，2007．

(7) 奥运会组委会要在所有竞赛场馆和奥运村提供采访区，以便于媒体采访运动员和官员。

(8) 每一个奥林匹克场馆为电视和摄影报道提供的照明必须是最高质量的。

(9) 在竞赛场地为转播权持有者提供封闭的、有顶棚的、必要时装有空调的空间，以存储或安放制作广播电视节目所必需的设备。

(10) 在所有评论员席、其他相关场地和国际广播中心的电视转播区域提供评论员信息系统。

(11) 每个场馆要设供奥林匹克广播组织安置技术设施的广播电视综合区，并在合理范围内，满足单边转播商停放转播车的需求。

(12) 每个场馆的转播商赛前/赛后单边位置要位于比赛场地内或比赛场地边缘。

(13) 每个场馆的评论员席附近，设有管理单边设施和服务的转播信息办公室，以及一个评论控制室，以便于维护和运行评论员线路。

(14) 在场馆媒体中心，为转播商提供电信设施、餐饮服务、INFO 终端和采访设施等。

## 四、奥林匹克广播组织技术设施

奥林匹克广播组织会设计、安装并运行必要的技术设施，以便分配 ITVR 信号给转播权持有者；录制 ITVR 信号以供存档和制作新闻摘要；协调奥林匹克转播在世界范围内的传送；在奥运期间提供转播权持有者所需的临时使用或指定长久使用的广播电视节目制作设施。

奥林匹克广播组织在国际广播中心提供的技术设施具体如下：

### （一）信号收集和分配中心

(1) 这一设施的基本功能有：①它是所有信号收集网络的汇集点。信号收集网络用于收集所有从场馆输出的视频信号，以及与其直接相关的音频信号和通信线路。②有充足设施支持其转换成后备线路。

(2) 监测输入的信号，有可能的话，通过场消隐期数据解码器（检测装置）识别信号。

(3) 校正输入的信号电频，处理 ITVR 信号可能出现的任何问题，同步来自所有正在比赛场馆的视频信号。

(4) 把所有 ITVR 信号分配给国际广播中心的使用者。对国际广播中心里的转播权持有者发送的 ITVR 信号必须有适当的标记。

### （二）传送控制中心

传送控制中心包括必要的设施，以进行监测、布线和处理需要传送给电信公司或电信运营商的电视广播节目，这些节目将由它们传送到世界各地。奥林匹克广播组织有责任代表转播权持有者协调这些节目的传送。

**（三）中心技术设施**

这些设施包括放置在录音室、编辑室和后期制作间的磁带录像机等。其功能如下：

（1）录制和存储所有输入的ITVR信号以便把奥运会的所有胶卷存档，并须在奥运会结束后向国际奥委会提供拷贝材料；

（2）编辑上述材料；

（3）编辑电子信息采集的报道，为非现场直播的赛事制作国际每日摘要。

**（四）可预订设施**

由奥林匹克广播组织来安装和运行这些设施，以满足没有永久性设施或无法应对高峰期的转播权持有者的需要。它们可在固定时段预订使用，并根据收费卡收取使用费。预定规则应向所有转播权持有者公开，不允许某一转播权持有者垄断这些设施。如发生争端，转播权持有者需协助奥林匹克广播组织分配这些设施。设备及操作人员的数量将根据需要进行调整，但原则上至少需提供下列设施：

（1）简易录像编辑设施。

（2）配音评论席，可以评论现场直播的赛事以及编辑一些赛事的每日摘要。这些工作间须安装与场馆评论员席相似的设备，并连接国际广播中心中的闭路电视分配系统。

（3）评论背景点。

（4）重放录像带。

**（五）评论声切换中心**

这一服务可能与传送控制和分配中心相关联，它能使场馆的评论声线路与国际广播中心的转播权持有者或直接与目的国连接起来，也能把转播权持有者的输出和国际线路连接起来。除了监测能力，切换后备线路或评论员席需有一定的灵活性。①

## 五、一般的设施及服务

这些设施和服务由奥运会组委会和奥林匹克广播组织提供。这对于国际广播

① 第29届奥林匹克运动会组织委员会编．北京奥组委工作人员读本．北京：北京体育大学出版社，2006.

中心的高效运行十分必要。一般的设施及服务有：

**（一）预订办公室**

由奥林匹克广播组织运行，协调场馆及国际广播中心的转播电信设施，与转播权持有者所需的所有转播服务。

**（二）信息办公室**

在国际广播中心的信息办公室负责为转播权持有者提供相关的信息服务。包括每日通气会、日通行证办公室、国际广播中心新闻的信息发送和闭路电视系统中的信息频道设置。

需要多频道的闭路电视分配赛事的画面和工作室输出的内容，以便在办公室和技术区观看。

要有足够的频道来即时分配这些信号。其中部分频道将信号输入闭路电视（电缆或无线电波），以供奥林匹克大家庭其他地点监控。应该指出的是，除了评论员席，许多转播商所在的办公或制作区还需设置两个或两个以上的监控器，具有 ITVR 信号的奥林匹克闭路电视将在主新闻中心、奥运村、媒体村和奥林匹克宾馆中进行分配。在每个竞赛场馆，奥运会组委会应只分配在该场馆制作的 ITVR 信号，以便监控。如可行，可考虑各场馆、国际广播中心和主新闻中心间的距离，将其他运动项目的 ITVR 信号分配到其他场馆媒体中心的工作间。

**（三）电信**

用于广播电视线路终端设备的空间和设施由转播权持有机构或电信公司安装，转播权持有机构需要的转播和一般性电信由奥林匹克广播组织来协调。

奥林匹克广播组织也将提供内部自动交换机（用于内部交流），它可以接通公共网络，并在制作区、技术区和办公室有分机。转播权持有机构可以选择自己的国际电信运营商。

**（四）信息服务**

如前所述，在场馆中提供一个快速、高效的电子系统，以便于向所有办公室、工作室和配音室发放与奥运会相关的信息（如出场名单、比赛结果等）是非常必要的。除此之外，一些转播权持有机构需要在自己的制作区安装 INFO 或 CIS 终端设备。

在国际广播中心的综合区域普遍使用 INFO 和 CIS 终端设备。

1. 信息公报栏

在国际广播中心，每一个持权转播商都须有一个指定的信息公报栏。

在国际广播中心，应提供备有全套家具和设备的办公室（工作台、椅子、灯、办公用具等）。

2. 奥林匹克电视新闻社

这一专为奥运会设立的新闻社，将依据国际奥委会的政策，向全世界的新闻通讯社和其他非持权转播商（ENR）提供新闻。奥林匹克电视新闻社由奥林匹克广播组织运行。

3. 制证设施

除了主制证中心，在国际广播中心也须提供一定的制证设施，主要是为了向来访者发当日通行证。

**（五）其他设施**

奥运会组委会也需在国际广播中心提供交通、银行、饭店、急救、清洁和维护设施等。

餐饮服务价格须与国际广播中心外当地的正常服务价格一致。应允许转播权持有者把食品和饮料带入他们在国际广播中心的私人空间。

## 六、赛后的广播电视服务

奥林匹克广播服务公司负责 IBC 临时设施的赛后拆除工作。

奥林匹克广播服务公司负责竞赛场馆和除 IBC 之外的非竞赛场馆转播设施的赛后拆除工作。

按照国际奥委会的要求，北京奥运会的 MPC 和 IBC 将在奥运会开幕前一个月对媒体开放，直到奥运会结束后的一周结束，实行 24 小时运行。奥运会闭幕后的数天内仍将保持 24 小时运行，是奥运会期间运行时间最长、功能最多的场馆之一。奥运会闭幕一周后，MPC 和 IBC 将转入残疾人奥运会的运营，其服务规模将被适当缩小，但主要功能和服务标准都将保持和奥运会同一水平。①

## 七、赛事广播电视服务易出现的问题和解决方案

（1）转播商应遵守“场地清洁原则”，即保证在奥林匹克场馆内外报道奥运会比赛、运动员、颁奖仪式等的电视镜头范围内，不得有任何形式的宣传和广告。只有属于为奥运会提供官方计时和比赛结果统计的赞助商的标识，才允许被叠加在比赛画面上。国家奥委会宣布将实行全球奥运电视转播监控试验。

（2）转播商不能因为商业利益而干预组织者的工作，甚至是体育赛事安排。

（3）有关奥运会的素材（包括在所有需要奥林匹克注册卡或需购票进入的场地，如奥运村、比赛场地、练习场地以及进行颁奖仪式的场地、开幕仪式场

① 第 29 届奥林匹克运动会组织委员会编．奥运会媒体运行．北京：中国传媒大学出版社，2007.

地、闭幕仪式场地等)，电视转播商不许将其通过互联网、其他交互式媒介或者未经国际奥委会书面文字允许的电子媒介进行传播。

## 思考题

1. 广播电视服务的概念是什么?
2. 广播电视服务赛前的筹备工作有哪些?
3. 赛时如何进行广播电视服务?
4. 广播电视服务赛后还有哪些工作需要完成?

# 第九章 媒体支撑服务

【内容提要】本章第一节主要从媒体支撑服务的定义、历史阶段、运行机制、功能及特征对场馆媒体支撑服务工作进行介绍，旨在帮助读者了解场馆媒体支撑服务工作的基本运作框架。第二节重点讲解媒体支撑服务赛前筹备工作的核心，是提前组织落实有关媒体注册、媒体住宿、媒体交通、媒体收费卡、媒体通讯技术等方面的工作。第三节介绍了赛时媒体支撑服务的运行。第四节介绍了赛后媒体支撑服务的重要性及内容。第五节介绍了赛事媒体支撑服务容易出现的问题和解决方案。

## 第一节 媒体支撑服务概述

### 一、媒体支撑服务的定义

媒体是赛事一个非常重要的客户群，它既是赛事的传播者，又是重要的经济支持者。媒体的辐射作用，为赛事带来强有力的宣传，并对举办城市、国家的形象宣传产生不同程度的影响。2008 年北京奥运会记者人数超过历届奥运会，共有 32 278 名记者参与报道，其中注册记者 26 298 人，非注册记者 5 980 人，225 家持权转播商参与电视转播工作。北京残奥会期间共有注册记者 6 626 人，27 家持权转播商参与转播报道。按照国际奥委会公布的数字，全球累计有 47 亿人次收看、收听了北京奥运会的转播，其电视转播费收入高达 17.37 亿美元，出售电视转播费已经占到奥运会收入的 40%，国际奥委会收入的多半来自电视转播权的出售。对于大型体育赛事来说，媒体是不可或缺的资源积聚者和舆论影响者，是至关重要的营销传播者和平台搭建者，还是无可替代的形象塑造者和最终裁决者①。因此，在赛事组织管理活动中，庞大的媒体客户群的服务工作就变得十分重要。

体育赛事组织者提供媒体报道所需要的各种服务，即媒体支撑服务，是指体

① 易剑东编著. 大型赛事报道与媒体运行. 杭州：浙江大学出版社，2008.

育组织为媒体所提供的有形产品和无形活动的组合[①]，是赛事组委会对注册媒体人员/摄影媒体记者、主转播机构、持权转播商/非持权转播商以及其他人员在采访报道赛事期间的注册、餐饮、住宿、交通、收费卡、语言服务、通讯技术、志愿者服务、出版物发放等需求的协调和落实。媒体支撑服务的内涵是体育组织服务注册媒体，媒体是客户，是服务和利用的对象。服务的提供者（体育组织）通过完成对媒体有针对性、专业性强的服务达到组委会的传播目标。

媒体支撑服务是体育组织（组委会）与媒体机构的接口，是将媒体需求反馈到组委会内部各个专业部门，并协调落实注册媒体的合理需求，为媒体采访报道赛事提供支持服务和工作便利，保证注册媒体能够以最佳的状态进行赛事的采访报道工作。媒体支撑服务是媒体运行的一部分工作内容。

## 二、媒体支撑服务运行机制

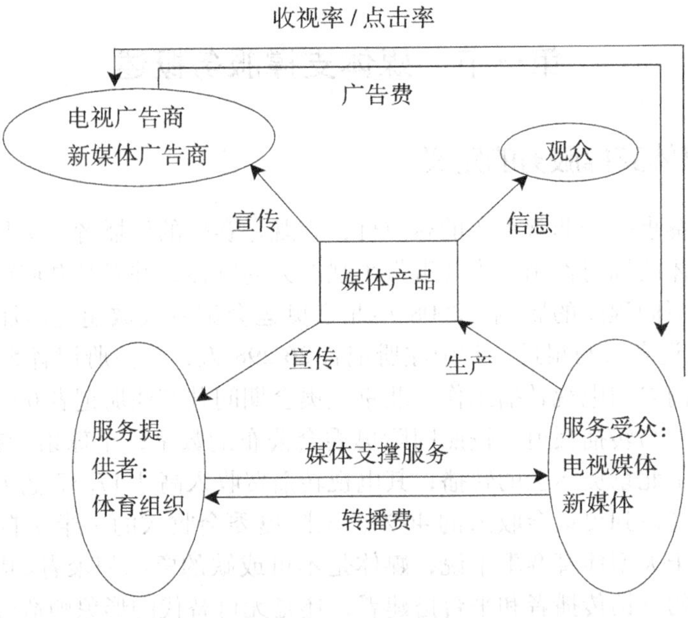


**图9-1 大型赛事媒体支撑服务运行机制示意图**

媒体支撑服务是体育组织为媒体所提供的服务。对于服务提供者来说，通过

① 范帆. 中国体育媒体服务系统的建构. 北京体育大学硕士学位论文，2006.

提供媒体支撑服务，使媒体深入认识和了解体育赛事，以便它们能生产更好的媒体产品，从而能够更好地发挥宣传与传播作用。对于服务的受众来说，在接受体育组织提供服务的同时，还可以生产更好的媒体产品，从而扩大自身的知名度，吸引更多广告商的投资。体育赛事与媒体之间是互相需要，甚至是互为依存的关系。这就要求媒体用自己优秀的报道树立赛事的形象，扩大赛事的影响；而赛事组织者则需要积极提供媒体报道所需要的各种软、硬件服务，从而塑造媒体和赛事主办方的良好关系，达到预期的报道效果，实现二者的共生共赢。

媒体与体育之间的关系，并非报道和被报道的单向传播关系，传媒开始参与举办和赞助推广赛事。此外，媒体的报道质量和收视率也将直接影响广告商和赞助商的赞助。随着媒体传播技术的发展，新媒体也成为媒体支撑服务的对象，这就使得媒体支撑服务运行机制变得更复杂。

## 三、媒体支撑服务的特征

要认识体育赛事媒体支撑服务的特征，就始终不能离开它与体育组织之间互动共生的各种因素。

### （一）复杂性

媒体支撑服务不是单一的服务，它包括新闻提供、食宿、交通、医疗、安保、通讯等不同服务类型，是多个服务类型的集合。此外，随着体育运动在世界范围得到的广泛认可以及体育商业化的冲击，参加赛事新闻报道特别是大型赛事的新闻报道的国家和地区以及记者数量有了大规模的增长，例如，2008 年北京奥运会记者人数达到 32 278 名。人员在短时间内的大规模聚集，加之各种类型媒体的思想认识和工作节奏很难协调，并且记者的需求各异，这些因素直接导致赛事媒体支撑服务的复杂性。

### （二）集中性

运动项目的比赛，一般安排时期短，日程安排紧凑。为了确保媒体支撑服务的正常运营，体育组织需在赛前成立分管各项工作的组织机构，并调动各个领域的大量精英人物与专业人员，通力合作完成前期的准备工作。在赛事期间，要迅速召集数万名工作人员大强度、高负荷地在新闻中心及记者村等媒体工作点服务。因此，赛事的媒体支撑服务具有集中性。

### （三）对第三方的依赖性

媒体支撑服务的工作设施依赖体育组织各职能部门的支持，如注册、住宿、安保、交通和技术等部门，还与主新闻中心和场馆媒体中心所在的建筑业主和场馆运行部门，市政府的相关部门（如邮政、电信、银行、餐饮、旅游等）都发生联系，需要这些部门的大力支持。例如，媒体班车的安排需要交通部门的协助，主新闻中心、场馆媒体中心的建设需要建筑业主和场馆运行部门的通力合作。实际工作中，接口多、协调难、对第三方的依赖性大，这些都给媒体运行工作带来了一定的难度。

**（四）媒体的高要求**

时间是新闻的生命，媒体间关于新闻的竞争，绝不亚于赛场上运动员的争金夺银。对世界上不同国家和地区的媒体来说，每个小时都有不同的截稿时间，在截稿时间之前的每一分钟都价值千金，记者们会争分夺秒。媒体支撑服务为媒体人员正常顺利地工作提供必要的服务，如果媒体班车晚点，或通讯发稿不顺畅，发稿时效就会受到影响。因此必须有高质量的服务才能满足媒体工作者的需求。此外，媒体人员有丰富的往届赛事报道经验，体育记者很多是终身的，参加过许多赛事的报道，他们了解一般赛事举办的情况，最容易挑出毛病。所以各赛事组织者都非常尊重媒体的意见和建议。再者，媒体花了大价钱购买了赛事报道权，或投入巨大的人力、物力来采访报道赛事，自然要求得到高质量的服务。

## 四、媒体支撑服务的功能

媒体支撑服务是体育组织与媒体机构的接口，是实现各自利益和目的的必要连接部门。媒体支撑服务的功能有：协调赛事组织者与媒体的关系，是促其相互了解的重要渠道；为媒体提供服务，满足其需求；建立信息对外交流的渠道，保护赛事组织者免受干扰；赛事的形象工程，创立和维护赛事的形象。

**（一）协调赛事组织者与媒体的关系，是促其相互了解的重要渠道**

赛事组织者与媒体之间是一种合作关系，二者的合作关系主要通过媒体支撑服务部门来实现。赛事组织者希望通过媒体传达组织者形象，传播组织者所倡导的理念；另外，媒体希望从赛事组织者处获得相应的信息服务及其他服务，以便能够顺利报道赛事。而双方的需求最终要通过赛事的媒体支撑服务部门来实现，因此，媒体支撑服务部门是重要的关系协调者。

**（二）为媒体提供服务，满足其需求**

媒体支撑服务是体育组织与媒体机构的接口，是赛事组织者与媒体之间交流的关键环节。在赛前、赛中、赛后，为媒体提供各种有形产品和无形活动，一般可分为通用运行服务和专业运行服务。通用运行服务，是面对所有媒体的基本报道需求，包括注册、交通、食宿、收费卡等服务类型，是媒体支撑服务部门最本质的功能；专业运行服务，是针对不同的客户群（即文字记者、摄影记者、广播电视台等），根据赛事的特点所提供的专业化服务，主要包括采访空间和设施的提供以及技术的提供和保障。

**（三）建立信息对外交流的渠道，保护赛事组织者免受干扰**

组织的结构和程序各尽其职，可以保护其核心机制不受冲击。赛事媒体支撑服务为采访赛事的媒体提供一定的信息服务，从而具有一种缓冲功能。媒体运行部门人员通过安排新闻采访，召开新闻发布会，联系媒体所需的采访人等，防止各种新闻机构侵扰赛事组织者的核心部门。

**（四）赛事的形象工程，创立和维护赛事的形象**

媒体服务的质量，直接影响媒体对赛事组织者的评价和传播的效果，最终会影响外界对于赛事和赛事组织者的评价。媒体支撑服务部门是组委会的形象部门，它运行的流畅与否，实现部门职能与否，是赛事组委会能否成功举办赛事的评价标准之一。此外，赛事媒体支撑服务部门在为媒体提供各种信息服务时，应竭力对环境施加影响，而不只是适应环境。这种对环境的改造，目的是在大众头脑中形成一个描述性、评价性及令人产生倾向性心理的印象。优质的媒体服务，将会为树立赛事和赛事组织者良好的形象起到积极的推动作用。媒体运行的过程大体上就是建立、塑造以及维护赛事组织者形象的过程。

## 五、媒体支撑服务的运作框架

媒体支撑服务的运作框架一般有两种分类方法，一个是从事物的性质角度，可以分为硬件、软件和活件；另一个是从人力资源的角度，可以分为各项目团队主要管理人员、各新闻中心经理、场馆媒体中心主管和志愿者。

**（一）媒体支撑服务运作的硬件、软件和活件**

一项体育赛事从申办成功到赛事结束，都是在一定的组织框架下，各部门既分工又协调合作的情况下完成的。每个部门框架与职责的制定是否明确，很大程度上决定着整个赛事的成败。根据媒体的要求，赛事媒体支撑服务的运作框架通常可以分为硬件、软件和活件三个部分。媒体支撑服务的内容是与体育组织相关职能部门一一对应的。硬件是指支持性设施布局与建立，如主新闻中心的设立，电脑等硬件设施的提供等；软件包括组织结构、流程、工作、质量管理体系等；活件即人力资源管理、服务水平等。

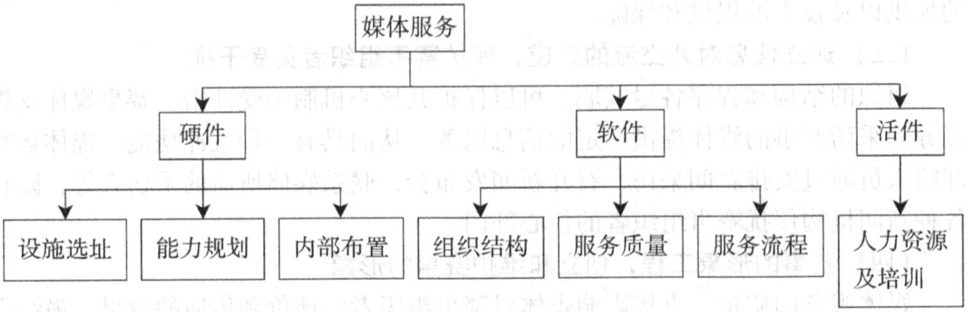


图 9－2　大型赛事媒体支撑服务运作的框架图

体育组织举办赛事时，组委会会成立下属部门——媒体运行部，主要起到为媒体提供服务，协调赛事承办组织与媒介之间的关系，并在不同情境下树立赛事和举办城市形象的作用。媒体运行部的工作职能就是保证媒体人员能够尽其所能，以最佳的状态报道赛事，从而使赛事得到各种媒体最充分的报道，以及拥有最广泛的受众。媒体运行部负责各媒体相关需求的组织落实，在赛事筹备阶段，通过媒体运行部下属的媒体支撑服务处进行组织协调。随着场馆化进程的逐步深入，媒体支撑服务的协调工作将逐步渗透到以场馆为单位的团队中，为赛时媒体运行的统一协调机制打下基础。

**（二）媒体支撑服务运作的人力资源体系**

媒体支撑服务中，工作人员及团队是至为关键的因素，因为媒体支撑服务的工作人员将直接影响到记者对服务的感受。媒体支撑服务处各项目团队主要管理人员以及主新闻中心、广播电视中心、各场馆媒体中心的经理及工作人员是整个媒体支撑服务人力资源体系的核心。一般赛事媒体支撑服务人力资源体系由以下四个部分构成：

1. 各项目团队主要管理人员

媒体支撑服务系统包括在媒体运行部下设媒体支撑服务处，下辖媒体注册项目团队、媒体收费卡项目团队、媒体关系项目团队、媒体信息服务项目团队等。其中，媒体运行部的职责是为前来报道赛事的媒体提供相应的设施和服务，既要负责电视转播的协调，又要筹建主新闻中心（MPC）、国际广播中心（IBC）、场馆媒体中心（VMCs），还要提供赛事新闻服务（Olympic News Services）、摄影服务（Photo Services）以及注册媒体制证、住宿、交通、餐饮等服务。媒体支撑服务处，负责媒体支撑服务领域的筹办工作，总的调度各项目团队，与各部门协调、沟通，制定为媒体提供各项服务的标准和政策等内容。在赛事媒体支撑服务的运营管理中，他们起到管理中枢的作用。这些人员的招聘工作应提前三年完成。

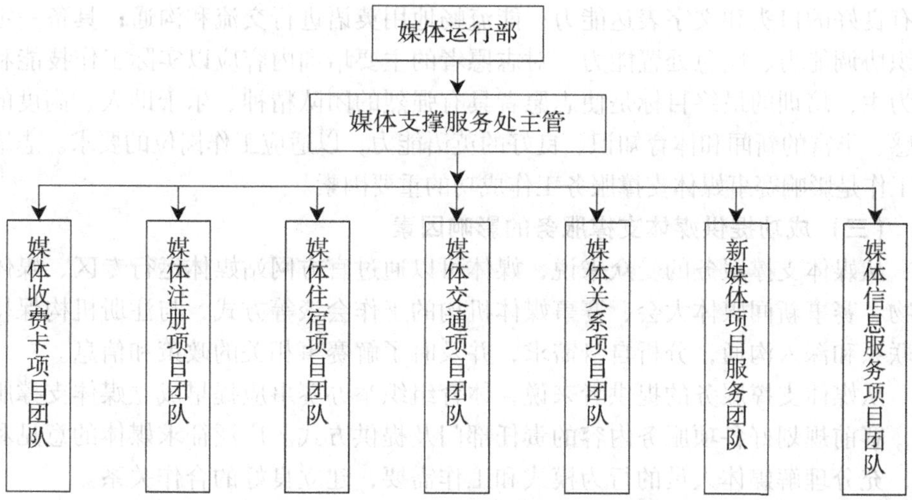


图 9－3　大型赛事媒体支撑服务组织架构图

2. 各新闻中心经理

新闻中心经理的招聘工作可提前三年完成。而选聘时，最重要的考察因素是充分理解和清楚媒体从事赛事新闻报道的实际需求，此外，领导能力也是重要的考察因素。有丰富经验的体育记者或有新闻工作背景的项目组织者，会优先考虑。对于这些人员的培训也是从宏观方面加以强化的，重点包括国际惯例和准则、体育比赛组织管理、跨文化传播、场馆建设、商业市场开发以及外语等，最终使他们熟悉体育组织的任务，提高宏观运营和管理以及国际交往的能力。

3. 场馆媒体中心主管

场馆媒体中心运营主管是分布在各场馆媒体中心的工作人员，按照各场馆媒体运行的功能设置职责，辅助新闻经理的工作。场馆媒体中心主管的选聘工作一般在赛事之前半年以上完成。选聘以具有新闻背景和项目管理经验为考察的关键因素，同时考虑赛事各比赛项目的专业知识、语言能力、本土文化和参加大型国际赛事管理的经验等因素。培训场馆媒体中心主管的重点是技术，如信息服务系统、比赛成绩发布系统、通讯系统等。

4. 志愿者

媒体支撑服务领域的部分工作将由志愿者担任，包括为文字、摄影媒体提供注册、通讯技术、交通、住宿、餐饮等一系列支撑服务，并与组委会其他部门进行协调。因此，赛事媒体支撑服务志愿者除了要熟知各个业务口的政策及工作流程外，还要做好与各部门的协调联络工作。这部分工作对志愿者的能力要求有：具有良好的口头和文字表达能力；能流畅地用英语进行交流和沟通；具备一定的组织协调能力、应急处置能力。对志愿者的主要培训内容应以实际工作技能和知识为主，培训的最终目标是使志愿者具有强烈的团队精神、乐于助人、高度的责任感、丰富的新闻和体育知识、良好的英语能力，以适应工作岗位的要求。志愿者的工作是影响赛事媒体支撑服务工作成功的重要因素。

**（三）成功提供媒体支撑服务的影响因素**

从媒体支撑服务的受众来说，媒体可以通过官方网站媒体运行专区、媒体出版物、赛事新闻媒体大会、赛事媒体机构的工作会谈等方式，与注册机构保持紧密联系和深入沟通，分析自身需求，并及时了解赛事相关的政策和信息。

从媒体支撑服务的提供者来说，体育组织举办赛事应提早成立媒体支撑服务处，赛前规划好各项服务内容的责任部门及提供方式。广泛征求媒体的意见和建议，充分理解媒体人员的行为模式和工作需要，建立良好的合作关系。

从媒体支撑服务各部门来说，共同确定各项服务的标准和相关政策，各部门之间无缝隙的合作，是媒体支撑服务取得成功的关键因素。媒体支撑服务处是综合协调部门，重点在于制定及时、高效的沟通机制，以保证媒体的需求得到满足。在涉及媒体服务的变更时，要能在第一时间通过各种方式（如服务台等）通知媒体人员，以保证服务的有效性。

## 第二节　媒体支撑服务赛前筹备

媒体支撑服务赛前筹备工作的核心是提前组织落实有关媒体注册、媒体住宿、媒体交通、媒体收费卡、媒体通讯技术等方面的工作。这是由其工作的特性决定的，而综合协调则是媒体支撑服务工作的主要内容。赛前，应充分了解并准确理解媒体需求，通过有效的方式清晰准确地传达给组委会相应的业务部门，由业务部门组织服务提供者加以准备、落实。媒体支撑服务参与落实工作的整个过程，应确保注册媒体得到它们所需要的，并且提供符合国际惯例和赛事标准的优质服务。

## 一、运作框架

赛前筹备初期，媒体运行部的重点在于宣传，宣传举办该重大赛事的意义和举办地的经济、环境、文化等状况，并配合举办体育文化活动。此时会设立专门的新闻宣传部门负责赛事的前期宣传工作。

赛前筹备中后期，为筹建主新闻中心以及开展记者服务管理做前期准备，需要增设负责主新闻中心和各场馆媒体中心筹建的部门。记者服务处负责记者服务管理工作的前期准备（如记者名额分配、制定报名注册办法、编印指南性材料等）。而赛事期间，则需要增加人员处理组委会与媒体的关系，指引媒体对赛事进行报道。

## 二、设施资源

### （一）硬件设施

媒体支撑服务硬件设施主要是指为开展媒体运行工作所需的硬件资源，包括场地、办公条件等。

1. 主新闻中心（Main Press Centre，MPC）

主新闻中心是赛事期间注册文字、摄影媒体和非持权转播机构人员的主要工作场所，也是重要的非竞赛场馆之一。MPC 的位置是否规划得当，关系着新闻报道的成败，其应尽量靠近赛事的主体育场。由于新闻工作内容的关系，要符合 IOC 关于“楼层少”、“空间大”的要求；楼层布局也需按照赛事媒体工作和生活需求特点及各功能区相互间的逻辑关系设计。MPC 主要由设计周密的服务大堂、文字记者工作间和摄影记者工作间、新闻发布厅、租用办公空间和餐饮区构成。同时也有其他餐厅、银行、邮局、商店、图书馆、报刊亭、医务室等多种配套服务设施。

2. 广播中心

广播中心是赛事期间广播电视运行的中心及世界各地转播商的前方总部，应能保证世界上最大规模的转播的运行，其功能是提供广播电视媒体人员所需各种设施和 24 小时服务。主要设施包括主服务大厅，BOB 办公区和技术区，提供多项支持和信息服务的支持中心和信息中心，按照转播商要求建设的专用工作间，每日通气会会议室；还包括广播电视运行、场馆管理、后勤服务、安保用房、技术机房等在内的所有管理和支持服务部门的办公用房，以及为记者提供的各项保障服务。

3. 场馆媒体中心（Venue Media Centres，VMCs）

VMCs是注册媒体进行现场赛事报道的场所。与MPC相比，VMCs可以称作大型赛事新闻大战的最前沿阵地，所有竞赛场馆的媒体中心都为注册媒体提供文字记者工作间、摄影记者工作间、看台记者席、摄影位置、混合区、新闻发布厅、媒体餐饮休息区等场所。场馆外围提供媒体班车站、媒体自驾车停车场和媒体专用入口。这些媒体运行区域的面积、位置、物资等都由组委会媒体运行部统筹规划并协调落实。

4. 媒体酒店和媒体村

为了让注册媒体能及时、快捷、有效地报道赛事，组委会一般会提供媒体人员住宿方面的协调服务，包括赛前、赛时媒体指定接待酒店的住宿预订信息收集，协调媒体餐饮及媒体交通和赛时主新闻中心住宿服务台，接受媒体住宿咨询和相关业务联系等工作。注册媒体住宿类型分为两种：一种是指定媒体酒店，另一种是媒体村。一般媒体住宿设施的规划应遵循以下原则：提供记者村及记者饭店房间的完整信息（设施概况、地理位置介绍、收费标准等）；价格合理、方便舒适，提供的各种设施、家具、设备等注重简单实用，避免奢华；交通方便，靠近IBC/MPC和主要竞赛场馆，直接的车程不能超过30分钟；媒体指定住宿酒店服务水平与三星级到五星级的酒店基本保持一致，媒体村提供的服务水平达到三星级或三星级以上；有条件的媒体村的设计可考虑按不同国家和地区的宗教信仰和风俗习惯，设立简易宗教场所，等等。

**（二）技术系统设施**

（1）硬件：收费固定电话、收费移动电话、传真机（可传真底片、图片）、彩色打印机、INFO终端快速打印机、复印机、碎纸机、扫描仪、数据线、无线电频率、无线图片传输信号及设备、公共广播系统、扩音系统、同声传译设备、投影设备、电视机、大屏幕、监视器、传输电视信号的光缆、INFO终端、个人电脑、图片处理设备。

（2）软件：媒体注册人员数据库和管理软件、信息系统（包含运动员、教练员等的历史数据和简历，比如INFO 2008）、项目管理软件（用于制订媒体运行计划）、图片处理软件（用于图像压缩、图像还原和系统加速处理的高性能软件）。

## 三、其他媒体支撑服务的准备

媒体运行部负责筹备和提供媒体后勤服务，即为注册文字、摄影记者以及非持权转播商工作人员提供优质的工作条件，同时负责协调相关部门为持权转播商和主转播商提供服务。媒体支撑服务的工作十分繁杂，但对媒体记者来说是非常重要的，它是媒体运行长期工作的重要内容，其工作内容主要包括八大方面，分别是媒体关系、媒体注册、媒体物资通关（政策）、媒体住宿、媒体交通（赛事）、媒体餐饮、媒体收费卡、媒体出版物，涵盖了媒体需求的“吃、住、行、用”各个方面。

### （一）媒体关系

媒体关系在大型体育赛事中的地位日益重要，广泛听取各媒体机构代表的意见及其采访需求，从而进一步完善和改进各项媒体服务设施和服务内容，与国内外新闻官建立良好的合作关系，是组委会做好媒体支撑服务工作的一个重要前提。组委会可以通过世界新闻媒体大会、世界转播商大会、官方网站媒体服务专栏以及媒体出版物等途径，与世界各大媒体机构进行友好、顺畅的沟通，尽可能对媒体在赛事期间所需的关于媒体注册、租用设备、住宿、交通等服务信息有更为详尽的了解。维护媒体关系的主要渠道是定期举行世界广播商大会和世界新闻媒体大会，接待注册媒体机构和 NOC 代表来访人员，组织媒体参观场馆，了解媒体对赛事媒体设施和服务的需求，通过开通官网媒体运行网页、印刷出版物等方式，为媒体及时提供赛事筹备工作的信息等。

### （二）媒体注册

媒体注册是在赛事期间对媒体人员的身份进行识别和管理，从而为相关人员创造更好的工作和生活条件。媒体支撑服务处与组委会注册中心协调配合完成媒体注册工作，其主要功能是在赛事期间，区分媒体人员身份并授予他们在履行职责时进出特定区域的权限，致力于向所有媒体机构提供高效、便捷的注册服务。媒体注册分为三个环节：赛前的配额确定、注册表的传递与反馈、赛时的现场报到。媒体注册工作主要包括媒体身份注册卡、媒体注册类别、媒体注册程序和时间表、参与媒体注册的机构、媒体注册中心、额外的进入控制、访客卡管理等。媒体注册中心主要处理注册卡更换、活动范围通行权限变换、遗失补卡或取消注册卡四项内容。有效运作的媒体注册系统是媒体顺利采访报道赛事的基础，为媒体提供优质服务的坚实保障，其他媒体服务的成功运行也取决于良好的注册管理。

媒体注册主要身份种类如表 9－1 所示。

表 9-1 媒体注册主要身份种类表

<table>
<tr><th>注册类别</th><th>中文含义</th><th>通行权限</th><th>具体位置</th></tr>
<tr><td>E</td><td>文字记者</td><td rowspan="6">∞，MPC（Es，EPs仅享有本项目竞赛场馆和训练场馆的通行权限）</td><td rowspan="6">4 区 E 坐席/EP 坐席</td></tr>
<tr><td>EP</td><td>摄影记者</td></tr>
<tr><td>Es</td><td>专项文字记者</td></tr>
<tr><td>EPs</td><td>专项摄影记者</td></tr>
<tr><td>ET</td><td>技术人员（计算机操作人员、电工、实验室人员、技术人员）</td></tr>
<tr><td>ENR</td><td>非持权转播商的媒体工作人员</td></tr>
<tr><td>RTa</td><td>持权转播商的高级人员</td><td>∞，MPC，IBC</td><td rowspan="2">4 区、5 区，RT 坐席</td></tr>
<tr><td>RTb</td><td>持权转播商的编播制作人员和技术人员</td><td>∞，MPC，IBC</td></tr>
<tr><td>RTc</td><td>持权转播商在主新闻中心内的支持人员</td><td>MPC，IBC</td><td>无分区</td></tr>
</table>

### （三）媒体物资通关

媒体物资通关主要是为赛事期间的注册媒体出入境提供通关便利。赛前，在交通口岸，帮助抵达注册媒体团队及时处理入境随身携带的器材或货物。服务内容包括资产管理、物资来源管理、仓储管理、通关管理、物资赛后处理等。最终保障每个赛事物资与物流工作人员及物流参与者都可以方便地利用媒体支撑服务物资通关系统，从而得到全面、准确、迅速的物资与物流信息服务，方便赛事物流工作的顺利开展。

### （四）媒体住宿

住宿是媒体一项重要的需求，组委会要确保为所有注册媒体提供足量、适宜的住宿设施，以满足媒体的需要。一般媒体住宿服务在赛前就开始了，媒体服务工作人员与组委会的住宿部门要建立密切的合作机制，深入地参与媒体饭店的选择、媒体住宿方案的制订及媒体村的规划和筹备。媒体住宿在赛时运行的内容主要有：设立 MPC 媒体住宿服务台，提供相关的协调、问询、临时预订等服务；管理媒体村、媒体服务台和媒体工作间；收集媒体人员在媒体酒店和媒体村的住宿需求和意见，对出现的问题进行协调并解决。

表 9-2 第 16 届亚运会部分官方饭店名单

| 排名 | 酒店名称 | 区域 | 星级状况 | 与总部饭店距离（公里） | 备注 |
|---|---|---|---|---|---|
| 1 | 白云宾馆 | 越秀 | 五星级（申请中） | 0.5 | |
| 2 | 广东国际大酒店 | 越秀 | 五星级 | 1 | |
| 3 | 亚洲国际大酒店 | 越秀 | 五星级 | 0.7 | |

### （五）媒体交通

赛事媒体人员能够高效地工作很大程度上依赖于组委会提供的交通服务，而媒体交通服务应注重灵活性。该项工作需配备足够数量的备用汽车、司机，并根据对交通运行情况的监测结果随时调整各路线的车辆配置。由于过多的汽车租赁服务会增加交通压力，应尽量采取非鼓励的策略，并收取适当的费用。组委会需为媒体制定可行的媒体班车时刻表、班车路线，提供连接主新闻中心、各竞赛场馆、酒店以及机场的班车服务。媒体交通服务要求：提供连接 MPC、媒体住宿点、所有的竞赛场馆及奥运村的班车系统和机场抵离服务；提供专用分配车辆服务，为 BOB 和摄影队提供专用车辆；出租车和免费的公共交通，也有收费卡车辆服务，为注册媒体提供付费的租用车辆；在举办城市主要道路规划设置专用车道。在 MPC 的媒体交通服务台要 24 小时运行，由专业工作人员为媒体提供媒体交通系统与公共交通系统两方面的详细信息，受理媒体有关交通服务的各类请求。为了让媒体及时快捷地采访报道赛事，一个高效、顺畅的媒体交通系统是必不可少的。

表 9-3 深圳大运会主新闻中心 8 月 12 日媒体班车时刻表

<table>
<tr><td colspan="5">线路编号：ME001　　线路：主新闻中心—福田交通枢纽中心</td></tr>
<tr><td colspan="5">里程：40 公里　　行驶时间：55 分钟</td></tr>
<tr><td rowspan="2">日期</td><td colspan="2">主新闻中心</td><td colspan="2">福田交通枢纽中心</td></tr>
<tr><td>发车时间</td><td>频率</td><td>发车时间</td><td>频率</td></tr>
<tr><td rowspan="2">8 月 1—12 日</td><td>07：00—20：00</td><td>30</td><td>07：00—20：00</td><td>30</td></tr>
<tr><td>20：00—07：00</td><td>60</td><td>20：00—07：00</td><td>60</td></tr>
<tr><td rowspan="2">8 月 13—23 日</td><td>05：00—22：00</td><td>20</td><td>05：00—22：00</td><td>20</td></tr>
<tr><td>22：00—05：00</td><td>60</td><td>22：00—05：00</td><td>60</td></tr>
</table>

| 线路编号：MC003 线路：主新闻中心—中海丕庭苑酒店 | | | | |
|---|---|---|---|---|
| 里程：1 公里 行驶时间：5 分钟 | | | | |
| 日期 | A | | B | |
| | 发车时间 | 频率 | 发车时间 | 频率 |
| 8 月 12 日 | 01：00—05：00 | 60 | 01：00—02：00 | 60 |
| | 05：00—10：00 | 20 | 05：00—10：00 | 20 |
| | 10：00—17：00 | 30 | 10：00—17：00 | 30 |
| | 17：00—22：00 | 20 | 17：00—22：00 | 20 |
| | 22：00—01：00 | 30 | 22：00—01：00 | 30 |

| 线路编号：MC002 线路：主新闻中心—大运中心体育馆 | | | | |
|---|---|---|---|---|
| 里程：2 公里 行驶时间：5 分钟 | | | | |
| 日期 | 主新闻中心 | | 大运中心体育馆 | |
| | 发车时间 | 频率 | 发车时间 | 频率 |
| 8 月 12 日 | 08：00—12：00 | 60 | 09：05—12：00 | 60 |

| 线路编号：MC006 线路：主新闻中心—龙岗区体育中心网球场 | | | | |
|---|---|---|---|---|
| 里程：2 公里 行驶时间：10 分钟 | | | | |
| 日期 | 主新闻中心 | | 龙岗区体育中心网球场 | |
| | 发车时间 | 频率 | 发车时间 | 频率 |
| 8 月 12 日 | 08：00—12：00 | 60 | 09：05—12：00 | 60 |

| 线路编号：MC008 线路：主新闻中心—龙岗龙口水库公路自行车赛道 | | | | |
|---|---|---|---|---|
| 里程：2 公里 行驶时间：5 分钟 | | | | |
| 日期 | 主新闻中心 | | 龙岗龙口水库公路自行车赛道 | |
| | 发车时间 | 频率 | 发车时间 | 频率 |
| 8 月 12 日 | 08：00—12：00 | 60 | 09：05—12：05 | 60 |

| 线路编号：MC010　　线路：主新闻中心—龙岗体育中心小轮车赛场 | | | | |
|---|---|---|---|---|
| 里程：2 公里　　行驶时间：5 分钟 | | | | |
| 日期 | 主新闻中心 | | 龙岗体育中心小轮车赛场 | |
| | 发车时间 | 频率 | 发车时间 | 频率 |
| 8 月 12 日 | 08：00—12：00 | 60 | 09：05—12：05 | 60 |

**（六）媒体餐饮**

媒体餐饮服务，由专门的餐饮配给公司负责，在组委会制定的统一服务标准和原则下，保证 24 小时的餐饮服务。一般除早餐、中餐、晚餐三次正餐外，还包括点心、饮料、酒水等。在提供餐饮服务时，应协调各客户群，为媒体人员、访客、工作人员和志愿者提供安全、高质量的食品和饮料，以及高水平的服务，特别注意应尽可能满足不同民族、文化、宗教的饮食需求。

**（七）媒体收费卡**

媒体收费卡是赛时向所有注册新闻组织及个人提供产品与服务租赁的综合性目录。可提供的产品主要有：MPC 及部分竞赛场馆内的租用办公空间以及家具和设备等；固定通讯服务，包括电话和互联网服务；移动通信服务；打印、复印产品服务；有线电视及音、视频产品服务；能源产品；为注册媒体机构提供收费卡网上订购系统等。它的主要目标是为客户提供全程服务，包括接受订购、计价、收款、采购、送货、安装、维修和服务以及回收产品等环节。注册媒体根据自身的需求，购买或租赁赛事期间在 MPC 和 VMCs 所需要的产品、技术、服务和设备，并向相应部门提交详细、准确的订单。

**（八）媒体出版物**

为了向各地媒体记者及时通报赛事媒体运行筹备工作的进展情况，方便媒体提前做好赛事采访报道的各项准备工作，组委会一般会整理、编写或协助编写各类媒体出版物。赛前的媒体出版物主要包括《媒体注册指南》、《媒体住宿指南》、《媒体收费卡指南》、《物资通关手册》、《媒体运行信息》、《记者采访服务指南》等。

图 9-4　深圳大运会中心体育馆媒体手册

## 第三节　赛时媒体支撑服务的运行

赛时，媒体支撑服务进入场馆化阶段，工作重心由组织协调逐步转至常规运行。重点工作在交通、餐饮和媒体出版物方面，工作区域包括主新闻中心、场馆媒体中心和广播电视服务等领域。

### 一、开幕式媒体支撑服务

以深圳大运会开幕式为例，可以看出，在开幕式当晚，媒体的交通、安检、餐饮服务等支撑服务尤为重要。

## 大运会开幕式媒体须知

（一）交通及安检

参加开幕式的媒体记者可乘坐媒体酒店的媒体班车，到龙岗主媒体中心（MMC）或福田交通枢纽进行安检；必须乘坐上述两个枢纽发出的专用班车前往开幕式现场，如果自行前往其他远端安检点或开幕式现场，将无法保证顺利入场。

1. 新华社报道团队、央视报道团队、主转播机构、官方合作媒体、官方通讯社，以及入住中海圣廷苑的媒体人员须从主媒体中心枢纽验证、验票、安检后，乘车前往开幕式现场。

主媒体中心枢纽人员集结时间为13：00—16：00，班车遵循“坐满即走，到点即发，空车不发”的原则。

2. 其他媒体记者请从福田交通枢纽验证、验票、安检后，乘车前往开幕式现场。

福田交通枢纽人员集结时间为13：30—16：30，班车遵循“坐满即走，到点即发，空车不发”的原则。

3. 到达枢纽的媒体记者应在现场工作人员和志愿者的指引下进行验证、验票、安检，服从现场人员管理。

（二）入场安检须知

1. 媒体记者须凭“加贴媒体标贴的身份注册卡及开幕式门票”，方能通过交通枢纽安检乘车，以及进入开幕式看台、媒体功能房。

2. 开幕式门票实行实名制，安检时，请先出示开幕式门票和登记的相关证件（如记者登记的信息为身份注册卡，安检时须出示身份注册卡），门票信息和登记证件信息相符即可通行。

3. 任何未经授权的专业摄像设备（家庭使用的、小型手持设备除外）及用于照相机与摄像机的三角支架将被限制带入。

4. 除手机、门票、证件、现金等必须随身携带的物品外，请不要携带其他无关及违禁物品（安检点不提供存放物品服务）。

5. 请勿自行携带食品及饮料，开幕式场地内设有商业服务点，可提供食品、饮料售卖服务。

（三）入场流线

枢纽发出的媒体班车抵达深圳湾P3停车场后，媒体记者在工作人员和志愿者的指引下，通过2号天桥进入大树广场，乘坐电梯抵达摄影记者工作间、文字记者工作间、媒体休息区。

（四）晚餐发放

晚餐将于17：30在深圳湾体育场媒体休息区内发放，需凭媒体餐票领取。

（五）演出期间

媒体记者须于19：00前在看台文字区或摄影区全部就位，演出期间须服从现场工作人员管理；在拍摄过程中请不要影响他人观看演出及工作，文字记者就座后请不要随意走动或站立。

（六）离场流线

散场班车时间为21：30—次日1：00，每半小时一班，遵循"坐满即走，到点即发，空车不发"的原则。

开幕式预计将于22：00时结束，请媒体记者根据现场指引从二层平台或者一层工作区返回P3停车场，乘坐媒体班车返回主媒体中心枢纽或福田交通枢纽，在福田交通枢纽乘媒体班车返回媒体酒店，入住中海圣廷苑酒店的人员搭乘前往主媒体中心枢纽的班车返回。

（七）咨询电话

## 二、赛时主新闻中心媒体支撑服务

主新闻中心的运营主要划分为几大功能区域，按照功能区域提供相应的服务。

**（一）访客卡办公室**

由MPC场馆团队管理，负责处理所有进入MPC的访客需求，包括普通访客和贵宾访客。普通访客包括赞助商、奥林匹克大家庭观察员和邀请的客人、申请访客卡的非注册记者，以及各类参观、考察MPC的访客；贵宾访客，主要是国家元首等贵宾。

**（二）服务大堂**

服务大堂为记者提供各类咨询以及商业服务，最主要的功能是信息咨询服务，包括主服务台、语言服务台、新闻采访服务台、交通住宿服务台、市场开发宣传办公室、赛事文化活动展示台、旅行信息服务台、失物招领办公室及报刊亭等。在这里，记者可以比较全面地获得所需的信息。

**（三）收费卡服务中心**

主要负责MPC收费卡项目的整体运行，如为新闻机构提供办公空间、通讯、办公设备、家具和其他音视频设备的租赁服务等。

**（四）文字记者工作间**

文字记者工作间是文字记者观看赛场电视转播和编发稿件的场所，其靠近服务大堂，赛时24小时运行。为记者提供多项支持和信息服务，例如电视机、传真机、打印机、成绩公报柜、储物柜等。

### （五）租用办公空间

MPC一项重要的运行内容就是提供租用空间。租用空间主要是向大通讯社以及其他注册新闻机构（不包括广播电视机构）提供办公空间。这些机构可以提前通过收费卡项目预订。

### （六）餐饮服务

MPC为记者提供传统的自助餐、国际美食街、快餐店、烧烤区以及酒吧。新闻运行官和MPC管理区积极参与赛事期间MPC餐饮服务管理范围内的餐饮招标、服务水平和设施及管理的评估等工作。

## 三、赛时场馆媒体支撑服务

场馆媒体中心是注册媒体进行现场赛事报道的场所。VMCs的运行同样是按照功能区域的划分进行的。

### （一）文字、摄影记者工作间（Press Work Room，Photo Work Room）

根据各场馆媒体规模需求，设计相应规模的文字、摄影记者工作间，提供在竞赛场馆编辑、传输报道所需要的设施和服务。其设施和功能与MPC相同，只是规模相对较小。为记者提供多项支持和信息服务，例如电视机、传真机、打印机、成绩公报柜、储物柜、书报架等。

### （二）看台记者席（Press Tribune）

看台记者席是为注册文字记者观看比赛预留的工作坐席，数量应满足文字媒体的需求，位置确保有好的视野，能观看到比赛场地和重要信息源。每个场馆的看台记者席的位置、数量和布局，必须遵守IOC协议和往届奥运会的标准。重要通讯社的摄影编辑可以在看台记者席编发图片。看台记者席包括带桌席和无桌席两类，带桌席提供免费的电源及收费电话/网络线缆接口，每3个座位配有一台小型电视机，供收看本场馆比赛信号和混合区采访信号；无桌席与带桌席位置相邻，规格与普通观众坐席相同。区域尽量靠近混合区、工作间、新闻发布厅及其他VMCs设施。看台记者席需查验证件，有此项权利的记者才可入内，工作人员需在赛事期间发放成绩公报等。

### （三）混合区（Mixed Zone）

混合区是比赛结束后运动员退场时接受媒体采访的区域，是运动员比赛结束后退场的必经之路，得名于运动员赛后在这一区域接受媒体采访时所产生的人员混合现象。混合区的位置和大小要适合，既要有足够的空间给运动员通行，又要方便媒体工作，通常采用齐腰高度的安全围栏把媒体与运动员隔开。运动员先经过电视媒体采访区，然后是文字、摄影媒体采访区。混合区还要提供必要的电源接口、照明条件和形象景观。混合区的工作内容主要包括查验媒体证件、维护混合区秩序、协调语言服务、与新闻发布厅对接时间等。因混合区人员拥挤，每家媒体的采访通常仅限1分钟，运动员没有义务一定要回答媒体的提问。

### （四）新闻发布厅

场馆媒体中心新闻发布厅是举行赛后新闻发布会的地点，为记者提供采访运动员和教练员的机会，并提供专业的口译服务。其主要配备音响、坐椅、扩音话筒、体现奥运会形象的主席台背景板等设施。新闻发布厅的运行需要落实志愿者岗前培训、分工排班、与竞赛团队对接时间、协调口译服务、引导参加发布会的运动员/教练员、引导媒体人员等工作。新闻发布厅的运行涉及很多业务口的对接，因运动员需要进行兴奋剂检查，赛后新闻发布会一般时间紧凑。有时运动员会因为情绪等原因，拒绝或推迟参加新闻发布会；有时也会出现缺乏口译人员的情况，因此运行难度比较大。

### （五）媒体餐饮区

每个VMCs都有一个休息区，为媒体提供就餐和休息的地方。根据场馆规模和比赛日程，媒体餐饮区提供相应的冷热饮料和冷热食品，配置沙发、就餐桌椅，提供CATV电视机。规模大的场馆设置媒体餐饮区主管，规模小的场馆通常由文字记者工作间主管利用工作空闲，协调媒体餐饮区的开放运行。

### （六）摄影位置

摄影位置是注册摄影记者在场馆中拍摄比赛的地点，一类设在坐席区，一类设在比赛场地周边。摄影位置需要有良好的视线、视角以及足够的照明条件；有安全的无线通信使记者可以及时传输照片；有磁盘/胶卷收集服务，可以送达场馆内的摄影编辑。摄影服务团队主要负责查验记者证件，引导摄影位置，提供技术支持、磁盘/胶卷递送服务。

## 第四节　赛后的媒体支撑服务

媒体支撑服务在赛后仍承担着重要的职责，涉及媒体记者、物资等大规模的撤离。这时候站好最后一班岗显得尤为关键。赛后媒体支撑服务内容包括保障场馆媒体支撑服务的各种机器设备、场馆媒体支撑服务的各类用品、媒体工作人员的生活物资、媒体记者的采访器材等物资，安全、顺畅地回到其目的地。此外，还要为需撤离的媒体人员提供航班、交通服务车辆，以及赛事人员撤离口岸等相关信息，并及时、准确地上报赛事组委会贵宾返程时间。

## 一、赛后媒体支撑服务的内容

### （一）交通

由于赛事的赛场分布在城市的不同区域，因此尽管赛后人员大规模撤离，赛事举办城市汽车保有量的激增仍会增大交通压力，为记者提供优质的地面交通服务将是组委会面临的严峻挑战。虽然会增加交通压力，但是为记者提供迅捷高效的交通服务也不容忽视，这包括提供交通服务车辆，指定交通口岸至指定接待酒店和媒体村的交通路线，根据对交通运行情况的监测结果，随时调整各路线的车辆配置等。

### （二）物资安全撤离

物资安全撤离与媒体记者联系较大，因为许多国外媒体前来报道大型赛事会习惯携带自己的采访器材，这些物品通过海关时就涉及物资通关问题，在赛后离开时，媒体支撑服务团队仍要协助其办理相关通关手续。

## 二、赛后媒体支撑服务团队的工作

### （一）文档整理

主要是对媒体支撑服务所有资料统一进行归档整理，建立各分支资料的目录，方便以后用户查询。

### （二）财务总结

自从1984年第23届洛杉矶奥运会成功举办以来，国际性重大体育赛事已经成为众多国家和地区角逐竞争的对象。大型体育赛事对经济的重要影响和推动作用受到各级政府、学界及企业界的高度关注。体育的内在价值和长远健身价值，已经被全社会所认识，体育的经济价值和社会效益也越来越受到社会各界的重视。各国体育行政部门在设法让社会给予体育赛事支持的同时，也对各项赛事的社会效益和经济效益赋予了深深的期待。实践证明，成功举办国际性大型体育赛事确实能为主办城市和国家带来巨大的经济收益和无形价值。

1976年，蒙特利尔耗巨资举办的奥运会却让自己掉进了著名的“蒙特利尔”陷阱，接下来如果不是商业奇才尤伯罗斯用他的商业计划挽救了洛杉矶奥运会，让世人开始知道奥运会可以赚钱，说不定现代奥运会早已前程未卜。随后的汉城、亚特兰大和悉尼纷纷为规模日益庞大的奥运会所累，当初花费巨资建造的体育场馆因为利用率低而最终面临废弃的际遇，当初被炒作得轰轰烈烈的奥运村也无人居住，而举办城市甚至举办国的人民却不得不为这些“没有用的东西”多交税款，甚至背负债务。很多学者如北京物资学院的陶冶等通过对几届奥运会数据的分析，认为近几届奥运会已经从整体上结束了收不抵支的局面，并且给主办国尤其是主办城市和地区带来了巨大的经济利益，举办大型赛事能带动主办城市的投资需求和消费需求，所新增的投资及投资的乘数效应，将成为该城市或地区的经济助推器。

因此，赛事后的财务总结，是评价举办赛事成功与否的重要依据，是体育组织日后查阅参考的重要材料。

**（三）媒体支撑服务工作总结**

媒体支撑服务工作总结包括赛前筹备，赛时和赛后的媒体支撑服务内容，存在的问题、经验与启示等。及时、有效的总结是大型赛事宝贵的非物质遗产，对今后举办大型赛事具有很高的参考价值。

## 第五节　赛事媒体支撑服务容易出现的问题和解决方案

### 一、赛事媒体支撑服务中场馆媒体中心容易出现的问题及解决方案

**（一）关于记者注册卡的问题**

问题1：记者注册身份卡丢失。

影响范围：严重影响到当事人的采访报道工作。

上报流程：场馆媒体运行经理/摄影副经理—场馆注册经理/场馆媒体副主任—媒体专项工作团队—指挥中心负责人。

解决方案：

（1）按规则办事，无证不能进入场馆。

（2）经过安保部门与注册中心的确认和协调，确认当事人是否为注册人员，注册系统核实身份后，场馆媒体副主任、注册经理和安保经理协商处置办法，通过临时证件让记者进入场馆。

（3）按照亚运会惯例，启动证件补办程序：记者通过NOC上报NOA，团队上报Press Chief，OCA在确认NOC的情况说明后，提出是否补办的意见。

（4）注册证件的发放、收缴的程序和权限都在OCA。

问题2：无证件记者进入媒体区遭拒。

影响范围：在赛场媒体专用入口处，影响较大，还可能引发对媒体运行的批评。

上报流程：验证服务人员—媒体运行经理—媒体副主任—媒体专项团队。

解决方案：

（1）媒体运行经理协同验证服务人员一起向该记者耐心解释和说明，此为赛事惯例，无证件记者无法进入媒体运行区。

（2）同时劝说该记者可补票去观众看台席观看比赛，如果是国内记者就找宣传部协调。

（3）告知该记者如有不实报道见报，媒体运行团队将通过正式新闻发布渠道澄清事实。

**（二）关于技术系统的相关问题**

问题1：WLAN系统重大故障。

影响范围：本场馆内全部区域的WLAN网络故障，媒体将无法使用WLAN网络上网，造成重大影响。

上报流程：媒体运行经理向媒体副主任汇报，媒体副主任第一时间通知场馆信息技术经理，同时向总部团队汇报。

解决方案：

（1）发现故障或接到用户投诉后记录投诉问题，通知场馆信息技术经理，初步判断故障情况及故障影响范围。

（2）拨打技术支持服务电话，及时告知故障情况，请求帮助；同时向场馆运行中心报告故障情况及受影响的媒体范围。

（3）协调场馆信息技术经理，临时加装固定通讯设备，为用户提供通讯服务。

（4）张贴公告告知记者，并进行解释安抚。登记要求退钱的媒体名单。

（5）跟踪故障处理情况，要求场馆信息技术经理每隔30分钟向场馆媒体副主任报告故障处理情况，并定时向媒体通报故障处理进展。

（6）如可能，为媒体提供免费的固定通讯设备，尽快解决其上网发稿的需求。

（7）启动应急备份手段。在媒体运行经理手里有备份上网卡，可供记者急用，免费发给急需发稿的记者使用，重点照顾中小媒体。

（8）拿出几台上网电脑临时公用，组织记者有序、限时使用。

（9）保证文传和国际长途的通畅，帮助记者用文传方式或电话方式发稿。

问题2：VMCs的INFO终端、电话、电视等技术系统出现问题甚至瘫痪而产生风险。

影响范围：场馆内INFO终端、电话、电视等技术系统均受到影响，使媒体无法通过INFO终端、电话、电视等渠道获得信息，造成媒体严重抱怨。

上报流程：媒体运行经理向媒体副主任汇报，媒体副主任第一时间通知场馆信息技术经理，同时向总部团队汇报。

解决方案：

（1）发现故障或接到用户投诉后记录投诉问题，通知场馆信息技术经理，初步判断故障情况及故障影响范围。

（2）拨打技术支持服务电话，及时告知故障情况，请求帮助；同时向场馆运行中心报告故障情况及受影响的媒体范围。

（3）信息技术经理安排技术人员对相应问题进行调查，找出系统故障的原因。

（4）张贴公告告知记者，并进行解释安抚。登记要求退钱的媒体名单。

（5）跟踪故障处理情况，要求场馆信息技术经理每隔30分钟向场馆媒体副主任报告故障处理情况，并定时向媒体通报故障处理进展。

（6）解决问题，恢复正常使用。

**（三）媒体收费卡的问题**

问题：①用户签入时，收费卡产品没有安装到位；②无法满足用户的赛事需求；③用户的产品在使用过程中出现问题；④用户收费卡产品丢失；⑤用户签出时，不愿意承担产品损坏的损失。

影响范围：出现①②③三种问题会影响媒体对组委会，尤其是组委会收费卡团队的信任，同时会对组委会提供的媒体服务水平有所担心；④⑤两种问题会影响到媒体工作区正常的工作秩序。

上报流程：媒体收费卡经理—媒体运行经理。

解决方案：

①A. 向媒体致歉；B. 责成技术部门在最短的时间内安装到位，不影响媒体正常工作。

②A. 向媒体解释原因；B. 推荐其他替代方法。

③A. 协助或引导媒体向技术服务台报修；B. 督促技术部和合同商尽快解决；C. 及时向媒体沟通修复情况。

④一般收费卡产品的保管责任在媒体客户。A. 推荐替换产品给媒体，不影响其正常工作；B. 尽可能查明原因；C. 如确属客户原因，则进行登记，签出时从押金中扣除相关赔偿费用。

⑤A. 向媒体解释有关规定；B. 控制事态发展，不影响正常工作秩序；C. 事后补扣媒体押金。

**（四）媒体交通问题**

问题：①在媒体酒店内，多名记者候车，而班车不知何故，未按时抵达；②场馆班车在运行过程中发生交通事故，造成媒体人员伤亡。

影响范围：对于场馆内媒体运行无直接影响，交通部门是主责，但上报不及时，会对媒体运行后续造成不利影响。

上报流程：班车司机/酒店交通志愿者—场馆交通经理—场馆媒体副主任—媒体运行专项团队。

解决方案：

①A. 酒店交通志愿者向交通调度人员说明情况，请其尽快派遣其他班车；B. 交通调度人员迅速安排应急班车，了解当班班车出现什么事故，向场馆交通经理汇报情况；C. 场馆交通经理向场馆媒体副主任通报情况，媒体运行团队做好向媒体人员的解释和安抚工作；D. 媒体副主任指派专人跟踪问题解决情况，必要时向专项团队媒体运行经理汇报。

②A. 班车司机或车上其他人员立即打事故报警电话，并尽可能向交通调度部门报告；B. 调度人员迅速向场馆交通经理汇报，并派出应急车辆接送出事车上的媒体人员；C. 交通经理立即向场馆团队汇报，由团队汇报 MOC；D. 媒体副主任迅速向媒体运行专项团队汇报，并派出团队人员赶赴现场，协助安抚和救助媒体人员；E. 媒体运行专项团队安排统一采访口径，进行新闻通报，向其他场馆通报情况并进行交通安全警示。

**（五）IF/AF 更改流程**

问题：IF/AF 官员要变更新闻发布会和混合区流程安排。

影响范围：对新闻发布厅和场馆混合区以及竞赛场地都产生影响。

上报流程：新闻发布厅/混合区主管—媒体运行经理—媒体副主任；媒体副主任协调竞赛主任，并向媒体运行专项团队汇报。

解决方案：

（1）测试赛：单项赛事，要和 IF/AF 官员紧密配合，一般情况下尊重 IF/AF 的调整，如为了提供记者便利可同意更改流程，但更改后绝不能对记者采访造成干扰。综合赛事按照赛事规则正常安排。

（2）赛时：要按照事前商定的流程办，一般不更改，除非是极端临时状况，才和 IF/AF 予以协商解决。

（3）对电视转播的影响大。流程变动要和 IF/AF 一起协调。

（4）媒体运行团队进行流程的调整，在尊重 IF/AF 意见的同时，要根据媒体的要求提出自己的方案，尽可能缩小变动范围。

**（六）比赛方面的问题**

问题：当日比赛因故取消。

影响范围：严重影响各媒体功能区；场外，直接影响电视转播，以及播出电视台的节目安排。

上报流程：媒体副主任参加场馆内的决策会，场馆媒体副主任通知转播经理，并通过媒体运行经理、摄影副经理、AGNS副经理发布信息告知记者，同时上报专项团队。转播经理通过各种渠道通知各转播商。

解决方案：

（1）技术代表、场馆主任、竞赛主任、媒体副主任开会后认为比赛应该取消，提请赛事变更委员会作最后决定。

（2）由赛事变更委员会和GAB决策层决定是否取消比赛，并研究决定改期或推迟比赛时间。

（3）GAB通过自身的沟通渠道通知取消电视转播。GAB经理会通知RHN。GAB还会通过国际公共信号通知各家转播商。

（4）媒体副主任向下通知媒体运行经理、摄影副经理，告知分区主管，通知记者比赛取消，而通报要采取多种方式，如INFO发布、官方网站、纸质通告、大众传媒、口头告知等，尽一切可能迅速告诉记者。

（5）召开场馆主任层新闻吹风会，告知取消比赛原因和恢复时间等信息。

（6）向媒体运行总部团队进行书面或口头汇报。

## 思考题

1. 什么是媒体支撑服务？
2. 媒体支撑服务是如何运行的？
3. 媒体支撑服务有哪些特征？
4. 媒体支撑服务的功能是什么？
5. 赛前筹备、赛时运行和赛后媒体支撑服务工作分别有哪些？

# 第十章　媒体运行相关业务：体育展示

【内容提要】本章第一节界定了体育展示的定义，介绍了体育展示的发展历史、功能、服务对象、目标等基本内容。第二节详细分析了体育展示工作的前期筹备内容，包括体育展示工作体系的构建和体育展示元素及设备的介绍。体育展示工作体系的构建包括工作人员组织结构、工作领域汇报制度、工作任务与岗位职责等；体育展示元素主要有音频、视频、公共记分牌、播报、评论、现场表演、舞美等；体育展示设备包括体育展示音频设备和体育展示视频设备。第三节介绍了体育展示工作的实施规划，包括体育展示工具（流程单和播报脚本）和体育展示赛后工作（如具体每场比赛后和场馆所有赛事结束后的工作内容）。

## 第一节　体育展示概述

### 一、体育展示的定义

体育展示是指向现场和电视观众展示体育的方式，即通过现场的播报员、解说员、音乐、现场大屏幕、公共记分牌、各类表演等元素将赛场包装为类似于舞台的表现形式。

“体育展示”是从英文直接翻译而来的词，在短短的时间内就经历了从 Display、Venue Presentation、Sport Production 到现在的 Sport Presentation 的数次改变，它是在竞赛组织中出现的一个全新的概念。

国际奥委会（IOC）在技术手册中对体育展示的说明是：从字面上看，体育展示是指向公众和观众展示体育的方式或者是通过现场的播报员、音乐、视频、各类表演（拉拉队、吉祥物和文艺表演）以及灯光组成等将赛场包装为类似于舞台的表现形式。体育展示是一种复杂的、混合的产品，吸引着国际体育单项联合会和媒体的关注。同时，体育展示也是一个重要的、具有创意的挑战。通过不断有效的表达，体育展示已经成为场馆内奥运会的“脸面和形象”。

就此而言，体育展示工作直接面对现场观众，并通过电视屏幕展现在全世界面前，是一场体育赛事最直观的展现，也是一场体育赛事能否给全世界留下深刻、美好印象的关键因素，是赛事组织最具体、最直接的体现。

## 二、体育展示的兴起及历史发展

从1996年的亚特兰大奥运会开始，体育展示被系统地引入到奥运会的组织工作中。悉尼、盐湖城、雅典和北京奥运会的组织者又使大型综合性运动会的体育展示工作在深度和广度上得到了较大的发展。

体育展示，是自20世纪90年代开始系统化应用于各种体育赛事，并在随后的重要赛事组织工作中逐步发展为融艺术性、技术性于一体的综合性领域。从最初以知识性、欣赏性、快速反应的形式将竞赛的所有元素呈现给观众，到用音乐、播报、视频等元素来抓住各个运动项目的精髓，传扬体育精神，再到运用现场表演等娱乐性、互动性的内容烘托现场气氛，最后到将文化元素应用于赛场中予以融合和传扬，留下令全世界印象深刻的难忘体验，体育展示的发展历经了十余年的时间。也正因为如此，大型综合性赛事体育展示的工作日趋复杂化和专业化，不仅涉及体育展示具体执行的音频、视频、记分牌、现场表演、评论等基本元素的高水平策划和实施，还涉及政策、策划、管理，具体到场馆运行、团队建设和执行的方方面面，整体工作庞杂。

## 三、体育展示的功能及重要价值

1. 竞赛活动的必要组成部分

体育展示直接服务于竞赛组织，因此也被称为“竞赛展示”。其中的基本元素，如赛场中的播报、记分牌、大屏幕的视频画面等将在竞赛组织的各个环节中使用，包括成绩播报、观众服务及赛事信息传达、赛场气氛烘托、颁奖仪式等。体育展示是维持比赛顺利进行的基础，其水平的高低和展示是否准确，将直接影响比赛；部分重要的体育展示环节，如国歌播放，其操作的专业和准确与否，还可能对赛事甚至主办者造成巨大的影响。可以说，体育展示是竞赛进程的“指挥棒”，也是赛场气氛的催化剂。

2. 展示和传播赛事举办地文化、促进参赛队伍文化交流的重要途径

体育展示的内容创意能够展示主办地的文化和办赛理念，因此也被称为“文化展示”。

通过有针对性的精心策划，在音视频和现场表演等展示元素中合理地融入能够体现主办方地域文化特点、办赛理念、文明观赛习惯的因素，以促进各国文化交流，并通过各种手段使现场气氛热烈，使观众沉浸其中，从而达到对观众积极有效的引导。这么做一方面可以使观众熟悉和了解该项目的比赛规则、特点以及

恰当的呐喊助威方式，避免不文明用语；另一方面也能够突出表现和传播主办地文化。

3. 拓展市场开发的新平台

体育展示可以植入赞助商企业文化，增加宣传平台，丰富宣传方式和内容（不仅仅是图像大屏和记分牌中显示的纯广告，还包括现场表演、观众的互动环节等）。通过以上方式扩大赞助商发布窗口，能够较大幅度提升赛场广告的开发空间，保证赞助商得到更好的权益回报，以吸引更多企业予以赞助。

良好的体育展示可以使赛场的广告元素合理有序，避免广告信息“粗暴”体现。同时，针对综合性大型运动会拥有多家不同层次赞助商的情况，体育展示可以在赛场中对广告元素进行不同程度的体现，使赞助商的回报条件分出层次并突出主要赞助商的地位，促进赞助商赞助额度的增加。

据权威机构统计，体育展示水平的高低将直接影响观众的上座率，而现场气氛的好坏也将直接影响电视转播的效果，从而影响电视收视率。

4. 维护赛场安全的重要方式

作为在竞赛场馆中唯一的声音和画面的控制者，当场馆发生各方面应急、突发情况时，将担负对观众进行公告和疏导的任务，如发生重大意外情况时引导观众稳定、安全离场。因此，体育展示也是维护现场安全的关键环节。

5. 为每一届赛事留下丰富的体育文化遗产

体育展示将为各大赛事及主办地留下具有特色的视频、音频和现场表演资料库，不仅涵盖了体育竞技本身的珍贵记录，还容纳了包括主办地文化、项目文化在内的独特体育文化遗产。

同时，体育展示本身也将为各大赛事培养一批专业人才，打造一支支高水平的专业团队，积累一套成熟的大型国际体育赛事体育展示经验。通过体育展示人才库的不断扩大，促进体育产业与文化产业方面的互动发展。

## 四、体育展示的服务对象

精彩纷呈的赛事吸引着来自各地的客户群（Constituent Group），了解这些客户群的组成，对于体育展示工作的开展十分关键。在竞赛场馆内活动的体育展示受众可以分为7类：

（1）参赛运动员及随队官员（Athlete & Team Official）。

（2）技术官员（Technical Official）。

（3）奥林匹克或残奥大家庭（Olympic or Paralympic Family）。

（4）文字媒体（Press）。

（5）摄影媒体（Photo）。

（6）广播电视转播人员（Broadcaster）。

（7）观众（Spectator）。

每一类客户群还可以进行细分，比如技术官员包括国际技术官员（ITO）和国内技术官员（NTO）；奥林匹克大家庭成员的构成比较复杂，包括亚奥理事会官员（OCA）及其客人、亚洲单项体育联合会（AF）、国家和地区奥委会（NOC）、赞助商、转播机构的高级别人员、各国政要、主办组委会官员及其客人等等。

除了我们通常理解的观众外，亚运会竞赛场馆的观众还包括观看比赛的运动员（Spectating Athletes）和一般级别的赞助商等。体育展示作为赛事的“脸面和形象”，在向受众树立良好赛事形象方面发挥着重大的作用。

## 五、体育展示的工作目标

1. 安全准确的功能性与有特色的文化艺术性、娱乐性兼具

体育展示分为竞赛展示和文化展示两个部分。

竞赛展示，可以认为是体育展示整体工作的功能性内容，是体育展示工作的基础。它主要指按照亚洲单项体育联合会规则和竞赛规程规定的赛前内容展现视频、记分牌，以及与体育竞赛直接相关的现场广播和比赛信息。

体育竞赛展示主要包括确定各项目比赛期间涉及运动员、比赛成绩的播音内容和播出的时间，背景音乐的播放时间，记分牌上显示运动员的分段成绩和下一轮的出场顺序和时间，提出各项目在体育展示方面的特点和特殊需求。

文化展示，可以认为是体育展示整体工作的文化艺术性和娱乐性的内容，主要指比赛时强化观众的参与，加强观众与运动员之间的互动，以及赛前、赛后及间隙时保持高水平的观众娱乐活动。伴随着不断播放的视频素材、主题音乐、表演及其他正式活动，创造赛事的文化气氛并向世界展示举办地传统文化。

竞赛展示与文化展示相互贯穿、密不可分，绝不能简单割裂，在竞赛展示的功能性内容中，同时兼顾文化展示的内容和追求；而在文化展示的内容中，必须保障竞赛展示的安全和准确。二者有机结合，使功能性富于艺术性、娱乐性，文化艺术性保证功能性。

2. 搭建“外宣”和“内宣”的平台

大型赛事是一个难得的“外宣”平台，不仅要表现主办地的文化、艺术，也要充分体现赛场热烈、欢乐、文明的比赛气氛，从而达到不论是现场媒体，还是全世界电视机前的观众，对赛会和主办地有良好的印象和评价；而“内宣”

则是指通过体育展示团队的工作，使现场观众具有专业水平，在现场表现出热情、文明的素质，这也是“赛场文明”这个“老大难”问题的有效解决方式和手段之一。

对此，体育展示不仅要在赛时策划出丰富精彩的内容，为观众和运动员提供一个良好的展示舞台，还必须在筹备期配合有关部门做好深层次和长期的宣传活动工作。

3. 所有观众都可以获得“身临其境”和身临其“镜”的感受

既能使电视机前的观众“身临其境”地感受赛场气氛，又能使现场的观众身临其“镜”（电视镜头、屏幕）地清晰掌握比赛细节。

在秉承历史传统和规则要求的基础上开拓创新，形成有赛事主办地特色的赛场文化。例如在2010年广州亚运会期间，观众在16个项目的27个比赛场馆，可以看到多达2 500余场独具“亚洲特色、中国文化、岭南元素、时尚激情”的现场表演，其中具有代表性的就是吉祥物“乐羊羊”的表演。此届亚运会的吉祥物是五只运动、时尚的羊，分别取名阿祥、阿和、阿如、阿意、乐羊羊，组成“祥和如意乐洋洋”，其创意来源于羊城广州“五羊衔谷”的传说，表达了广州亚运会将给亚洲人民带来“吉祥、和谐、幸福、圆满和快乐”的美好祝愿，同时也传达了运动会“和谐、激情”的理念。

## 第二节　体育展示工作前期筹备

### 一、体育展示工作体系

#### （一）工作人员组织结构

以广州亚运会为例，体育展示团队由广州亚组委庆典和文化活动部体育展示领域、体育展示服务商、社会聘用人员以及赛时实习生共同组成。

赛时实习生来源于中山大学、华南农业大学、广东外语外贸大学、广州大学、广东商学院、广东工业大学、华南理工大学、华南师范大学、广州体育学院、星海音乐学院、暨南大学及广州体育职业技术学院12所广东高等院校。根据场馆体育展示工作的任务特点，将展示团队分为领导层、视频组、音频组及播报组。具体人员组织结构及赛时指挥结构如下表所示：

**体育展示专项工作团队员额汇总表**

填报部门（盖章）：　　　　　　　　　　　　　　　　填报时间：

| 序号 | 专项工作团队 | 人员岗位名称 | | 单班人数 | 班次 | 编制总数 | 人员类型 | | | | | | 已到岗人数 | 未到岗人数 | 未到岗人员拟来源单位（明确具体单位） | 人员到岗时间计划 | 备注（需省三会办支持人才请注明） |
|---|---|---|---|---|---|---|---|---|---|---|---|---|---|---|---|---|---|
| | | 部门 | 岗位名称 | | | | E | P | S | V | C | H | | | | | |
| 5 | 体育展示工作团队 | | 团队负责人 | 1 | 1 | 1 | | | | | | | 1 | 0 | 执行局正式员工 | 已到岗 | |
| | | | 统筹管理 | 1 | 1 | 1 | | | | | | | 1 | 0 | 执行局正式员工 | 已到岗 | |
| | | | 综合运行统筹 | 1 | 1 | 1 | | | | | | | 1 | 0 | 执行局正式员工 | 已到岗 | |
| | | | 设备统筹 | 1 | 1 | 1 | | | | | | | 1 | 0 | 项目顾问 | 已到岗 | |
| | | | 音视频统筹 | 1 | 1 | 1 | | | | | | | 1 | 0 | 执行局正式员工 | 已到岗 | |
| | | | 人员统筹 | 1 | 1 | 1 | 1 | | | | | | | 1 | 执行局正式员工 | 3月1日 | 新增员额（待批） |
| | | | 单项体联协调统筹 | 1 | 1 | 1 | 1 | | | | | | | 1 | 挂职干部 | 3月1日 | 挂职（待批） |
| | | | 场馆督导（大运中心赛区） | 1 | 1 | 1 | 1 | | | | | | | 1 | 执行局正式员工 | 3月1日 | 与颁奖仪式专项工作团队共用，新增员额（待批） |
| | | | 场馆督导（龙岗赛区） | 1 | 1 | 1 | 1 | | | | | | | 1 | 执行局正式员工 | 3月1日 | |
| | | | 场馆督导（宝安赛区） | 1 | 1 | 1 | 1 | | | | | | | 1 | 执行局正式员工 | 3月1日 | |
| | | | 场馆督导（南山赛区） | 1 | 1 | 1 | 1 | | | | | | | 1 | 执行局正式员工 | 3月1日 | |
| | | | 场馆督导（盐田赛区） | 1 | 1 | 1 | 1 | | | | | | | 1 | 执行局正式员工 | 3月1日 | |
| | | | 场馆督导（福田赛区） | 1 | 1 | 1 | 1 | | | | | | | 1 | 执行局正式员工 | 3月1日 | |
| | | | 场馆督导（罗湖赛区） | 1 | 1 | 1 | 1 | | | | | | | 1 | 执行局正式员工 | 3月1日 | 新增员额（待批） |
| | | | 场馆督导（坪山赛区） | 1 | 1 | 1 | 1 | | | | | | | 1 | 执行局正式员工 | 3月1日 | 新增员额（待批） |
| | | 合计 | | | | 15 | 10 | | | | | | 5 | | | | |

### （二）工作领域汇报制度

1. 内部汇报制度

在场馆体育展示团队内部，由场馆体育展示经理负责安排全团队的日常工作。场馆体育展示导演、副经理向场馆体育展示经理汇报；场馆体育展示副经理协助体育展示经理进行日常管理工作，其余展示人员遵循向体育展示导演汇报的程序。

2. 对外汇报制度

场馆体育展示团队作为组成场馆团队的业务口之一，循例向场馆主任、副主任汇报。

### （三）工作任务与岗位职责

1. 体育展示经理

（1）制订总体及日常工作计划、工作方案（根据工作需要以周/月为单位）；

（2）召开并组织团队会议，布置总体工作任务；

（3）参加场馆或组委会要求的相关会议，向团队传达会议精神；

（4）协调其他领域，保障本团队必要的工作硬件设施和软件设施齐全；

（5）管理协调团队内部分工；

（6）为团队提供后勤保障；

（7）考核团队内部成员；

（8）按照要求向核心团队或项目负责人汇报工作；

（9）配合导演完成相应体育展示业务工作。

2. 体育展示副经理

（1）协助体育展示经理完成本团队的场馆运行管理工作；

（2）在体育展示经理不在岗的情况下行使体育展示经理的权利、履行体育展示经理的职责与义务。

3. 体育展示经理助理

（1）完成体育展示经理交与的工作任务；

（2）在体育展示经理不在岗的情况下行使体育展示经理的权利、履行体育展示经理的职责与义务；

（3）协调团队内部合作。

4. 体育展示导演

（1）组织收集相关信息、组织研究竞赛项目、组织学习体育展示业务；

（2）拟订各种业务计划，如学习计划、演练计划；

（3）制定体育展示模板和流程单；

（4）赛前组织业务演练，向各职位部署准备工作，督促其按时完成任务；指挥各业务职位进行演练并检查其执行情况；演练后召集各业务职位分析问题和布置改进任务；

（5）赛前指挥演练；赛时现场执行，指挥各业务职位进行体育展示工作；

（6）定期向经理汇报业务工作进展情况；

（7）向经理提出赛时业务职位人员排班建议；

（8）组织建立体育展示应急预案。

5. 体育展示助理导演

（1）协助导演制作模板、流程单；

（2）演练及赛时阶段负责模板、流程单、脚本的分发及保存等文本管理工作；

（3）同其他与体育展示工作直接相关的领域配合演练时，负责协调、沟通、安排其他领域参与演练的人员（如颁奖仪式志愿者、竞赛引导员等）；

（4）记录演练中各业务职位出现的问题，向导演提出改进建议；

（5）导演未到位或不在岗时，全面履行导演职责（如赛前组织学习竞赛项目、安排演练计划、布置各业务职位任务、制作流程单、指挥演练，赛时代导演现场执行）；

（6）代行导演职责结束后，向导演汇报工作。

6. 中英文播报员

（1）学习本比赛项目流程、规则和术语等信息，撰写场馆播报稿，并送交到场馆各相关业务口进行审核确认；

（2）赛前筹备期依据场馆和比赛的不同，调整播报状态，熟悉播报稿件；

（3）赛前确认各国家名称、运动员姓名、裁判员姓名等必要信息的正确发音；

（4）赛时在导演指挥下，正确、及时地播报赛事信息。

7. 中英文评论员

（1）学习本比赛项目流程、规则和术语等信息，并与导演、竞赛专家等讨论评论的方式和时机，如有必要需撰写评论稿；

（2）查找并熟悉本项目和相关运动员的历史信息；

（3）赛前筹备期依据场馆和比赛的不同，调整评论状态，熟悉评论信息；

（4）赛前确认各国家名称、运动员姓名、裁判员姓名等必要信息的正确发音；

（5）赛时在导演指挥下，准确、及时、生动地对赛况进行实时评论。

8. 播报助理

（1）熟悉场馆各业务口资料，提供并收集各业务口需求信息，协助播报员进行播报稿件的撰写；

（2）赛前协助播报员、评论员收集比赛项目和运动员信息；

（3）赛时负责提供紧急信息收集工作和应急播报撰写及相关审核工作；

（4）赛后负责收集播报信息，按规定整理后上交给体育展示导演。

9. 视频导播

（1）赛前为视频素材的创作提供创意、思路等；

（2）灵活熟练地使用各种视频设备，掌握视频系统构架；

（3）配合视频编辑进行相关信息和素材的收集整理；

（4）熟悉所有的视频素材，为模板的视频部分提供意见，协助视频编辑进行"每日精彩集锦"的制作；

（5）赛时负责通过切换台从各路不同的信号画面中，选择要切至大屏幕的画面，必要时能够调度现场摄像机位；

（6）对赛场的突发情况能够迅速反应，保证大屏幕输出的安全性。

10. 视频操作员

（1）赛前为视频素材的创作提供创意、思路等；

（2）灵活熟练地使用各种视频设备，掌握视频系统构架；

（3）配合视频导播完成视频切换，并听从导演的指挥；

（4）对赛场的突发情况能够迅速反应，并使用各种视频应急设备，保证大屏幕输出的安全性；

（5）负责收录比赛时的公共信号等。

11. 视频编辑

（1）赛前为视频素材的创作提供创意、思路等，并协助制作团队完成各个视频片的创作；

（2）进行相关视频信息和素材的收集整理及培训素材的制作；

（3）对赛时收录的视频文件进行整理和分类；

（4）制作本项目的“每日精彩集锦”。

12. 音响师

（1）赛前结合项目特点，挑选合适的体育展示音乐，并进行一定的音乐编辑，保证赛场音乐的精彩性和多样性；

（2）赛前将需要的国歌与音乐提前录入，确保音乐质量；

（3）负责与音频设备供应商联络，保证音频设备的正常使用；

（4）赛时在体育展示导演的指挥下，负责赛场播报、音乐播放等扩声工作；

（5）与转播商等技术部门配合，共同完成音频信号的设置和传送。

13. 助理音响师

（1）赛前结合项目特点，挑选合适的体育展示音乐，并进行一定的音乐编辑，保证赛场音乐的精彩性和多样性；

（2）协助音响师赛前将需要的国歌与音乐提前录入，确保音乐质量；

（3）赛时在体育展示导演的指挥下，负责音乐内容的选择和播放工作；

（4）赛后负责体育展示项目音乐资料的收集整理。

## 二、体育展示元素及设备介绍

### （一）体育展示元素介绍

1. 音频

体育展示的音频，是活跃赛场气氛的重要元素。创意性的音乐制作、编辑，以及精妙的控制、播放，能将比赛的各个环节融为一体，使观众们不仅观赏到精彩的体育比赛，还欣赏到一场富有艺术性的“体育音乐会”。

在赛前，体育展示的音频创作是复杂多样的。音频制作要结合项目特点有针对性地进行音乐、音效的制作与编排，让每一个亲临赛场的观众都能够通过现场音频感受到项目的魅力和精彩。

同时，比赛中所播放的音乐，会结合每个参赛国或地区的民族特点，甚至将运动员的个人音乐爱好融入其中。在赛场上听到自己喜爱、熟悉的歌曲势必能促进运动员更好地发挥，获得更好的成绩。同时，这能够更好地调动现场观众的情绪，使现场的气氛达到高潮。

此外，体育展示的音频还准备了多种音效以配合比赛本身的进程。如标志性的进球音效、失球音效、犯规音效等。这使得体育展示的音频更具竞赛服务性和功能性。

体育展示音频的播放，主要由音响师进行，还会根据场馆的不同配备助理音响师及现场DJ。在赛场上适时适量的音频播放对竞赛本身是十分重要的，因此对于音响师专业素质的要求很高，同时要和组委会提前沟通，在保证比赛顺利进行的情况下，最大化地发挥出体育展示音频的无限魅力。

2. 视频

在赛场上的图像大屏幕承载着体育展示的重要作用。它不仅能够进行主办地、赛会的形象宣传，还能够服务于现场观众。

在比赛前，体育展示的视频制作将整合属地宣传片、赛会宣传片等，进行视频清单的编排，合理地在比赛的不同阶段进行播放。这是让观众了解主办地文化、领略地域特色并体味赛会办赛理念及历程的一扇窗口。

视频制作还结合观众服务，制作一系列具有服务性的宣传短片，来引导观众自觉维护赛场秩序、文明观赛等。

为了让观众能够更好地了解比赛项目，视频制作可以根据情况在赛前针对每个项目的特色制作诸如“项目规则介绍”、“项目历史回顾”、“项目英雄榜”等视频片，让现场观众在观赛的同时，能够更好地了解该项目及其所传达的体育精神，从而提高观赛质量。

在比赛过程中，视频团队将在大屏幕上现场直播比赛的画面，给现场观众展现最好的视觉画面，以便观众欣赏比赛、了解实时赛况。

此外，视频团队还准备了大量的观众互动短片，在比赛的间隙或赛队得分时带领观众一起为运动员加油助威，达到最佳的现场效果。

更重要的是，体育展示的视频团队还将及时地制作每场比赛的“精彩镜头集锦”、每日的“奖牌榜”等等，扮演了赛场上“体育新闻员”的角色，不仅回顾了先前的比赛，还能实时更新各类比赛的结果信息等。（此类片子的制作需要根据场馆技术设备情况而定）

3. 公共记分牌

用于计时、记分的公共记分牌在现今的大型赛事中成为体育展示新的领域。大量的赛事信息和观众服务信息、应急处理办法，以及关键时刻的气氛渲染等都可以以动画的形式展现在记分牌上。它简单、直接，并且高效、权威。

公共记分牌在赛前将辅助现场视频的播放，同样起到服务赛事、服务观众、服务竞赛等多种功能。此外，公共记分牌发布重要信息的作用不容忽视，它不仅提供比赛过程中最新的比分情况，同时也显示比赛时间，方便运动员调整比赛节奏以及观众明晰比赛进程。在比赛结束后，公共记分牌及时地显示最新的赛果，并且非常详尽细致，让观众在第一时间获得最完整的比赛信息。

4. 播报

赛场播报负责最直接的宣传引导、信息公布等任务，是赛场体育展示最不可或缺的元素。

在赛前，播报将介绍本场比赛信息、当天天气情况等多种与比赛相关的内容，同时也播报相应的观众服务信息，音频、视频将配合播报，以达到最好的效果。更重要的是，播报员担负着宣告比赛开始、运动员入场、参赛队介绍、比分介绍、颁奖仪式等重要比赛环节的播报任务。因此，播报员的水平高低，直接决定着比赛能否顺利进行。优秀的比赛播报，不仅能流畅地串联起比赛的各个环节，并且能通过深厚的文化修养、丰富的体育知识，为现场观众带来融合了激情与智慧的观赛感受。同时播报员必须具有快速的反应能力，能针对赛场随时出现的不可预知情况，进行正确有效的播报。如遇到突发事件时，要求播报员必须保持冷静，正确地引导观众保持秩序。

5. 评论

体育展示现场评论是根据比赛进程所提供的实时解说，通过评论，结合现场大屏幕，实时向观众说明比赛进程，普及竞赛知识，增强观众参与感。对于评论员的专业要求很高，不仅要十分熟悉项目规则，还要熟悉项目参赛队伍及明星，并对比赛的战略战术有相应了解。

6. 现场表演

现场表演是指在比赛间隔期，为烘托现场气氛、带动观众热情而进行的表演活动，其特点是节目短小精悍，富于鼓动性，并且具有观众互动性。现场表演不仅能够丰富比赛间隙，还能放松观众们紧张的神经。体育展示现场表演更是在融合传统娱乐表演特点的基础上，突出强调了体育项目的独特魅力，将体育知识、文化与大众娱乐充分融合，使观众们易于接受又乐于参与。出色的现场表演甚至能成为体育赛事票房的“催化剂”。

7. 舞美

体育展示赛场舞美包括灯光、焰火、彩带、赛场景观布置等元素，这些元素是构成完整、生动赛场娱乐活动的重要组成部分。舞美的好坏直接影响现场观众对比赛的体验感受。同时好的赛场舞美能够为运动员提供良好的比赛环境和氛围，促进运动员更好地发挥。在体育展示中，舞美是通过音乐、视频、舞蹈的结合，把赛场打造成包括体育、文化、娱乐在内的综合性展示平台。

**（二）体育展示设备**

体育展示的音、视频系统以场馆内现场扩声、视频大屏为播出平台，是一套搭建于比赛场馆内的独立的、专用于体育比赛现场的电视节目直播系统。本套系统的技术要点是现场实时收录、编辑并播出，同时要求安全可靠性高、操作维护方便、功能齐全、系统流程清晰。它是一套真正意义上的现场直播制作系统。

1. 体育展示音频设备

（1）音频系统。

体育展示的音频系统以调音台为核心，将各路音源，即话筒（现场播报及评论）、硬盘播放机、MD 机、CD 机、视频播放机等设备拾取或播放的声音输入调音台，通过调音台选择、处理、混合，输出到场馆主扩声室，最后通过扬声器传遍整个体育场馆。

现场调音台主输出除了要送到场馆扩声系统，还会根据需要分送现场的记录设备。

（2）音频设备。

主要音频设备包括：

①调音台（松下的数字调音台 wR－D40）。

②话筒（有线、无线）。

③Instant Replay 多功能硬盘录音机（即时放）。

④CD 播放机。

⑤MD 播放机。

⑥监听音箱及耳机（满足工作在控制室进行情况监听）。

⑦线材等。

2. 体育展示视频设备

（1）视频系统。

体育展示的视频系统包含切换台、信号源、播放设备、监视设备、收录设备几个部分。在电视现场直播系统中，切换台是视频通道的核心，用于从多路节目源选出所需的一路或两路信号进行处理和播出；体育展示外来的信号源主要是指赛时来自于转播商制作的现场直播电视信号；播放设备用于在赛前、赛中、赛后播放体育展示预先制作的赛会专题片系列；监视设备则是用于体育展示各个重要岗位对于现场视频源及大屏播出和备播内容的监看；收录设备一方面用于存储比赛内容以便本场比赛精彩镜头的简单编辑，另一方面记录大屏播出以及现场播报等体育展示的内容。

对于有两个视频大屏的比赛场馆可以提前设计分两路视频分别播出，通过切换台的两个 PGM（Program），或者采用切换台的 AUX 辅助输出，以便多方位进行现场展示。

（2）视频设备。

主要视频设备包括（以奥运会体育展示视频系统为例）：

①切换台（Thomson Grass Valley INDIGO 多功能数字视、音频特技切换台）。

②Thomson Grass Valley TURBO 多媒体工作站。

③DMR。

④DVD Player（DVD 放像机）。

⑤监视器。

⑥视频切换矩阵。

⑦非线性编辑系统。

⑧磁带放像机。

⑨线材若干。

注：根据场馆具体配置情况而定，有些场馆并非音频、视频设备均齐全，如第 16 届亚运会蓝球项目广州体育学院场馆只配备了音频设备。

## 第三节 体育展示工作实施规划

### 一、体育展示工具

体育展示工作的实施是在竞赛项目对体育展示的需求基础上，通过制订详细的实施计划，最终指导体育展示的具体工作。而具体的流程单及播报脚本则是落实工作计划的必需载体。

**（一）流程单**

流程单是体育展示赛时所用的最有效的工具。流程单是以赛事各场比赛的运行时间为主线，将每个时间点的视频、音频等各项展示元素有机融合编制形成的项目流程单。各项目的流程单必须根据各竞赛项目的具体要求，融入各比赛项目的特殊性的具体展示内容而定。

1. 流程单制作规范

在每个时间点均要清晰地注明比赛时间、持续时长；播报脚本的标志性内容、配合播报的音乐类型及名称；现场公共记分牌所显示的图标、文字、标识和视频方面的内容，如各种宣传片的名字、项目动画等；现场表演的表演形式等内容。根据具体时间点，分别策划和制订对应的元素工作方案。

根据竞赛每日运行工作安排，制定形成每日项目流程单及每场比赛工作流程单。

2. 流程单制作要求

（1）明确时间点。

（2）各场馆团队首先明确三个重要时间点：开门时间、运动员入场倒计时、比赛开始时间（Zero Time）。

（3）倒计时阶段播报通用项目化内容。其中包括运动员入场前欢迎词、观众服务内容播报、项目历史介绍、项目规则介绍、属地相关情况介绍等等。

（4）倒计时阶段通用音乐内容。其中包括开场标志音乐、倒计时音乐等，这些阶段通用音乐必须与播报融合为一个整体。

（5）倒计时阶段项目化音乐。其中包括运动员入场音乐、运动员介绍音乐、热身音乐、比赛结束音乐。

（6）公共记分牌。记分牌内容也应该配合播报进行显示，主要包括入场观众欢迎词、赛事介绍、观众服务内容播报、项目历史介绍、项目规则介绍、属地相关情况介绍等等。

（7）视频。视频为体育展示的重要手段，会播放赛事宣传片、项目片头、精彩集锦等内容。

**（二）播报脚本**

1. 播报脚本的内容

播报脚本是赛时中、英文播报所参照的重要文字资料，也是体育展示的最基础元素。它的内容包括赛事信息、比赛场馆信息、竞赛项目信息，运动员资料、历届项目竞赛信息等。

2. 播报脚本的分类

根据其功能不同，播报脚本大致分为通用播报脚本、项目播报脚本、应急播报脚本三种。

通用播报脚本通用于各个赛事，可以在各场馆进行播报，但考虑到各场馆和赛事情况各不相同，所以还必须加入部分个性化内容。一般而言，通用播报脚本主要包括赛事欢迎词、观众服务播报内容（入场、退场、天气预报信息等）。

项目播报脚本是指根据各竞赛项目及不同场馆的具体情况进行差异性内容播报的部分，包括：

（1）观赛礼仪：根据各项目对现场观众观看比赛时的不同要求，制定不同项目的观赛礼仪。

（2）各亚洲单项联合会的介绍、项目的历史起源、项目规则的介绍等。

（3）各场或轮次比赛前，运动员或运动队、教练员或领队及裁判的介绍。这部分内容的即时性非常强，需要播报员和播报助理重点关注。

（4）参赛运动员或运动队的背景介绍、历史战绩等内容。

（5）颁奖仪式阶段，包括颁奖提示语、颁奖项目的介绍，主要颁奖嘉宾和陪同颁奖嘉宾头衔、国籍和姓名的介绍，运动员或运动队的名次、代表国家和姓名的介绍等内容。

应急播报脚本主要是在赛时为了处理一些紧急突发的、不可预知的及不可抗的事件，而配合场馆或其他业务口进行应急播报的信息。这些信息虽然为即时信息，需要赛时采取必要的程序进行采集，但在赛前需要体育展示与场馆部门进行协商，制定必要的审批程序与播报工作流程。

## 二、体育展示赛后工作

### （一）每场比赛后

当场比赛结束后，体育展示团队全体成员要在赛后第一时间回到体育展示办公室，在体育展示经理的带领下，对当场比赛的体育展示工作作回顾和总结。请导演、中英文播报员、评论员及视频、音频等各个岗位的工作人员分别陈述当场比赛中所出现的问题，或者是表现好的方面，以待在下场比赛中规避错误，有更好的发挥。经理助理要做好会议记录，每天写工作小结，同时收集各个业务口的文字材料、视频音频资料等，做好统筹管理和留档工作。

### （二）所有赛事结束后

在一场大型运动会全部结束后，要加强场馆团队档案管理工作，根据国家档案局《机关文件材料归档范围和文书档案保管期限规定》、国家体育总局《大型运动会档案管理办法》的规定，应明确各类文件材料归档范围、归档责任，各业务口应将档案工作纳入工作计划，各业务口档案工作责任人及兼职档案员应根据文件材料归档范围及归档责任做好档案整理、归档等工作。

体育展示部门要整理归档的材料包括以下三种：

（1）《体育展示运行手册》。

（2）运动会视频、音响、播音方面的文件材料（如流程单、播报脚本等）。

（3）反映体育展示工作的其他文件材料（如场馆通知、工作总结等）。

待所有材料收集、整理、归档工作完成后，上交场馆团队存档。体育展示经理要检查体育展示办公室家具、设备等是否完好无损，该归还给场馆团队的要按时归还，待场馆团队验收完毕，方可离开。

体育展示经理要组织全体工作人员认真总结本次运动会中所有的优缺点，向场馆团队上交个人总结及部门工作总结。一是为本次运动会体育展示工作历程留下纪念，二是为日后大型运动会上的体育展示积累宝贵的经验，使体育展示在一届又一届大型运动会的历练中越来越成熟稳定，不断发扬光大，走向辉煌。

## 思考题

1. 什么是体育展示？体育展示的功能有哪些？

2. 体育展示有哪些元素？
3. 流程单的制作规范及要求是什么？
4. 什么是播报脚本？
5. 播报脚本分为哪些类型？
6. 体育展示赛后工作有哪些？作用是什么？

# 下编　案例

# 案例1　北京奥运会媒体运行

## 一、北京奥运会媒体运行概述

北京奥运会期间共有32 278名记者参与报道，其中注册记者26 298人，非注册记者5 980人。记者人数超过历届奥运会，这也是中国历史上接待记者人数最多，中外交流最深入，对外传播最广泛、最集中的一次盛会。北京奥运会共有225家持权转播商参加电视转播工作，第一次全部采用高清信号进行电视转播。200多个国家和地区的媒体进行了500多个小时的报道和转播，转播规模是雅典奥运会的三倍。全球共有47亿人收听、收看了北京奥运会的转播，创造了奥运会新闻转播历史的新纪录。[①]

## 二、北京奥运会媒体运行组织架构

由于北京获得第29届奥运会主办权，同时面对增长的媒体注册人群和媒体对北京奥运会超高的关注度，因此，在2004年4月，BOCOG设立了媒体运行部。该部主要负责为注册文字、摄影记者以及非持权转播商工作人员提供尽可能好的工作条件，同时负责协调相关部门为持权转播商和主转播商，即北京奥林匹克转播有限公司（BOB）提供转播服务。媒体运行部的工作任务是保证媒体人员能够尽其所能、以最佳的状态报道奥运会，从而使奥运会得到各种媒体的最充分的报道以及拥有最广泛的受众。下图为北京奥运会媒体运行组织体系图：

① 蒋效愚. 奥运会对中国国家形象影响的分析. 新浪财经. http：//finance. sina. com. cn/hy/20081114/21535509749. shtml.

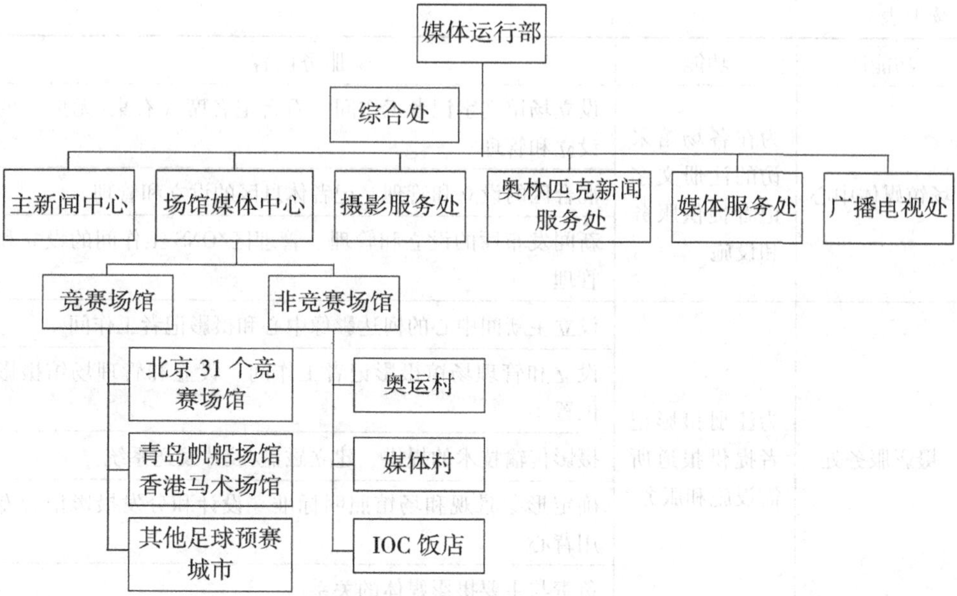


**北京奥运会媒体运行组织体系图**

北京奥运会媒体运行组织体系包括主新闻中心、场馆媒体中心、摄影服务处、媒体服务处、奥林匹克新闻服务处、广播电视处六个部分，各部分的主要内容如下表所示。

**北京奥运会媒体运行各功能区分工与任务分解表**

| 功能区 | 功能 | 服务内容 |
|---|---|---|
| 主新闻中心 | 赛时媒体运行的总部。注册文字和摄影媒体记者的主要工作场所 | 主服务大厅　新闻发布厅 |
| | | 文字记者工作间　租用工作间 |
| | | 摄影记者工作间　柯达影像中心 |
| | | 技术支持　语言服务　成绩分发 |
| | | 商店　餐饮服务　银行　医疗室　邮局　图书馆　报刊亭　交通和安保 |
| | | 媒体运行/IOC办公室　后勤管理 |

（续上表）

| 功能区 | 功能 | 服务内容 |
|---|---|---|
| 场馆媒体中心 | 为在各场馆采访的注册文字记者提供服务和设施 | 设立场馆文字记者工作间　看台记者席（有桌/无桌）的设立和管理 |
| | | 混合区的设立和管理　记者休息区的设立和管理 |
| | | 新闻发布厅的设立和管理　管理区/ONS 工作间的设立和管理 |
| 摄影服务处 | 为注册摄影记者提供报道所需设施和服务 | 设立主新闻中心的柯达影像中心和摄影记者工作间 |
| | | 设立和管理场馆摄影记者工作间　设立和管理场馆摄影位置 |
| | | 摄影传输技术的提供　建立磁盘/胶片发送系统 |
| | | 确定形象景观和场馆照明标准　设计和分发摄影记者专用背心 |
| | | 负责与主要摄影媒体的关系 |
| 媒体服务处 | | 注册　交通　住宿　收费卡　志愿者　语言服务　技术　媒体关系　安保 |
| 奥林匹克新闻服务处 | | 通过奥林匹克新闻信息系统，提供包括运动员信息和赛事信息在内的新闻信息服务 |
| 广播电视处 | 协助电视转播进行 | 摄影机位　混合区　后院　卫星上传区　风景摄影 |
| | | 评论员席　观察员席　评论控制室　传播信息办公室 |

## 三、北京奥运会媒体运行部的工作机制

奥运会的组织工作是极其复杂的，需要各功能口紧密配合。这就决定了无论在筹备阶段，还是在赛时运行阶段，会议是各功能区相互了解、沟通和达成共识的最有效途径。

一般来说，会议达成的成果以纪要形式上报，经批准后实施。

### （一）筹备阶段

专题汇报会：组委会的专题讨论会。一般由组委会的主席或副主席就奥运会筹备工作进展中某个专题听取职能部门的汇报，解决在筹备进程中出现的问题。

部务会：职能部门内部会议。一般一周一次，总结一周工作，讨论下一周需要开展的工作，其中包括需要提交给上级领导解决的问题。

周例会：一般在制订计划时需要定期举行的会议。由与计划相关的部门代表

参加制订前期的战略计划和计划纲要，筹备后期的场馆运行计划，主要就计划中涉及的相关问题达成共识，并理清相关职能部门应承担的责任。

沟通会：在计划制订过程中主办方与相关职能部门需单独协商举行的会议，就场馆运行的需求和可能出现的问题进行评估，并就解决方案达成共识。

### （二）赛时运行阶段

场馆例会：赛时运行期间每日定时举行的会议。由场馆主任/经理或功能区代表参加，汇报场馆过去一天的运行情况，讨论次日的运行计划，并解决运行中出现的问题。如在运行中有突发情况，还需举行紧急会议，提出解决办法。

功能区例会：场馆某一功能区（场馆媒体区）每日定时举行的会议，由媒体区各功能区主管参加，汇报过去一天的运行情况，讨论次日的运行计划，并解决运行中出现的问题。如在运行中有突发情况，还需举行紧急会议，提出解决办法，并向场馆媒体副主任汇报。

汇报机制：赛时运行期间，包括媒体运行在内的各功能区都采用双线汇报制度，即将每天的运行情况（问题）由功能区负责人在向场馆主管负责人汇报的同时，又向主管职能部门领导汇报。

（1）以媒体运行为例，它的汇报制度是向所在场馆媒体副主任和在 MPC 的媒体运行部 VMCs 经理汇报。

（2）MPC：MPC 场馆主任（经理）向媒体运行部和 MOC 汇报。

（3）IBC：IBC 场馆主任向媒体运行部和 MOC 汇报。

（4）VMCs：VMCs 经理向媒体运行部和所在场馆媒体副主任汇报。

（5）Photo Service：场馆摄影经理向媒体运行部摄影服务总经理和所在场馆媒体副主任汇报。[①]

## 四、北京奥运会媒体运行的特色

我国是第一个举办奥运会的发展中国家。通过北京奥运会，中国向世界展示了一个社会主义国家和一个世界大国的实力。这是中国第一次举办奥运会，也是中国举办过的规模最大的体育赛事。北京奥运会组织工作的各领域都有不同的特点，而媒体运行的特点归纳起来有以下几点：

### （一）记者数量庞大

北京奥运会的记者人数超过历届奥运会，共有 32 278 名记者参加报道，其中注册记者 26 298 人，非注册记者 5 980 人，225 家持权转播商参加电视转播工

① 参见北京奥运会媒体运行志愿者培训教材——《奥运会媒体运行》。

作。这是我国历史上接待记者人数最多，中外交流最深入，对外传播最广泛、最集中的一次盛会。

**（二）新闻竞争要求高质量的服务**

现代奥运会的新闻竞争绝不亚于竞技场上的运动员争夺金牌。对世界上不同国家和地区的媒体来说，都有其不同的截稿时间，在截稿时间之前的每一分钟都价值千金，记者会争分夺秒。如果媒体班车晚点，或通讯发稿不顺畅，或者信息接收失败，记者的发稿时效都会受到影响，轻则受到老板批评，重则会丢饭碗。

**（三）媒体运行的接口多，协调难**

媒体运行工作依赖组委会各职能部门的支持，如注册、住宿、安保、交通、INFO 2008 和技术等部门人员，还有 MPC 和 VMCs 所在建筑业主和场馆运行部门人员，市政府相关部门（如邮政、电信、银行、餐饮、旅游）的工作人员。各方人员在某一个时间段里集中到一起，思想认识和工作节奏很难协调到完全一致的地步。而在过去多年中形成的“各自为政”的工作思路，将是我们做好服务工作的最大障碍。①

## 五、经验与问题

奥运会不仅是一次运动员的比赛，同时也是媒体的一次竞争和比赛；不仅是一次体育盛会，也是一次最大规模的媒体采访活动。北京奥运会媒体运行的成功意味着它为记者提供了满意的服务，也意味着它在各国记者面前为中国树立了美好的形象。

**（一）经验**

1. 奥运会国际采访政策放宽，新闻自由让世界更好地认识中国

北京奥运会给中国打开了一扇面向世界的窗户，通过筹备奥运会，中国的相关政府部门、企业甚至老百姓都扩大了与世界其他国家的交流，加深了对世界的认识。不同的文化、不同的理念，因为奥运会而得到了交流。在这个过程中，中国从世界其他国家那里学到了许多先进的理念和做法，了解了其他国家的文化。更重要的是，通过奥运会让世界认识和了解了中国，中国的形象和文化通过奥运会这一窗口传播出去，而传播者正是参与报道奥运会的媒体。徐济成说：“在奥运会之前，很多外国人是用有色眼镜看中国的，认为一个发展中国家办不成这样一届出色的奥运会，但是我们做到了，原来有限制的采访政策现在也放开了，外

---

① 参见北京奥运会媒体运行志愿者培训教材——《奥运会媒体运行》。

国记者想采访谁就可以采访谁，这样的新闻自由是世界上任何一个国家都做不到的。”①

2. 吸取往届奥运会媒体运行的经验和教训，积累媒体运行经验

（1）取得组委会内部与相关的外部协作单位和部门对媒体运行的共识，是奥运会媒体运行成功的基础。媒体运行应通过吹风会和研讨会等方式，确保主要职能部门对注册文字和摄影记者的作用有一个全面的理解。

（2）制订既满足 IOC 要求，又符合中国和北京地方特点的运行计划，是媒体运行成功的保证。

（3）与组委会的其他部门，特别是与运动会服务部、技术和体育部间的紧密合作，是媒体运行成功的重要手段。

（4）建立一支了解奥运会新闻需求、有媒体背景、有专业知识和管理经验的核心团队是媒体运行组织的保证。

（5）在制订计划的早期，征召参加过上一届奥运会的有经验人士，并将他们放在重要岗位或者当顾问。此举对媒体运行获得成功大有帮助。

（6）雇用职业记者或拥有大型活动媒体技能的专业人员担任媒体运行的主要管理职位。原因在于，拥有上述职业经历的媒体运行工作人员能够从第一手资料中了解到文字和摄影记者需要什么，并完成相应的工作。

（7）奥林匹克新闻服务处的工作人员应有编辑、体育、IT 和奥林匹克的背景，以提供最佳的 INFO 内容。

（8）与住宿、交通和注册部门保持密切的工作关系，由他们为文字和摄影媒体提供必要的服务。

（9）与主转播商合作，就场馆内共享的服务、摄像/摄影机位、看台席及其他设施和运行事务达成共识。

（10）仔细倾听国际和国内记者对奥运报道的需求，在有限的预算和资源范围内满足他们的需求。

（11）不要承诺自己不能提供的东西。超出预期永远比低于预期要好。

（12）了解转播商的顾虑、权利和担忧，但是不要被他们出钱报道奥运会的论调吓倒，因双方都为奥运会有所投入。

（13）媒体运行核心人员，特别是各领域的经理应在早期加入运行团队，并介入运行计划，这样将有助于媒体运行任务的落实。

北京奥运会积累了宝贵的媒体运行经验，为我国积蓄了 200 多名具有大型体

① 参见王丽．大型体育赛事新闻中心的媒体运行机制研究．北京体育大学硕士学位论文，2009．

育赛事媒体服务专业知识和经验的人才，这弥补了我国大型体育赛事承办经验不足、专业人才匮乏、机制不健全等缺陷，为我国日后继续成功承办或举办国际性大型体育赛事提供了可能性。①

北京奥运会媒体运行服务受到媒体的广泛肯定，为我国国内大型赛事在此方面的媒体服务积累了经验。

（二）问题

1. 相关专业人员的缺乏，对媒体服务的重要性认识不够

在美国，几乎每个大学都有自己的体育信息专家来专门为媒体服务，他们就职于体育部的媒体办公室，专门处理和协调学校的运动队或队员与媒体的关系。而这一行业的联盟 CoSIDA 内共有上千名成员，并且每年都会有新成员加入。他们通常都有媒体从业经验，能熟练撰写稿件、拍摄照片、更新网页或者编辑图片，并且了解各个体育项目的规则。这样大规模的专业媒体服务人才正是我国所缺乏的。

大型体育赛事的媒体服务人员要求具备三方面的素质：有媒体从业经验、熟悉体育知识和可熟练使用英语。这样的标准与体育信息专家很相近，但这样的专业人才在中国并不多。北京奥组委从各地的媒体中选拔出一批优秀的记者，要求他们熟悉媒体，了解体育，并且能熟练地运用英语。要想成为管理者则至少具有三次以上的大型体育赛事报道经验。“尽管北京奥运会培养了 200 多名媒体服务的相关人才，但总体来说，我国这方面的人才还很缺乏，”北京奥运会主新闻中心副主任徐济成说。例如在 2007 年女足世界杯一场日本队的赛后发布会上，出现了官方翻译哑口无言，日本记者情急之下客串翻译的尴尬局面。也是在这一年的女足世界杯上，有记者看到在个别赛区的个别区域，一些志愿者在比赛结束后将食品、纪念品塞进自己的包里；个别志愿者坐在椅子上，腿却跷在了桌子上；还有的志愿者一问三不知，这都令以“无偿提供优质服务”为宗旨的志愿者形象大打折扣。这些现象在北京奥运会的比赛场馆里也会偶尔出现。这说明我们的媒体服务人员还不够专业，素质仍不够高，对于媒体服务的重要性还没有足够的认识，今后还要多加培训和教育。

2. 对待媒体的态度亟须转变，“只宣不传，只管不理”的现状须改变

传统的观念认为，媒体是洪水猛兽，是统治者的宣传手段，是消磨时间的工具，这种观点将媒体作为服务的主体、管理的对象，媒体的报道内容需要以管理者的意志为转移。从建国至今的六十多年里，我国体育组织与媒体的关系经历了

① 参见北京奥运会媒体运行志愿者培训教材——《奥运会媒体运行》。

从“兄弟式”协作关系、“朋友式”合作关系到如今的“伙伴式”竞合关系的转变。但传统的观念还有一些残余，要彻底转变仍需一段时间。

对于媒体服务意识刚刚萌动的中国，这样的问题也自然而然地出现在北京奥运会上。“很多人不熟悉媒体的工作性质，不了解媒体的需求，”北京奥运会主新闻中心副主任徐济成说，“在本届奥运会主新闻中心的筹备和运行过程中，遇到的最大困难就是其他相关部门的不理解。”主新闻中心作为一个服务部门，本身并没有资源，它的建设、筹备和运行都需要其他部门的支持和帮助，主新闻中心只是站在媒体的角度提出要求，然而提出的要求越多，其他部门的预算和负担也就越大，而大多数部门都把主要人力、物力和财力放在竞赛上，媒体服务意识并不是很强，对于跟运动员“争宠”的媒体很不理解，认为没有必要在媒体服务上下这么大功夫。这也是导致目前国内大型体育赛事媒体服务呈现“只宣不传，只管不理”现状的一个重要原因。

媒体服务是目前主流的媒体观，这一观念将媒体作为服务的客体，作为公共关系的对象和手段，管理者要尽一切努力满足媒体的需求，为媒体服务。这一观念一直为奥运会所推行，并且被越来越多的大型体育赛事所效仿。北京奥运会无疑加速了两者竞合关系的转变，但要让媒体服务意识深入人心，还有很长的路要走。

3. 媒体服务制度不健全，生搬硬套不合理

随着我国经济水平的提高，近几年承办的国际性大型体育赛事越来越多，包括世界大学生运动会，女足世界杯、WTA 中国网球公开赛等国际性大型体育赛事。国际单项协会通常都会有各自的媒体服务标准和要求，我国在承办国际性赛事时则必须遵循这些要求，但实际上，我国自身的大型体育赛事组织管理经验并不丰富，也没有相关的媒体服务制度。承办大型体育赛事时只能一味地模仿和照搬其他国家的经验，然而很多经验并不符合我国的国情，因此这必然会直接影响到比赛的质量。

“中国有自己的国情，有自己的媒体环境，”中国网球公开赛推广有限公司新闻宣传部经理周志刚说，“我们不能拿国外的媒体服务模式来生搬硬套，而是要总结出自己的方式方法。”中国网球公开赛推广有限公司有一套自己的媒体关系处理方法：在每年比赛结束后都会进行好新闻评选，给积极宣传比赛的媒体一些奖励；公司还开办了媒体网球沙龙，请专业的网球教练教记者们打球；日常生活中，公司与媒体的接触更是十分紧密的，每逢节假日都不忘给媒体的记者们送去祝福。这样的媒体关系更具有“人情味”，也更有中国特色。[1]

---

① 参见王丽．大型体育赛事新闻中心的媒体运行机制研究．北京体育大学硕士学位论文，2009．

# 案例2　第十一届全运会媒体运行

## 一、第十一届全运会媒体运行概述

第十一届全运会由国家体育总局主办，山东省人民政府承办，于2009年10月16日至28日在山东省举行。第十一届全运会到会记者为4 017人，创全运会历史之最。面对庞大的前方报道阵容，承办方通过赛前注册、发放记者证的方式对记者进行管理。第十一届全运会首次在国内大型赛事中引入媒体运行理念，并首次将其系统实践，组建了媒体运行组织架构，形成了相对完备的工作机制，由专人负责媒体运行工作的各个环节与岗位，实现了全运会历史上组织与管理工作的突破与创新。

## 二、第十一届全运会媒体运行组织架构

第十一届全运会组委会设新闻宣传部负责全运会所有文字、图片报道，宣传，公共关系等事宜，广播电视业务单独设广播电视部来负责（见图1）。新闻宣传部和广播电视部与竞赛部、市场开发部、安全保卫部、全运村等处于同一级别。

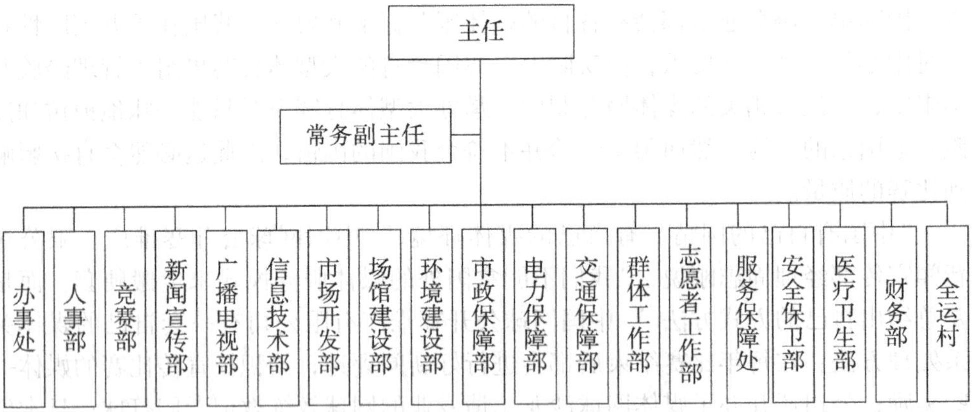


图1　第十一届全运会济南赛区组委会机构设置

第十一届全运会新闻宣传部下设综合处（类似办公室）、媒体服务处、新闻宣传处、社会宣传处、新闻中心、媒体关系处。各处的功能如下：

综合处：负责新闻宣传部下属各个部门间的工作协调与后勤保障；

媒体服务处：具体管理、运行并实施媒体人员在媒体村、场馆和工作地点所需要的各类生活与工作的细节服务；

新闻宣传处：负责组委会的官方信息发布以及为媒体提供相关信息服务；

社会宣传处：负责社会宣传活动的组织及协调；

新闻中心：负责全运会主新闻中心的管理与运行；

媒体关系处：重在与媒体进行沟通协调。

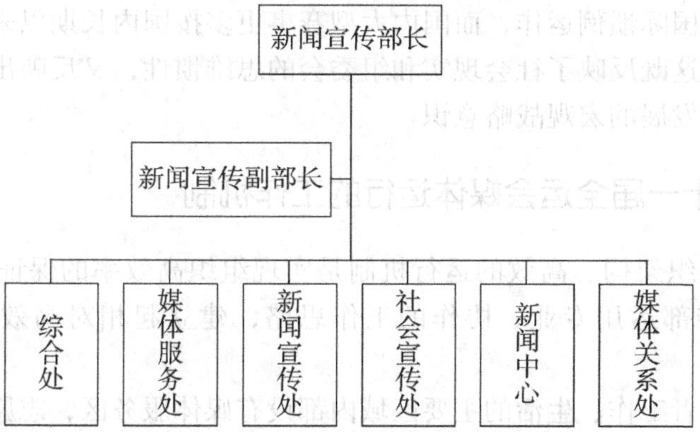


**图2　第十一届全运会新闻宣传部组织结构**

由图2可以看出，这一组织架构是在借鉴北京奥运会媒体运行部组织结构（见图3）的基础上，结合第十一届全运会自身情况而确定的。

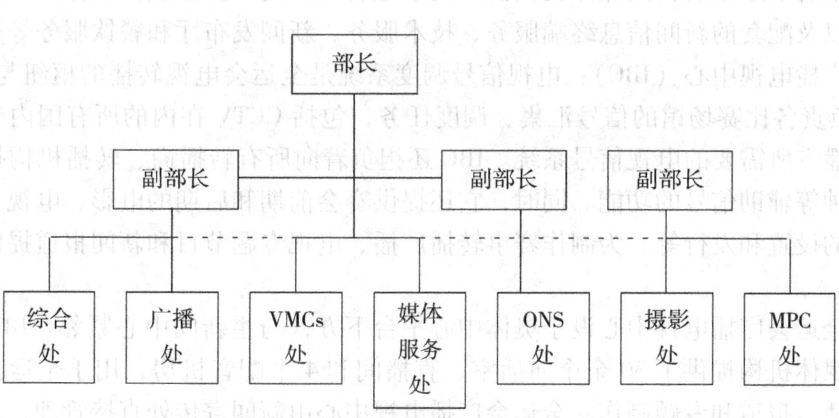


**图3　北京奥运会媒体运行部组织机构**

北京奥运会媒体运行部设1个媒体运行正部长，3个媒体运行副部长，而第十一届全运会设1个新闻宣传正部长，1个新闻宣传副部长。第十一届全运会新闻宣传部新设社会宣传处，负责社会宣传活动的组织及协调。媒体服务处与新闻中心并设，提升了新闻中心的地位，媒体服务处只负责场馆的媒体运行。媒体服务处、新闻宣传处、社会宣传处和媒体关系处并设，说明第十一届全运会对赛事报道之外的社会报道倍加重视。这也从一个侧面反映出济南举办第十一届全运会的目的重在城市宣传和社会发展。

比较北京奥运会和第十一届全运会媒体运行部门组织架构可以看出，北京奥运会更多地按国际惯例运作，而国内大型赛事更多按国内长期以来形成的宣传思维惯性运作，这既反映了社会现实和组委会的思维惯性，又反映出城市通过举办赛事促进城市发展的宏观战略意识。

## 三、第十一届全运会媒体运行的工作机制

精简的组织架构、高效的运行机制是实现组织高效率的保证。第十一届全运会新闻宣传部运用专业、协作的工作思路，建立起相对高效、畅通的运行机制。

在媒体记者工作、生活的主要区域内都设有媒体服务区，志愿者和工作人员为媒体提供较高水平的服务。

### （一）专业、全面的媒体运行服务

第十一届全运会媒体运行实行划区管理、专人负责的运行方法。

主新闻中心：主新闻中心是新闻记者的大本营，由新闻宣传部直接负责，向所有采访全运会的新闻媒体提供公共文字记者工作间、摄影媒体工作间和服务中心，以及配套的新闻信息终端服务、技术服务、新闻发布厅和餐饮服务等等。

广播电视中心（IBC）：电视信号调度系统是全运会电视转播的枢纽与核心。IBC负责各比赛场馆的信号汇集、调度任务，包括CCTV在内的所有国内外电视台演播室所需要的电视信号系统。IBC还担负着向所有转播商、转播机构提供同步时钟等辅助信号的功能。同时，它还提供赛会前期和后期的电影、电视、音像制品的设置和发行等，为制作赛事转播广播、电视专题节目和新闻报道提供技术服务。

全运会广播电视中心设于奥体中心平台下方，与主新闻中心紧邻。IBC为进驻的媒体机构提供了30余个演播室、直播间和4个配音机房，用于全运会赛事的直播、报道和专题制作。全运会广播电视中心由新闻宣传处直接管理，大厅互联网信息资源可供所有记者共享，志愿者在这里制作简单的赛事信息包。媒体租

借的演播室外配备专业安保，只限中心内的媒体人员进出，以保证稳定的工作环境。

摄影媒体服务：第十一届全运会承办方使用了有限局域网，很大程度上提高了摄影记者的图片传输速度，为摄影记者提供充足的照明、统一的工作服。在主新闻中心设置专门的工作间、器材租用维修地，在主场馆设有照相器材维修、冲印中心、照片的速递服务等。但没有设置独立的摄影服务处，这部分的服务主要依靠新闻宣传部和其他各部门协调完成。

媒体村的媒体运行：第十一届全运会首次投入建设媒体村，专门供媒体住宿。媒体村功能、设施齐全，设计采用公寓式楼房结构，以每人每天160元的住宿价格优先保证媒体的需要。媒体村房间内配有基本的住宿设施，按照入住人数配有宽带网线，可无线上网。每个单元房间内配两台电视、一张大型工作台、两部电话。媒体村聘请专门的物业公司，采取社区化服务，统一化管理，招募大专院校、职业技校的学生负责公寓楼服务。媒体村建有占地面积约1.04万平方米，可容纳1 500人同时就餐的餐厅，服务机构从八大菜系的经典菜品中，挑选了3 000多道菜品纳入食谱，保证每人每天160元的餐饮标准。媒体村内设有商业街，提供超市、银行、票务、通讯、邮政、洗衣、美容、医务室等服务项目。全运会期间，组委会在媒体村、奥体中心及济南赛区比赛场馆之间设立摆渡车、循环和定点班车，村外还建设了占地面积约4.36万平方米、有335个车位的停车场，以满足媒体工作和出行的需要。

其他方面的媒体运行：媒体服务处还负责媒体注册、交通、志愿者、技术、安保、通信、信息、媒体指南的发放、媒体关系等方面的工作。此外，媒体服务处将媒体提出的实际需求反映给组委会相关部门，由相关部门具体落实。

场馆媒体运行：第十一届全运会没有在场馆中开辟场馆媒体运行中心，场馆媒体服务主要由新闻宣传部与场馆之间协调进行。原因是组委会预测到场馆采访的记者数量不会很多，因此，主要场馆媒体中心的空间主要租借给几大主要媒体，其他媒体需赶回主新闻中心发送、编辑、制作新闻报道。

### （二）组委会媒体运行工作人员与媒体的双向沟通机制

第十一届全运会确立了媒体运行工作人员与媒体双向沟通的机制。组委会在第十一届全运会《媒体服务手册》中公布了济南赛区媒体服务处处长、副处长的联系方式，鼓励媒体直接与组织领导沟通。在媒体村公示媒体咨询投诉电话，并在村中心设立媒体接待处、村长办公室，做到及时有效地与媒体沟通，解决问题。媒体村一直把24小时咨询服务作为一项重点工作来抓，采取了多项措施，完善了组织架构和岗位职责，建立健全了各项内部规章制度，搞好值班服务。为了树立良好的窗口形象，抽调了部分素质高、具有一定热线接听经验的人员担任

24 小时值班室的咨询服务热线接听员。在编制运行方案时，统一制定了咨询服务热线岗位规范、电话接听规范等。24 小时咨询服务专线加强了记者与组织领导间的双向沟通。媒体反映的具体问题组委会会及时作出回应。

媒体与组委会双向沟通机制有利于组委会媒体运行工作确立以“顾客——媒体”为中心，实现“提供服务—服务反馈—策略调整”的媒体服务工作思路，根据媒体的实际需求及时调整服务方案，最终从行动上实现为媒体提供优质服务的工作宗旨。

**（三）媒体运行与其他部门之间的协作运行机制**

第十一届全运会通过组委会层面，确定了新闻宣传部、广播电视部、媒体村与竞赛部、场馆建设部、大型活动部、财务部、安全保卫部、交通保障部、志愿者工作部、医疗卫生部等部门的协同合作机制。

第十一届全运会媒体服务处赛时主要负责：检查各分赛区新闻中心记者工作环境，确定场馆记者席、记者工作间（休息室）、摄影位置、混合采访区、记者专用通道，确定内场记者名额、单位，各项目内场记者的数量及内场背心的发放原则。

（1）竞赛部。

竞赛部职责：第一，编排赛事信息，制定赛事信息一览表；将获取的竞赛成绩及时向媒体发布。第二，与主要报道媒体协调场内摄影、摄像、采访位置和内场记者管理。第三，协调召开赛事新闻发布会。第四，协调公共区域的环境布置，包括赛场内各类通道、馆内外销售展示区、馆外公共区域。第五，第一时间与主要媒体联系，发布准确信息，作为官方消息召开新闻发布会。

（2）场馆建设部。

场馆建设部职责：第一，为媒体提供工作报到场所，主要包括记者席、评论员席、混合区。第二，组织媒体集中报道场馆建设情况。

（3）大型活动部。

大型活动部职责：第一，确定观摩记者席位、摄影记者机位，向媒体发布相关信息。第二，赛事过程中文化活动、大型活动的媒体服务。

（4）财务部。

财务部职责：第一，审核、拨发媒体服务预算。第二，对新闻中心、各个赛场及记者驻地所需器材、设备设施进行采购，赛后物资、资产清理和处置工作。

（5）安全保卫部。

安全保卫部职责：第一，记者证件制作。第二，主新闻中心、广播电视中心、各场馆及媒体村的安全保卫工作。第三，赛场内、赛后新闻发布会的现场秩序维护。

(6) 交通保障部。

交通保障部职责：安排记者迎送车辆、赛会期间的媒体班车、摆渡车辆。

(7) 志愿者工作部。

志愿者工作部负责向媒体提供所需服务。

(8) 医疗卫生部。

医疗卫生部负责保障媒体工作地点及媒体村卫生环境。

## 四、第十一届全运会媒体运行特色

第十一届全运会首次在国内大型赛事中引入并践行媒体运行理念，组建了媒体运行组织架构，形成了相对完备的工作机制，由专人负责媒体运行工作的各个环节与岗位，实现了全运会历史上组织与管理工作的突破与创新，形成了自己的特色。

**(一) 增进了解，端正态度，改进作风，以积极的态度正确处理组委会与媒体之间的关系**

第十一届全运会组委会认识到媒体不再是“党中央和政府的喉舌”、“曝黑幕的可怕者”，对媒体的单向组织命令、信息传播早已不适合开展工作。现在体育组织与媒体之间的关系是一种“伙伴式”的竞合关系。组委会思想观念的进步对第十一届全运会媒体运行的成功运作起着非常重要的作用。

组委会确立了与媒体“双向沟通”的运行机制。在记者《媒体服务手册》中公布了济南赛区媒体服务处处长、副处长的联系方式，鼓励媒体直接与组织领导沟通。在媒体村公示媒体咨询投诉电话，并在村中心设立媒体接待处、村长办公室，做到及时有效地与媒体沟通，解决问题。

**(二) 新设两个部门，高度重视媒体公共关系**

第十一届全运会在新闻宣传部下设媒体关系处，这是历届全运会从未有过的。它的设立有利于接收媒体的各种反馈，更加顺畅地与媒体进行沟通和协调。第十一届全运会另一个特有的部门是社会宣传处。山东省承办第十一届全运会的目的，是通过这一中国竞技体育的盛会来促进山东的社会文化建设。因此，山东将举行许多社会和民间活动，这就需要有专门的部门对这些活动进行引导、协调和宣传。这两个特有部门的设立，从侧面反映了第十一届全运会组委会对媒体工作的重视，以及对第十一届全运会赛场外的社会功能的重视。

**(三) 确立“媒体优先”的原则**

第十一届全运会将“媒体优先”的原则落实到场馆规划、设计和运行的各个环节。首先，作为媒体工作的总部——主新闻中心（MPC）、广播电视新闻中心（IBC）都按媒体运行国际惯例要求，位置靠近主体育场，承办方为媒体提供相应的设施和服务。其次，在各场馆空间分配、机位安排、人力和物力资源配备、电力保障等重要环节，优先考虑媒体的需要。在注册记者坐席位置的分配上，主体育场和各分赛区的体育场媒体记者的坐席大多分布在位置较好的终点线附近。针对记者携带电脑的需求，还安排了带桌席位。鉴于网络等技术设备是记者最重要的硬件设施之一，第十一届全运会高度重视。济南奥体中心网络设备资源投入超过奥运期间的鸟巢，能够确保超过 8 万人同时通话，网络容量配置超过北京鸟巢的 30%，达到了体育赛事网络容量之最。再次，建设使用媒体村，专门供媒体住宿。媒体村聘请专门的物业公司，采取社区化服务，统一化管理。最后，在交通方面，山东省政府经认真研究商定，设置济南市区通往全运会主会场的专用车通道，并实行尾号限行方案；在主新闻中心、广播电视新闻中心、比赛主场馆、媒体村都设有专门的媒体停车位，组建专门的媒体班车系统。

组委会为注册记者提供“一站式”服务。在热点赛事时段与媒体村入村高峰期增派安检人员，并向媒体发放《中华人民共和国第十一届全运会记者手册》、《第十一届全运会济南赛区媒体服务手册》、《魅力山东　全民全运》、《第十一届全国运动会媒体村服务指南》等媒体指南，制定比赛日程表和班车乘坐指南。记者可以在媒体村大屏幕、主新闻中心服务台，甚至任何一个志愿者那里了解当天的天气情况、乘车信息等。“方便快捷”的理念还体现在媒体村为记者们提供了多方面的生活服务。

**（四）主动应对突发事件，引领舆论方向**

以往全运会往往通过施加政治影响来改变舆论方向，如直接影响媒体的报道方向和报道内容，其后果是组委会与媒体之间逐渐形成互不信任、互相防备甚至敌视的关系，组委会媒体服务以新闻宣传为主导，工作重点在“防火防盗防记者”。第十一届全运会组委会吸取教训，通过对北京奥组委工作进行深入的考察和学习，改变思想观念，改善与媒体的关系，尤其是通过主动应对突发事件，将舆论引导工作落在实处，施加隐性影响来引领舆论方向。

第十一届全运会出现了三例兴奋剂事件，快速做出正确的反应和回复是东道主处理类似事件的非常明智的选择。组委会在第一时间发布消息，并且是通过新华社、中央电视台等中央级媒体发布，避免了各地媒体的炒作。对于赛场保安推搡某地运动员和教练的负面新闻，组委会则尽快安排一名副主任在新闻发布会上当众道歉。对于赛场上传出的一些所谓黑幕传闻，组委会则选择了冷处理，由于国家体育总局高层接连表态，再加上媒体大多没有跟风炒作，这种传闻性的信息也在短时间内消失。

## 五、问题与不足

第十一届全运会媒体服务受到媒体的广泛肯定，为我国国内大型赛事在此方面的媒体服务积累了经验。但它毕竟是首次将媒体运行应用在国内大型赛事上，而且国内长期形成的赛事新闻宣传观念根深蒂固，要在短期内从根本上改变观念，做到十全十美是不现实的。因此，第十一届全运会媒体运行在很多方面还有待提高。

### （一）组织架构上缺少独立的媒体运行部，必要的媒体运行服务缺位

第十一届全运会由新闻宣传部负责除广播电视服务以外的媒体运行内容，这种设置本身带有中国长期以来形成的重宣传的新闻报道思维烙印，与奥运会中媒体运行、新闻宣传两部门平级而设、各司其职的差异很大。第十一届全运会新闻宣传部下设综合处、新闻宣传处、社会宣传处、新闻中心、媒体关系处、媒体服务处，却没有明确的、独立的媒体运行部，说明组委会对媒体运行的认识还不深刻，对如何摆正与媒体的关系的思考还未彻底。组织架构上缺少独立的媒体运行部，必然导致必要的媒体运行服务缺位，进而出现媒体抱怨的现象。

### （二）对场馆媒体中心的重要性认识不够

随着网络传播和数码技术的发展，新闻媒体的工作平台出现前移现象，越来越多的记者在场馆完成编辑和发稿任务。因此，在新闻竞争越来越激烈的时代，组委会媒体运行应该更加重视场馆媒体中心的作用。

第十一届全运会组委会虽然为场馆媒体记者提供了记者工作间、看台记者席、混合区采访通道、赛后新闻发布厅、餐饮区及媒体专用通道，却没有设置专门的场馆媒体中心管理部门。对此重视不够容易出现区域和空间形同虚设，服务不到位的现象。第十一届全运会场馆媒体服务工作主要由新闻宣传部与场馆之间协调，媒体服务存在缺位。场馆媒体中心主要租借给几大主要媒体，而大部分媒体需赶回主新闻中心发送、编辑、制作新闻报道，因而可能会影响记者的发稿时间。

在比赛运行区域上，赛场区域服务的质量相对较低，细节服务不够到位，特别是摄影记者的特殊服务存在缺位等。场馆没有设置独立的摄影服务处，这部分的服务主要依靠新闻宣传部和其他各部门之间的协调完成。

### （三）新闻服务缺位

相对于硬件设施，第十一届全运会媒体运行在通讯及技术服务上过于重视“一场三馆”，而对其他场馆较为忽视，尤其是新闻服务存在缺位现象。

新闻服务是奥运会、亚运会等国际综合性体育赛事，足球“世界杯”，国际

田联“黄金联赛”等世界顶级单项赛事媒体运行的核心功能领域。打个比喻，媒体运行总共有六大功能领域，如果说其他五大功能领域是“硬件”，那新闻服务就是不可或缺的“软件”。新闻服务是为记者提供基础信息服务的“专之又专”的工种，它代表组委会，负责为记者提供体育赛事基础信息，因此，它的信息是权威的。它的基础信息既包括原始的官方的竞赛结果（Competition Results），即各类成绩公报（Result Sheets），更包括以下各类新闻信息（News Information）：Flash Quotes，Press Conference Highlights，Reviews/Previews，Media Communications，Medal Presenters，Facts and Figures，News Articles。

缺少新闻服务，赛事组委会的媒体服务就缺少了舆论引导的“灵魂”。因此，这可以说是第十一届全运会媒体运行中的不足之一。

**（四）媒体运行人员培训不够，整体素质有待提高**

新华网在一篇题为“十运会田径组织工作尚待改进”的报道中谈道：“比取消新闻发布会更加糟糕的是，在女子万米结束后，由于邢慧娜、孙英杰等知名运动员的出现，场面特别混乱。为了‘维持’秩序，一位工作人员竟与一位电视台的女记者大打出手。这位男性工作人员出人意料的做法令所有在场的人欷歔不已。”

**（五）媒体运行应对技巧有待提高**

第十一届全运会期间，在“飞人刘翔”比赛日出现“媒体混战”局面，成为大型赛事媒体运行的典型案例。它提醒工作人员，在今后大型赛事中，媒体运行人员在对突发事件和赛事安保升级事件的处理上既要遵循国际操作惯例，又要有一定的灵活性。

第十一届全运会“飞人刘翔”比赛日，应该是安保级别升级的赛事，组委会新闻宣传部也应采取相应的正确措施。国际惯例通常不是按记者“先到先得”的原则发放采访证，而是先发布媒体通告告知比赛升级，然后先对主要媒体发放一定数量的采访证，其次是主办方媒体，再次对中小媒体采取抽签的方式来解决采访证发放问题。这样既可保证秩序又可保证主要媒体的采访权利。但是，由于缺乏相应的操作经验，第十一届全运会组委会新闻宣传部采取的是不分媒体级别，记者先到先得的方法。结果，下午准点放号前已经有数百名记者来到新闻中心，排在第一的《齐鲁晚报》记者早上10点就已经来到现场排号。而据透露，10点并非准点放号时间，只是新闻中心开门时间而已。刘翔的110米栏此时已经不是田径竞争，而是彻底变味为媒体的混战。

媒体面对更加激烈的新闻竞争，赛事组委会面对更加庞大的赛事报道记者群，大型赛事组委会应真正认识到媒体运行的重要性，积极主动地做好服务工作，做好媒体运行的机构设置，加强新闻服务运行，加强人才培养和培训，强化突发事件主动应对意识，既熟悉国际操作惯例，又体现一定的灵活性，才能从根本上积极地宣扬赛事组织的正面效应，最大化地进行信息公开，从而赢得舆论引导的主动权。

# 案例 3　2010 年广州亚运会媒体运行

## 一、广州亚运会媒体运行概述

亚洲运动会（Asian Games）简称亚运会，是亚洲地区规模最大的综合性运动会，每四年举办一次。截至广州亚运会结束，共有 50 个国家和地区的 889 个注册媒体机构的人员前来亚运会，总人数达到 9 950 人。其中平面媒体 3 280 人，广播电视媒体 6 670 人。国内 321 家媒体机构 1 525 人；国外 494 家媒体机构 1 442 人；港澳台媒体 58 家共 313 人。文字记者 1 937 人、摄影记者 891 人、专项文字记者 41 人、专项摄影记者 30 人、技术支持人员 46 人、非持权转播商 335 人。另外，还有非注册记者媒体机构 25 家共 73 名记者通过城市宣传接待小组注册，其中国内媒体 17 家共 42 人，国外媒体 1 家共 4 人，港澳台媒体 7 家共 27 人。

## 二、广州亚运会媒体运行组织架构

为实现组委会媒体运行的职能，亚组委专门于 2007 年 3 月成立了广播电视与媒体服务部。其工作内容为落实各国注册媒体人员采访报道的需要，制定赛前筹备阶段各项媒体服务政策及程序，确保赛时运行阶段的注册媒体人员顺利采访报道亚运会。

广播电视与媒体服务部设一名部长，下设两名副部长分别管理文字摄影媒体与电视广播媒体相关服务工作。如图 1 所示：

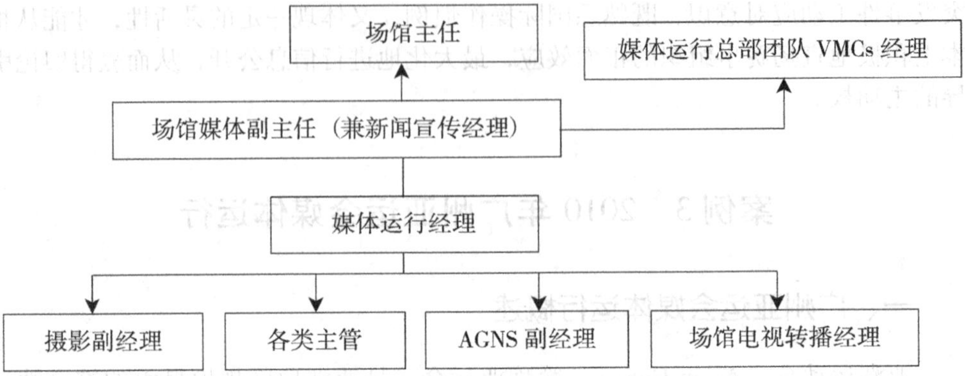


**图 1　广州亚运会媒体运行组织架构简图**

各类主管包括记者看台席主管、混合区主管、文字记者工作间主管、新闻发布厅主管四类。

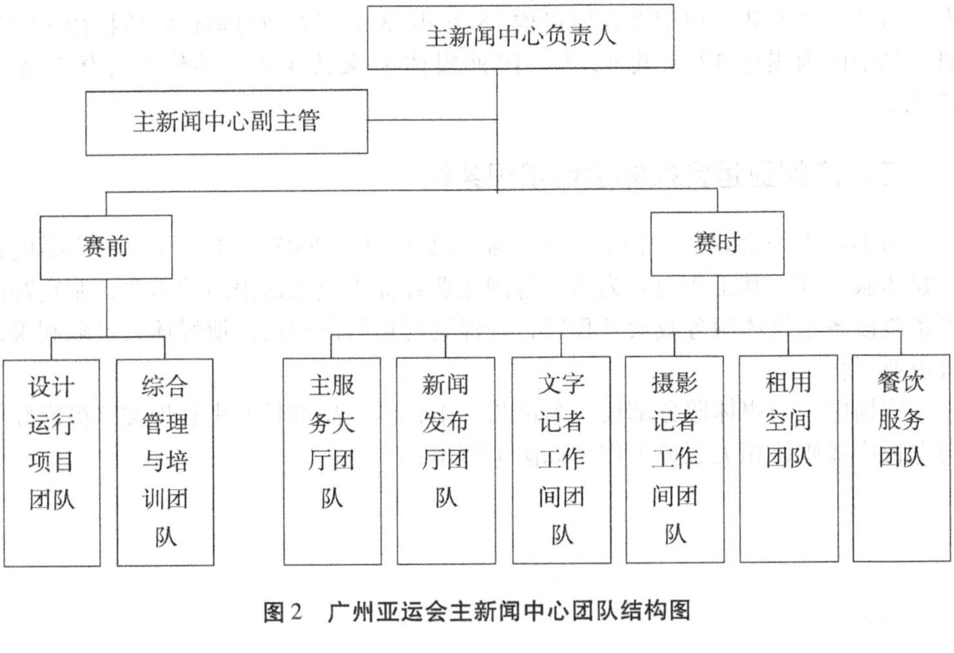


**图 2　广州亚运会主新闻中心团队结构图**

主新闻中心团队主要负责该场馆内的媒体运行工作，下设八个业务口，按照业务职能分为赛前与赛时两部分。赛前包括主新闻中心设计运行项目团队、综合管理与培训团队；赛时包括主服务大厅团队、新闻发布厅团队、文字记者工作间团队、摄影记者工作间团队、租用空间团队、餐饮服务团队。

## 三、广州亚运会媒体运行的工作职责

广州亚组委沿用了北京奥运会的媒体运行机制，并建立了媒体运行部门——广州亚运会广播电视与媒体服务部。而在亚运会举办过程中的不同阶段，媒体的动向和需求也不同，因此媒体运行部门在不同时期也有不同的工作重点。媒体运行工作职责大致可以概括为赛前和赛时两个阶段：

### （一）赛前职责

在赛前筹备阶段，媒体的兴趣主要集中在采访组委会成员、收集有关赛事组委会的组织结构及其活动的信息以及察看赛事的比赛场馆和相关建筑上。在此期间，媒体运行的主要职责包括：

（1）建立媒体运行的相关工作机制和流程。

（2）规划媒体运行相关事项。

（3）确定媒体关系处理的总体原则。

（4）筹建 MPC 和 VMCs，监督承建商的工程进度和完成质量。

（5）在指定时间内接受媒体的需求申请。

（6）编印提供给媒体的各种出版物。

（7）与世界各大媒体联系，建立长期联系与合作关系，建立新闻宣传网。

（8）收集运动员、教练员、参赛队伍历届赛事等相关背景资料，为 AGNS 做准备。

（9）进行新闻宣传，组织各类媒体分阶段进行专题性集中报道，对比赛场馆公共区域进行宣传环境布置。负责组委会重要事项的新闻发布与管理。

### （二）赛时职责

在赛时运行阶段，媒体的兴趣主要集中在赛事本身。因此媒体运行的主要职责有：

（1）媒体记者的接待、注册、交通、住宿、报道和管理等。

（2）为媒体记者提供技术和语言支持。

（3）安排和协调媒体记者的采访需求。

（4）管理各场馆中的媒体运行功能领域。

（5）提供背景信息、场馆比赛成绩与最新消息、即时引语和新闻发布会摘要。

（6）安排新闻发布会、吹风会等，组织赛事活动的图片报道。

（7）监测媒体动向，尤其是网络媒体，及时向亚组委新闻宣传部汇报不利于亚运会举办的宣传，并提出解决方案。

(8) 撰写官方新闻通稿，发布官方声明，引导舆论导向。

(9) 建立各种突发事件相应的应对机制，积极应对对赛事成功举办不利的各类宣传，并与媒体进行必要的沟通，做进一步的协调工作。

(10) 与新闻宣传部对接，及时反馈每日媒体运行工作情况。①

## 四、广州亚运会媒体运行特色

广州亚运会媒体服务成功借鉴了北京奥运会的媒体运行经验，是对北京奥运会媒体运行的继承和推广，同时结合广州亚运会自身的特点和场馆实际情况，是伴随2008年奥运会之后进入中国的“媒体服务”概念本土化操作的首次尝试。

1. 首次引入相关理念，运行效果得到多方肯定

广州亚运会首次完整引入媒体运行、新闻服务理念，并首次将其系统实践。由专门团队负责媒体服务这一工作，由专人负责新闻服务、媒体运行工作的各个环节与岗位，其整体运行效果得到众多媒体的肯定。

2. 首建媒体服务移动平台，满足注册媒体各方需求

广州亚运会首次建立了媒体服务移动平台，注册媒体能够非常便捷地通过手机查询最新的媒体公告、媒体班车、赛程安排、场馆运行、天气情况以及运动员信息等。这类服务基本上能满足记者各方面的需求，并得到充分利用。因此，此次亚运会这类服务的运行非常成功。

3. 信息服务数字化INFO系统，记者轻松快捷获取信息

亚运会的新闻信息服务团队，可以说是亚组委建立的一个赛时临时通讯社，这个团队为媒体记者提供最迅速、准确的赛时信息、人员材料，以供媒体采访报道之用。在主新闻中心的文字工作间、持权转播商的演播室都安装有相应的信息终端，并配备对应的操作查询系统，在一些注册媒体的手机上我们还安装了INFO系统的手机版。因此，媒体记者在主新闻中心的工作区域都可以通过这些信息终端，轻松便捷地查询到想要的信息内容。当然分场馆内的媒体工作区域也配备有齐全的相应设施，即使是在赛场内的混合区，记者想要通过信息终端查询相应信息，只要打开手机即可。

来自印度的记者诺里斯·普里塔姆评价说，他所供职的德意志电波电台对广州亚运会的采访只派出了两名记者，由于亚运会项目太多，他和同事根本顾不过来，所以每天都得靠INFO信息系统工作。因此，借助INFO系统查询AGNS提

---

① 参见肖乃花. 广州亚运会的媒体运行探析. 暨南大学硕士学位论文，2011.

供的新闻服务信息，注册记者可以站在一个场馆内采写生动鲜活的比赛现场，同时也可环顾其他多个场馆的比赛情况，全面撰写有关赛事的新闻稿件。

4. 聘请专业新闻团队，提供全方位新闻稿

广州亚组委在建设 INFO 2010 系统的同时，还专门聘请了专业的新闻团队，在第一时间采集运动员的赛后感言，为记者提供素材。亚运会期间，赛时新闻服务团队（AGNS）共发稿近万条，为那些因亚运会比赛项目众多（42 个大项）、场馆众多（53 个竞赛场馆，17 个独立训练场馆）而分身乏术的记者报道各个体育场馆的赛事，提供及时、专业、全面的新闻服务。①

## 五、经验与问题

出于“以媒体服务为工作重点”的核心理念，2010 年广州亚运会组委会的媒体运行等相关部门为来自各国的记者和媒体提供了内容丰富、全面、准确的信息资料和温馨便利的工作、生活环境，从而促进了媒体和大型活动主办方的良好关系，并通过媒体将一届出色的广州亚运会呈现在受众面前，达到了预期的三大目标，实现了广州亚运会与媒体的共生共赢。

### （一）经验

总结广州亚运会媒体运行工作取得圆满成功的经验，主要体现在以下几点：

1. 良好的媒体工作环境，齐全优质的信息传输基础设备

广州亚运会媒体运行部门与相关部门共同努力，在各比赛场馆都安排了布局合理、足够宽敞的媒体工作空间，并给予大量线路铺设、满足媒体报道的各种技术需求。在软、硬环境建设方面做到了有机的协调配合，为媒体营造了良好的工作环境。

信息传输是媒体的生命，准确、客观、迅速地传递信息，是媒体报道的基本要求。在广州亚运会期间，亚运会广播电视与媒体服务部在互联网技术的支持下，为媒体免费提供优良充足的电缆、网络接口以及打印复印设备，为媒体记者工作提供了畅通全面的信息传输渠道。

而在比赛场馆中，为赛事报道媒体提供公共电视广播信号和亚运新闻服务（即时成绩公报、强大的 INFO 2010 系统以及准确全面的中英文即时引语），这些都为媒体提供了详尽和多元化的赛事信息，使媒体便利又迅速地获取这些信息，全面有效地向公众传播赛事信息。

2. 全面细致的采访报道，贴心周到的媒体生活服务

广州亚运会媒体运行团队在场馆媒体区显眼位置设立媒体服务台，第一时间

---

① 第 16 届亚洲运动会组织委员会编．亚运会媒体运行．广州：暨南大学出版社，2009．

采集媒体采访的诉求，竭力为媒体记者在亚运场馆采访提供便利条件，并积极协调境内外记者进行各种采访。广州亚运会媒体运行团队以专业有效的服务为媒体及时、全面地报道亚运会提供强大支撑，赢得了媒体记者的广泛好评。

除了亚运媒体村为新闻记者提供优越的住宿等硬件服务之外，亚组委还通过各场馆媒体运行团队与相关部门的合作为媒体提供其他全方位的服务，比如交通服务和餐饮服务。由于广州亚运会是多个场馆同时比赛，多数媒体尤其是国外平面媒体没有足够的记者可以同时抵达多个赛场。因此，广州亚运会期间，大多数记者往往在多个场馆之间穿梭。广州亚运会媒体运行工作部门与相关部门通力合作，为记者安排了方便快捷、班次密集的媒体班车，并满足记者多样的餐饮需求。媒体可以在媒体区域随时了解到中英文双语媒体班车信息，如有特殊需要或出现意外情况，媒体运行部门工作人员会提供热情贴心的一对一服务，为之解决特殊交通问题。

3. 开明的信息发布政策，全面而合理的突发事件、危机新闻处理机制

广州亚运会媒体运行团队本着“时效性、新闻性、真实性、策略性、数量性”的原则，组织召开广州亚运会的各种新闻发布会及时发布官方消息；而且在新闻发布会召开之前，媒体运行团队积极与相关部门、技术官员协调沟通，并实时监测采集新闻信息，保证新闻发布会信息的真实性和信息量，防止以讹传讹、信息量不够、节外生枝、恶意炒作等事件发生。另外，为了保证国外媒体记者在新闻发布会上能顺利采集到全面的官方信息，媒体运行团队在广州亚组委的支持下，为新闻发布会安排了五种亚洲语言的翻译。这都保证了大量的广州亚运会官方信息直接、有效、迅速、准确而又丰富生动地通过亚洲各国媒体传播出去。

广州亚运会的突发事件、危机新闻处理机制包括广州亚运会举办之前的媒体运行团队各岗位特定的应急预案、危机新闻应急管理培训，赛时突发事件应对演练，赛时的媒体运行团队同亚组委宣传部每日电视会议的媒体监测报告及专家意见反馈等。广州亚运会组委会为媒体运行部门工作人员及早地编制、印发了《广州亚运会每日媒体运行计划和突发事件应急预案》，并要求在赛事前夕各岗位人员据此编制更加贴合自己岗位的每日运行计划和突发事件应急预案。广州亚运会突发事件、危机新闻处理机制的原则是“闻过则喜，过而能改、不纠缠细节、及时报告问题，不粉饰过失、不说‘无可奉告’”。突发事件新闻发布会的发布要求也是一如既往的“诚、信、礼”，按照专家组提供的完善准确的报告口径，准确、及时地向媒体和公众说明事实真相，澄清谣言，纠正误传，稳定媒体传播秩序，避免突发事件的不当传播给广州亚运会的举办带来恶性影响。

4. 公平的媒体竞争机制和创新的媒体管理机制，整合传播，共享资源

广州亚运会的媒体竞争机制本着公平原则，对国内外各级别的媒体一视同仁，并以全媒体视角，接纳网络媒体参加新闻发布会。新闻发布会被评估为高需求的新闻发布会，本着“先到先得”的原则为媒体派发辅助通行物。媒体发布会召开时，媒体记者要凭亚运会媒体采访证和辅助通行物进入新闻发布会现场，确保新闻发布会现场不发生任何恶性竞争和冲突。

5. 完善而人性化的团队内部工作管理制度

首先是广州亚组委广播电视与媒体服务部对媒体运行受薪工作人员的选拔非常讲究，基本设定是“有新闻从业经验”、“英语六级、口语优先”，然后从紧靠场馆属地政府、宣传部、高校、媒体中选拔，并采用笔试、面试、英语口试的方式择优选拔。其次是广州亚组委广播电视与媒体服务部为场馆媒体运行工作人员安排了完善的工作培训，包括亚运会媒体运行培训、亚运会比赛场馆媒体运行培训、亚运会新闻发布培训、亚运会突发事件应急管理培训、亚运新闻宣传培训等。媒体运行部门的志愿者则要通过亚运会媒体运行知识和亚运英语的测试，因此媒体运行部门为志愿者汇编了系统的《亚运会媒体运行》、《亚运英语》等培训教材。另外，媒体运行部门的志愿者还要接受各工作小组主管的每日工作培训、英语口语强化培训。系统完善的工作培训为广州亚运会的媒体运行做好了专业准备。①

**（二）问题**

媒体服务成功运用于广州亚运会，并取得了良好的效果，受到了境内外媒体和亚奥理事会的一致好评。但是凡事都不是十全十美的，在媒体运行的实际工作过程中，仍然还存在着一些问题，需要在今后的媒体运行实践中不断总结和改进，归纳起来有以下几点：

1. 突发事件应对联动性有待加强，应成立独立应急部门

本次亚运会具有运动项目多、场馆分散、参赛运动员多、媒体关注度高、运行时间长、组织难度大等特点。而要使赛事正常运行，安全保障问题无疑是重中之重。针对这些特点，广州亚运会组委会广播电视与媒体服务部专门制定了主新闻中心应急预案，这也是赛事筹备阶段的一项重要工作。该项预案共收录了80个案例，每个案例按“事件名称”、“上报流程”、“紧急程度”、“场景描述（假设）”、“隐蔽各项范围及其程度”、“应对预案”、“同类案件”、“预防措施”、“是否需要做演练”等栏目进行具体描述，有较强的针对性和指导性。但是，目

---

① 肖乃花．广州亚运会的媒体运行探析．暨南大学硕士学位论文，2011．

前国内的媒体运行团队并没有成立独立的应急部门专门处理突发危机事件。通常情况下，出现了突发事件，一般的处理程序是：所在业务口志愿者或者主管向部门经理汇报、经理向业务领域主任汇报、业务领域负责人视情节严重程度向场馆副主任汇报，通常事件在这一步经由场馆主任责令相关业务口协同处理。已经造成较坏影响的事件，要向组委会宣传部门汇报，并召开新闻发布会由专门的新闻发言人就事件作出解释。由于交流不足，仍存在业务服务标准未达成共识和对于违规操作处理引发冲突的问题。

2. 信息反馈渠道的全面性有待完善，应建立双向控制系统

广州亚运会大部分开放控制系统内部不具有信息反馈机制，反馈信息多数要从外界获取，或者是由其他部门从外界舆论中搜集，这种反馈的控制力是间接的，而且反馈时间较长，对于对时效性要求很高的大型赛事来说还是略显不足。

例如，一名在文字工作间工作的外国记者，他在查询当天羽毛球男单决赛球员信息时，发现在INFO系统内无法查询其中一名选手的过往赛事记录，但是他不能直接与新闻信息服务团队或者INFO信息录入团队反馈信息。最后，新闻信息服务经理找到问题所在后与INFO录入团队协商，对问题信息进行修改。可见，该名记者的反馈信息要通过数字化系统以外的行政组织进行层层传递后，最终完成对信息源的修改，目的才得以达到。因此，应该建立业务控制系统内的反馈渠道，同时简化行政反馈的步骤，建立一种双向控制系统，在解决问题的同时，也避免因处理不当造成的不良后果。

3. 系统运行人员专业性有待提高

完善的运行机制、一流的硬件设施，这些都只是赛事正常运行的基础，实施还是要依靠人力来执行，因而媒体运行工作的人员管理才是机制完善的重点。广州亚运会人员管理方面的问题有：流动性大、专业性不足。具体体现在以下三类人群：合同制员工、部分经过短期培训的专业岗位人员、志愿者群体。

赛事筹备之初，除了从政府部门借调优秀公务员以外，还需要通过社会招聘的形式招收一批合同制人员。他们分布在各个业务口，担任业务口的经理职务。这些通过严格招聘渠道进入组委会的人员通常都具有极强的专业背景知识和优秀的处理问题能力。但是因为其编制的不稳定性，这类人员还是会因为无法承受巨大的工作压力、对薪资待遇的不满等问题而离开岗位，这种情况的出现会引起该业务口的工作秩序混乱，甚至工作无法继续进行等状况。合同制员工的流动性比较大。因为岗位的专业性，无法在短期内找到替换的人选，这种情况如果发生在赛时，影响将是巨大的。

为了应对赛时的庞大人力需求，组委会还招募一批专为赛事工作的人员。他们具有注册身份，身处专业岗位，但是关于专业性的培训可能不足，当然这也可

能与其个人的专业背景有关。部分经过短期培训的专业岗位人员专业性不强，他们在专业岗位工作时，可能会出现业务空白、无法胜任的情况。

广州亚运会组委会在广州高校招募大量的志愿者，即无薪人员。作为新闻运行的志愿者，其岗位的特殊性体现在以下三点：媒体运行业务口多，实际工作中需要志愿者具有较强的协调能力；因为记者本身的工作特性，导致媒体运行为24小时工作状态，该领域志愿者的工作也是赛事志愿者群体中较长的；工作中面对记者，时常会遇到一些敏感的问题，比如采访，通常组委会是不允许志愿者接受采访的，因为志愿者无论是阅历还是应答技巧上都略显不足，难免会在面对一些敏感问题时缺乏把握。同时在岗位分配上，还应注重志愿者所学专业与业务岗位的匹配性，但是这一点通常很难达成。志愿者管理仍不全面。

# 案例4　2011年深圳大运会媒体运行

## 一、深圳大运会媒体运行概述

2011年，第26届世界大学生夏季运动会在深圳召开。深圳大学生运动会媒体运行中心隶属于大运会执行局新闻宣传部，由深圳广电集团承办，这是深圳这座沿海开放的新兴城市第一次举办如此规模巨大的体育盛会。深圳大运会吸引了境内外331家媒体机构的3 156名记者和1 800多名电视转播人员前来采访。路透社、法新社、美联社、俄通社、日本NHK等世界著名媒体均注册参加。面对如此大规模的媒体报道队伍，大运会的媒体运行工作取得了圆满成功，实现了赛事与媒体的共生共赢。

## 二、深圳大运会媒体运行组织架构

深圳大运会执行局博采众长，勇于创新，灵活运用“拿来主义”思想，将历来由新闻宣传部统一管理的媒体运行、新闻服务、官方图片社与新闻发布会划分为三个独立部门，分别交由深圳广电集团、新华社和深圳报业集团承办。为突出和配合大运会年轻、娱乐的特点，深圳大运会招募一批有亚运媒体运行经验的大学生作为媒体运行工作的主力，赛时主要负责大运会44个竞赛场馆、23个独立训练场馆的媒体运行工作（新闻服务由深圳报业集团承办）。

媒体运行中心下设MPC（主新闻中心）运行团队、场馆媒体运行团队、后勤支撑服务团队，它们以专业化、人性化、国际化的媒体服务，实现了零差错、零事故、零投诉。完善的媒体工作设施和服务，为记者采访、报道深圳大运会提供技术和服务保障。

位于深圳市龙岗区的MMC是深圳大运会期间注册文字记者、摄影记者和非持权转播机构人员的主要活动场所，也是重要的非竞赛场馆之一，在赛时为记者提供设施和24小时服务，同时它也是本届大运会媒体运行的总部。

深圳大运会所有44个竞赛场馆都设有VMCs（场馆媒体中心）。训练场馆不设立VMCs。非竞赛场馆的运动员村、国际大体联（FISU）总部酒店和开闭幕式场馆参照惯例和大运会需求也设立了VMCs，为媒体记者提供服务。VMCs是注册媒体进行现场赛事报道的场所，是大运会新闻大战的最前沿阵地。所有竞赛场馆的媒体运行为注册媒体提供文字记者工作间、摄影记者工作间、记者看台席、混合区、媒体餐饮休息区、场馆媒体经理和摄影经理办公室，并在场馆外围提供媒体班车点、媒体自驾车停车场和媒体专用入口。

1. 媒体工作间

大运会执行局在功能房规划中将较多场馆的文字记者工作间和摄影记者工作间合并为媒体工作间，配套设施竭力满足。

2. 记者看台席

主席台是具有中国特色的、最为重要的场馆看台区域，记者看台席往往设在主席台的两侧或上下边，有良好的视野，能无遮挡地观看到比赛场地及重要信息源，比如记分牌等。有些项目会有所不同，如在田径、游泳等赛事中，记者看台席设在与终点线同一视线的位置。记者看台席由三个区域组成，分别是带桌的文字记者席、无桌的文字记者席和摄影记者席，三个区域可以连为一体，也可以分散在主席台周围。无桌席的规格与普通观众坐席相同，带桌席则与UBS评论员席的规格相同。

3. UNS

大运会期间，UNS（大运会新闻服务）担当"官方通讯社"的角色，为大运会大家庭成员和媒体提供客观准确、迅速翔实的新闻信息服务。在VMCs内，UNS团队的主要工作是采集所在场馆的竞赛新闻信息，包括即时引语和新闻发布会摘要的信息采写，是INFO系统信息的主要输入者。在深圳大运会的所有竞赛场馆中，只有决赛场馆配备UNS团队，既保证了赛事的顺利进行，又节约了很多的人力和资源成本，更好地体现了"节约办大运、高效办大运"的精神。

4. 摄影位置

摄影位置分为场地摄影位置和看台摄影位置。场地摄影位置设在FOP区域周边，给摄影记者提供无遮挡地拍摄到比赛场地和终点线位置的优越条件，依据比赛项目、地点和区域大小的不同而不同，但都有严格规定。看台摄影位置位于记者看台席，一般设在文字记者无桌席的旁边，以及看台走廊的角落，不得影响人员通行。在某些项目中，为了能更好地、多角度地捕捉比赛的精彩瞬间，摄影位置还需要增设屋顶马道及遥控相机、摄影船、摄影车、飞行器等更为特殊的工具。

5. 混合区

混合区即混合采访区，是为媒体提供比赛结束后迅速采访机会的场所。混合区采访的时间一般为2~5分钟，区域用铁马或软隔离带围出即可。多数项目会选在FOP区域内，双方运动员出口处为优越地段，既可以利用场馆景观作为采访拍摄背景，又可以保证运动员在仍有感觉的情况下更好地回答问题。也有的项目会将混合区设在比赛场地外，采访时间也相应延后，如足球比赛。①

## 三、深圳大运会媒体运行的特色

作为中国改革开放的前沿阵地，在深圳这座新兴城市举办世界大学生夏季运动会无疑体现了改革开放的亮点，是中国改革开放的缩影，通过深圳这座城市向世界各国人民展示中国改革开放的成果。

深圳大运会媒体服务成功借鉴了北京奥运会、广州亚运会的媒体运行经验，是对北京奥运会、广州亚运会媒体运行的继承和推广，同时结合深圳大运会自身的特点和场馆实际情况，体现深圳大运会“不一样的精彩”。

1. 节约、高效办大运，省钱又保证赛事顺利

本着“节约办大运”的理念，大运会执行局在功能房规划中将较多场馆的文字记者工作间和摄影记者工作间合并为媒体工作间，配套设施竭力满足。据调查，媒体工作间的桌椅、电脑、打印机等物资属于场馆原有物资改造再利用或租借学校的不在少数，坚决贯彻执行了组委会的“能借不租、能租不买”的省钱理念，为大运会节省开支1 000多万元。

在深圳大运会的所有竞赛场馆中，只有决赛场馆配备UNS团队，既保证了赛事的顺利进行，又节约了很多的人力和资源成本，更好地体现了“节约办大运、高效办大运”的精神。

2. 团队组建，三方人力资源结合，开创“E+P”模式

深圳大运会在认真学习北京模式和广州模式的基础上，积极探索，勇于实践，创造出“E+P”模式。它将历来由新闻宣传部统一管理的媒体运行、新闻服务、官方图片社与新闻发布会划分为三个独立部门，分别交由深圳广电集团、

① 参见赵忠辉，高现丽．对深圳大运会场馆媒体中心运行的分析．内江科技，2012（3）．

新华社和深圳报业集团承办。三大媒体机构群策群力，又从广州、深圳招聘大量的亚运工作人员和新闻传播类研究生来充实队伍，这类人员被定性为E类（执行局下派）人员。E类人员被赋予执行局的地位和职责，又有大赛经验，且青春而富有激情。P类人员多半来自属地政府机关和事业单位，工作经验丰富，处事周全，又可以充分利用丰厚的属地资源。事实证明，深圳大运会的VMCs“E+P”模式是实力与资源的完美结合，是国内大型体育赛事运行模式的一次积极探索，为国内体育赛事运行模式的研究提供了有力的实证依据。

3. 首次采用INFO系统，提供及时、丰富、准确的赛事信息

在大运会历史上第一次开发采用INFO系统，为媒体记者提供及时、丰富、准确的赛事信息；进行大运会有史以来时间最长的电视直播，欧洲体育台共播出60小时的深圳大运会赛事报道和城市宣传；举行350场新闻发布会，并创新设置三个专职新闻发言人。其整体运行效果得到了众多媒体的肯定。

## 四、深圳大运会媒体运行的经验与问题

### （一）经验

总结深圳大运会媒体运行工作取得圆满成功的经验，主要体现在以下几点：

1. 主动意识：提前介入，掌握主动权

大型赛事筹备工作要有前瞻性，亚运会提前四年开始组建媒体服务团队，大运会媒体服务团队也是场馆各团队中介入最早，最熟悉情况的团队之一。积极融入属地也是介入初期的重要工作，推行与属地力量相结合的模式，发挥本地优势，可弥补专项团队初期的“水土不服”，提高工作效率。例如在大运会的筹备中，龙岗赛区作为最大的赛区及大运村和新闻中心的所在地，龙岗区委宣传部几乎全体出动，鼎力相助，属地的有力保障为媒体服务的开展解决了很多实际困难。这些前期工作为之后的筹备及运行排开了障碍，并为保障赛事的顺利开展打下了坚实的基础。

2. 联动传统媒体与新媒体，立体化呈现活动盛况

深圳大运会使用微博助力传播速度，增加盛会人气。作为信息传输模式的补充，部分场馆媒体服务团队推出官方微博平台，运动员、志愿者、观众纷纷通过微博即时分享大运精彩，记者通过媒体服务团队的微博平台，获取新闻线索，展开采访、报道活动。微博强势加入媒体行列之后，热度持续高涨。作为一个新的信息平台，微博是最能保证时效性、最快满足大众新闻欲的媒体形式。微博加强了“自媒体”传播，拉近了受众与现场的距离，这个新的媒体工具给大型活动带来了良好的互动宣传契机。活动策划者应抓住这个契机和平台，在活动筹备及

进行的过程中，根据实时热点主动发起互动话题，并与传统媒体多平台联动，扩大影响。微博在2011年大运会的信息传播中发挥了重要作用。

3. 全面细致的媒体服务，赢得记者好评

为了使媒体记者能够更方便地在场馆进行赛事报道宣传，大运会各场馆媒体运行部门根据所在场馆的实际情况，编写了该场馆的媒体指南。其内容包括：场馆简介、工作人员简介及岗位职责、媒体运行各功能区指引、媒体工作间工作指引、媒体流线、无线网络使用说明以及该场馆竞赛日程等，一般为中英文双语版，为记者前往场馆进行采访、报道提供方便。

4. 合理的新闻管理制度

深圳大运会的媒体宣传“以正面为主”，因此，在大运会举办前的准备工作中、大运会推介活动中以及大运会举办期间，都致力于保持组委会与国内外媒体的良好沟通和深入交流，以保证国内外媒体紧密围绕大运会相关的各项工作进行采访、报道。

大运会，对于深圳媒体服务工作而言是一场严峻考验。在大运会之前，深圳没有举办过如此大规模的综合性国际赛事，为海内外媒体提供优质服务成为大运会新闻宣传工作的重要一环。王荣书记亲自策划了核心写作小组，从全市近70个单位收集“办城市、办赛事、惠民生”的第一手素材，建立了五大资料库，供媒体各取所需；深圳报业集团的报道浓墨重彩，创意频出：深圳特区报推出《大运特报》专版，布局脉络清晰，角度新颖独特，版面创意“绿色”，体现了大报风范；广电集团日常报道有规模、重要节点有高潮，同时借助各卫视宣传平台扩大大运会的知名度和影响力。

**（二）问题**

媒体服务成功运用于深圳大运会，专业的服务受到了境内外媒体的一致好评，但是在媒体运行的实际工作过程中，还存在不少问题，我们可以在今后的比赛中加以改进。归纳起来有以下几点：

1. 混合区设置不够合理，难以满足采访需求

射击馆媒体运行工作区域中的混合区设置及通行流线一直是媒体运行工作的短板，先后多次调整方案，最终在赛前敲定。因场馆场地条件所限，混合区被设置于决赛靶场运动员入口处，但实际可用于混合区的面积不足10平方米，无法满足媒体记者对于比赛运动员的采访需求。

2. 观众得不到比赛场次更改的信息是谁之过

深圳大运会篮球比赛出现“南非退赛、莫桑比克和菲律宾弃权”的现象，这在体育赛事中不可避免。比赛场次相应减少，但是买了票的观众欢欢喜喜举家前来，到了场馆才知道比赛已取消，愤愤不平，不愿离去。纠查原因，这是谁之

过？竞赛团队、票务团队、观众服务团队相互推诿，也没有媒体单位关注和报道。场馆INFO系统是为媒体记者提供场馆和赛事信息的综合性平台，应该完善系统信息，对社会公众开放。

3. 成绩处理系统全英文版，对国内媒体缺少实用价值

深圳大运会共有来自全球323家媒体机构申请注册，共3 121人。另外，主转播机构公共信号制作团队1 800多人，总人数合计5 000多人。在目前官方的统计资料中，国外媒体来自47个国家共330人。可见，国外媒体不论参加单位数量还是媒体人数方面，远远比不上国内。成绩处理采用的是西班牙的欧米伽系统全英文版，根据国内媒体记者众多的现状，缺少了中文版的成绩信息使其形如鸡肋。

4. INFO系统信息有限，难以满足记者各方面需求

尽管媒体运行服务团队会提供多方面素材和线索，但是记者的主要信息来源仍然是INFO系统，INFO系统仅提供基本的资料及竞赛情况，无法满足记者需求。特别是对于国外记者群体来说，文化差异和语言问题可能阻碍其他补充新闻线索的获取方式，他们往往对INFO系统的依赖程度较高。

5. 认识中西文化差异，注意服务方式方法，适度服务

细致周到的媒体服务让人称赞，但是不应过度，即提倡适度服务。大运会期间部分外国记者反映遭遇“过度服务”，工作人员或志愿者过度热情，导致外国记者无所适从。

## 案例5 CBA 2011—2012 中国男子篮球职业联赛媒体运行

### 一、CBA媒体运行概述

我国的职业篮球联赛始于1995年初的中国男子篮球甲级联赛的赛制改革，该联赛被命名为CBA联赛，发展至今已历时十多年。目前已成为国内最具影响力的职业体育赛事之一，深受大众喜爱。回顾我国CBA联赛的成长历程，1995年在中国篮球协会的改革下，实行了联赛的主客场制，完善了运动队、运动员的注册制度，整顿了裁判队伍，在得到了国际管理集团IMC的赞助后第一次将联赛推向了市场。联赛的所有参赛球队都已成为在篮协统一管理下的独立俱乐部。经过十多年的发展，不仅参赛俱乐部数量增多，比赛的场数也大大增加，观看比赛的球迷也越来越多。中国男子篮球职业联赛（以下简称“联赛”）的主办单位为中国篮球协会（以下简称“中国篮协”）。

## 二、CBA 媒体运行组织架构

在我国“举国体制”的影响下，CBA 联赛的管理是由国家体育总局篮球运动管理中心全权负责，它既是具有行政管理职能的事业单位，又是中国篮协的办事机构，集决定、管理及操作权力于一身，形成垄断现象。国家体育总局领导下的中国篮球管理中心是 CBA 的最高权力部门，其下设三个部（竞赛部、运动队管理部、经营开发部），负责对 CBA 联赛的全面运营管理。从某种程度上讲，中国篮球管理中心是委托方，而 CBA 俱乐部是被委托的对象——代理方，但是篮管中心与 CBA 俱乐部之间并没有一脉相承的利益关系。

联赛专门成立了新闻委员会，其职责是：指导、协调各赛区和相关单位，落实对媒体和记者的服务工作；组织、协调各媒体的宣传工作，达到对联赛有效的宣传；对联赛进行客观真实的报道并对特色内容进行挖掘和重点报道；树立联赛健康、积极、公正、客观的新闻导向；协调联赛电视转播工作；对联赛宣传工作提出建设性和针对性的意见和建议；选派“新闻监督”赴赛区工作；负责其他有关联赛的宣传工作。

## 三、CBA 新闻委员会媒体服务

### （一）工作职责

主办单位专门对联赛的媒体服务工作作了详细且具体的要求，包括：

（1）各参赛俱乐部于赛前制订宣传计划，做好宣传策划工作。进一步贯彻落实“服务球迷、服务媒体、服务赞助商”的宗旨。

（2）俱乐部要保证联赛相关的信息及时、畅通地发布，营造良好的舆论氛围，充分体现“蓄力伦敦”的联赛主题和“我的球队、我的 CBA”这一联赛口号。

（3）俱乐部要设立一名新闻发言人（可以兼任媒体负责人），代表俱乐部向媒体发布信息、接受媒体采访，保证联赛主办单位、俱乐部对媒体沟通渠道的一致性、透明性和公开性。

（4）俱乐部要设立一名媒体负责人（可以兼任新闻发言人），负责俱乐部与媒体之间日常的相关事务，及在联赛和非联赛期间的服务媒体的具体工作，要树立全方位为媒体服务的思想。

（5）引导媒体对联赛进行正面报道，突出联赛相关活动。

（6）主动为媒体提供采访机会及报道内容，吸引更多的媒体关注、报道联赛，增加各媒体的 CBA 版面和时段；避免不符合事实的新闻炒作，严禁假新闻。

（7）扩大“CBA Media Family”（CBA 媒体之家）的媒体成员，配合篮协做好异地“CBA Media Family”的策划和执行工作，力求使关注、报道 CBA 的记者对“CBA 媒体之家”产生归属感。

（8）积极主动地服务媒体，认识到媒体服务工作对 CBA 联赛和俱乐部发展的重要性。[①]

**（二）CBA 联赛媒体服务细则**

赛场服务包括媒体工作室、新闻发布室和记者席。

（1）媒体工作室：要求在场馆靠近记者席的位置设立一间 15 平方米以上的媒体工作室和休息室（以下简称“媒体工作室”），不得与新闻发布厅共用。媒体工作室由媒体负责人直接负责管理。媒体工作室向记者开放时间至少为赛前 1 小时至赛后半小时（包括比赛期间）。

硬件设施：柯尼卡美能达打印机一台，25 寸以上的彩色电视机一台（必须能够接收并收看到现场比赛），一张至少可供 10 人同时工作的桌椅，墙上需安装一个走时准确的挂钟，室内有线宽带接口至少 5 个，或提供免费无线宽带上网服务，电源接头 20 个以上，并保证宽带、灯光的正常使用。

文档需要：媒体工作室需设立文档夹约 30 个，内部材料包括双方出场名单、双方主力球员的介绍、参赛球队近期 5 场比赛的赛况、双方交战历史、本场 4 节比赛的技术统计表。

其他要求：每次比赛期间，媒体工作室内需配备冷热饮水机一台，纸杯 50 个，方便面 50 袋，饼干、点心若干，速溶咖啡（袋装）50 袋，并保证食品、饮料的随时添补。

（2）新闻发布室：要求在场馆靠近记者席和媒体工作室的位置设立一间 40 平方米以上的新闻发布室。室内应设置带有联赛全称和赞助商标志的背景板、联赛海报；一张新闻发布台并配有 3 把椅子（主持人、教练员、球员）；AV 设备：话筒 2 个、音响 1 套；记者席必须配有 30 把以上的带靠背的坐椅；室内灯光亮度应符合电视摄像及拍照的要求，在室外或通道明显处制作成绩公告板（张贴成绩表等）。

（3）记者席：包括文字记者席、摄影记者席和记者区安保工作。

文字记者席要求：文字记者（证件为 G 卡）比赛期间不能进入内场，俱乐部在赛场看台设定不少于 20 个（北京赛区不少于 30 个，举办开幕式、全明星赛、半决赛和总决赛的俱乐部主场要提供不少于 30 个）文字记者席并配备足够

---

① 参见 CBA 职业联赛 2011—2012 官方手册。

电源，以及15个以上的宽带接口。同时派专人负责维护记者席电源、网络，向记者提供瓶装饮用水。每节结束后必须向记者提供技术统计表（保证每人一份）。文字记者须在赛前24小时电话联系主队俱乐部媒体负责人，预约进入记者席，预约成功的文字记者于赛前1小时到达场馆进入文字记者席。凡未持有文字记者证件的人员，一律不允许进入；如在赛前检查中发现违反本手册或“联赛准入标准”及“联赛纪律处罚规定”的有关规定，主办单位将酌情对主队俱乐部或赛区予以处罚。

摄影记者席要求：摄影记者（证件为F卡）在比赛进行中不得到广告板前，不得阻挡记录台工作人员视线，俱乐部需在内场端线两边固定广告板后分别设置10个（北京赛区至少15个，举办开幕式、全明星赛、半决赛和总决赛的俱乐部主场要提供不少于20个）摄影记者席，摄影记者需在赛前24小时电话联系主队俱乐部媒体负责人，预约比赛采访，预约成功后赛前1小时到场馆指定区域通过换证件的方式换取摄影背心，方可进入场内摄影区域。

记者区安保工作：记者席需配专门的安保人员，维持现场秩序，保证记者顺利观看比赛。在保证现场记者工作的同时席位未坐满的情况下，媒体负责人须在书面请示技术代表同意后，允许现场工作人员或安保人员进入，但记者席位一律不得出售。

**（三）媒体预约采访**

（1）非联赛期间的媒体预约采访包括对俱乐部相关人员的采访、媒体开放日的采访以及俱乐部相关推广活动的报道。

对俱乐部相关人员的采访：媒体计划采访俱乐部官员、教练员、球员需提前3天通过电话或传真的方式向俱乐部的媒体负责人提出申请，内容包括：姓名、单位、计划被采访人、采访内容提纲、采访时间及长度、采访地点。媒体负责人接到申请后，需在48小时之内给予媒体回复，同意或不同意并说明原因。要求被采访人积极配合媒体的采访。

媒体开放日的采访：俱乐部需每月组织一次媒体开放日（具体时间由俱乐部自行决定），邀请媒体到俱乐部观摩球队训练并进行采访；开放日前的5天，媒体负责人需向媒体发送通知及采访申请表，要求提前报名并回传采访申请表；媒体负责人要将每月的开放日情况以报告的方式传达或发送电子邮件至中篮公司赛时运营部。

俱乐部相关推广活动的报道：俱乐部在非赛季期间组织的相关推广活动，需提前5天通知媒体，并邀请媒体参加，对俱乐部的相关活动给予充分的报道。同时在活动结束后一周之内将相关报道以简报的形式进行收集，并定期向中篮公司赛事运营部报告。

（2）联赛期间的媒体预约采访包括联赛期间的采访，开幕式、闭幕式的采访，全明星赛的采访，比赛当天上午训练后的采访以及比赛采访席位的预约。

联赛期间的采访：实行媒体采访预约制，有采访计划的媒体（含客队随队记者），需在比赛开始前24小时与主队俱乐部媒体负责人联系、预约采访；各俱乐部媒体负责人需保证手机24小时开通以便媒体记者采访预约报名工作；预约成功的记者方可进入记者席或场地工作；主队俱乐部也可制作一定数量的辅助证件临时提供给预约成功的媒体记者使用；如没有提前预约或预约时记者席名额已满，则主队俱乐部的媒体负责人要积极协调场馆安保等相关单位，根据记者所佩戴证件类别安排到看台指定区域或内场指定区域，以保证其工作。

开幕式、闭幕式的采访：联赛开赛前半个月，中篮公司赛事运营部将在篮协官方网站登出采访申请表，同时通过邮件通知媒体，开赛前3天中篮公司赛事运营部将采访表整理后通知相关俱乐部，俱乐部在接到通知后，需按照联赛媒体服务指南的相关要求进行准备。

全明星赛的采访：赛前20天，中篮公司赛事运营部将在篮协官方网站登出采访申请表，同时通过邮件通知媒体，开赛前一周中篮公司赛事运营部将采访表整理后通知承办单位，承办单位接到后，需根据全明星整体活动方案安排媒体接待的相关事宜（车辆、饭店标准、采访范围、证件、场馆媒体席位、记者工作室等）。

比赛当天上午训练后的采访：比赛当天上午训练结束后，将安排一次15分钟的媒体采访时间。以教练员、球员为采访对象，采访地点在球场或新闻发布室等，采访方式是媒体需提前1天向主场俱乐部媒体负责人提出申请采访训练的需求（电话、书面均可）。训练开始前1小时，主队媒体负责人需到场，将采访安排分别通知双方球队领队，由领队与球队沟通采访事宜，训练结束前15分钟报名的记者方允许入场馆，并在指定区域内等待被采访人。每支球队训练结束后的15分钟，为媒体公开采访时间。

比赛采访席位的预约：联赛期间，拟采访比赛的记者需至少提前1天（24小时）向（赛区）媒体负责人预约采访坐席，媒体负责人必须至少在赛前1个半小时在固定记者席上贴上媒体的名称。如媒体在预约后，该赛区媒体负责人不能给预约媒体提供记者席位，有关媒体可以向当场技术代表或新闻监督书面投诉，技术代表或新闻监督核实情况签字确认后，主办单位将根据联赛相关规定，进行相应处罚。[①]

---

① 参见CBA职业联赛2011—2012官方手册。

## 四、CBA 媒体运行特色

CBA 俱乐部媒体服务是借鉴北京奥运会、广州亚运会、深圳大运会的媒体运行经验，结合 CBA 联赛自身的特点和场馆实际情况，伴随 2008 年奥运会之后进入中国的“媒体服务”概念本土化操作的首次尝试。

1. 首次完整引入媒体运行、新闻服务理念

广东佛山龙狮俱乐部在国内 CBA 俱乐部中首次完整引入媒体运行、新闻服务理念，并首次将其系统实践，由专门团队负责媒体服务这一工作，由专人负责新闻服务媒体运行工作的各个环节与岗位，借鉴其他大型体育赛事新闻服务的经验，同时结合自身联赛级别、规模和经济状况对其服务对象等实际情况进行了调整。这是我国 CBA 俱乐部组织与管理工作的一次全新尝试与突破。其整体运行效果得到众多媒体的肯定，不仅因为在基本硬件、餐饮接待等生活细节方面都为记者做了考虑，还因为主场设有混合采访区，并要求球员必须配合采访的做法更是开 CBA 之先河。同时球队去客场比赛后，无论输赢，都会开放更衣室，欢迎所有记者入室采访。

2. 发挥 CBA 的本土优势，打造中国人的篮球氛围

CBA 联赛是我国的本土产品，是球迷身边的比赛。CBA 篮球俱乐部的主场都安排在各省会城市、主要城市或经济发展比较好的城镇，使这些地方产生了良好的篮球氛围。这本身就是一个有利条件，使 CBA 的发展容易赢得广大球迷和篮球爱好者的支持。作为中国人自己的比赛，CBA 在比赛安排和播出安排上，都更大程度地符合了我们自己的习惯。晚上 7 点钟进行比赛和转播，正与大众的休闲娱乐时间相吻合，也更容易得到人们的关注。这种本土优势，不但为 CBA 展开市场营销创造了有利条件，而且节约了成本。

## 五、问题与不足

媒体服务应用到 CBA 俱乐部中作为全新的尝试，在其具体的操作中不可避免地会出现这样或那样的问题。归纳起来有以下几点：

**（一）收入来源单一，比赛观赏性不强**

目前，CBA 联赛开始朝着良好的方向发展，但是仍然存在运动员竞技水平不高，比赛观赏性不强等缺点。门票销售是目前 CBA 联赛收入的主要渠道，但也存在“目前 CBA 的主要收入来源是依靠企业赞助”这一说法。虽然出售广告权和电视转播权也是它的主要经营手段，但广告收入却微乎其微，约占总收入的 5%，而且在国内小城市的地方性电视频道转播 CBA 联赛的并不多。据资料显

示，CBA 俱乐部的年投入平均资金是 387 万元，而平均收入仅有 237 万元，俱乐部的经营收入不够支出，仍处在亏损的困境之中。媒体市场的宽窄与否除了与其国家的经济实力有关外，还与联赛本身的经营运作管理等有着密切的联系。①

**（二）竞争机制不够完善，相关条例空缺**

有竞争才有发展。CBA 联赛的持续发展离不开各俱乐部之间的竞争。比如 NBA 董事实施队员转会制度，促进了各俱乐部在遵守条款的条件下可以自由吸纳优秀篮球运动员，从而增加了竞争力度，也相对平衡了各俱乐部之间的实力。② 我国职业篮球联赛针对运动员转会虽然也出台了一些条款、条例，但除了《全国篮球运动员注册与交流管理办法》、《中国篮球协会运动员转会转队暂行条例》等相关规定外，其他的制约并不多。因此，在球员转会这一块，CBA 的转会制度相对 NBA 来讲略显匮乏。在竞争激烈的环境中，再加上球员希望自己有良好发展、想进优秀球队的心理，使得我国 CBA 联赛中的队伍强的更强，弱的更弱。③

**（三）媒体服务工作考虑不够细致，有碍记者采访**

2011 年 12 月 26 日，在 2011—2012 CBA 联赛已进行了十轮比赛后，中国篮球协会在联赛媒体工作中出现了很多问题，具体如下：

现场采访管理：各俱乐部在不影响球队更衣的情况下提前开放球员更衣室，并允许预约记者进入球员更衣室采访；在球员通道处设立混合采访区，并要求教练员、球员赛后需在混合采访区停留，接受记者在赛后的采访；各俱乐部新闻负责人需收集媒体预约采访意向，当对某个教练员/球员的采访意向达到一定数量时，可组织专门的新闻采访。

媒体区域管理及服务：因本赛季文字记者席设置在看台上，距离场馆大门较远，需要各俱乐部在通往记者席通道沿途设置明显标识并安排志愿者指引服务；进入摄影摄像记者区域工作的记者必须是摄影摄像记者并配备摄影摄像器材，以防止证件冒用；预约记者使用的辅助证件或摄影马甲严禁发放给其他非记者的工作人员使用；每场比赛媒体预约俱乐部新闻负责人需确保重点媒体的采访位置，平均分配预约名额，如共有几家媒体预约，其中每家摄影记者几人，文字记者几人等；俱乐部需指派专人在媒体区域及文字记者席服务，并对服务人员进行培训；保证现场网络畅通，避免由于网络不畅导致报道不及时等问题。

新闻发布会及新闻发言人：保证新闻发布会现场各项设施完好（如音响）；

---

① 参见于德东，孙闽君．NBA 与 CBA 管理体制比较之研究．山西师大体育学院学报，2004（2）．

② 朱立雄．NBA 与 CBA 篮球联赛媒体运作比较研究．才智，2010（7）．

③ 参见颜晓奇，倪刚．NBA 联赛与 CBA 联赛运行机制比较．湖北体育科技，2009（3）．

合理安排文字记者和摄影摄像记者的位置，以免互相影响；俱乐部新闻发言人应重视本职工作，了解媒体需求，保证俱乐部与媒体信息交流畅通。①

## 案例6　北京奥运会主新闻中心的运行

中国是第一个举办奥运会的发展中国家，举办奥运会也是中国人民的心愿。如何向世界展示中国，如何让世界了解中国是北京奥运会最重要的任务，同时，北京奥运会也是中国向世界展示自己的一次难得的机会。自中国获得2008年奥运会举办权的那一刻起，全世界的眼睛都在注视着中国，全世界媒体的镜头都在对准中国，这无疑是中国在世界上树立自身形象的大好时机，而中国也非常成功地抓住了这次机会。奥运会的公共关系意识随着奥林匹克运动会一起发展和壮大起来，它宣扬服务媒体、善待媒体的理念，将媒体运行部作为独立的部门来为媒体服务，这样的媒体服务意识要比其他的赛事成熟许多，因此它的主新闻中心也更有研究价值和借鉴意义。2008年奥运会在媒体的一片赞誉声中精彩地落幕了，世界重新认识了中国，中国奥组委在公共关系上取得了巨大的收获，而在这份收获中，主新闻中心的成功运行有着不可磨灭的贡献。

### 一、北京奥运会主新闻中心概况

主新闻中心地处奥林匹克公园中心区，总建筑面积达63 000平方米，以景观西路、大屯路、北辰西路和中一路为界，南邻国家体育馆和国家水上中心，东南紧靠国家体育场，正北方向为奥林匹克森林公园，步行可达西北方向的奥运村。主新闻中心所在建筑赛后将是国家会议中心配套设施，由2座酒店和2座写字楼组成。奥运期间主新闻中心共举办了400余场各类新闻发布会。北京奥运会主新闻中心由四个大空间的楼层组成（见表1），完全符合IOC关于“楼层少，空间大”的要求，楼层布局也是按照奥运会媒体工作和生活需求特点及各功能区相互间的逻辑关系设计的，媒体记者在各功能区之间流动顺畅，主新闻中心的运行也能始终处于高效率状态。

---

① 参见中国篮协官方网站。

表1　北京奥运会主新闻中心空间布局

| 楼层 | 布局 |
| --- | --- |
| 地下一层 | 国际大餐厅、快餐厅、员工餐厅和厨房等；柯达影像中心、200个工位的摄影记者工作间、场馆运行区；租用办公空间 |
| 地面一层 | 大堂、1 000个工位的文字记者工作间、新闻运行区；合同商区域 |
| 地面二层 | 租用办公空间；收费卡中心、新闻发布会预订办公室、首席翻译官办公室、新闻发布厅等 |
| 地面三层 | 租用办公空间 |

注：本表内容来自于北京奥运会媒体运行志愿者培训教材。

除此之外，它还包括新闻运行、场馆管理、后勤服务、安保用房、技术机房等在内的所有管理和支持服务部门的办公用房，以及餐厅、银行、邮局、商店、图书馆、报刊亭、医务室等综合服务设施。北京奥运会主新闻中心于2008年7月8日正式投入使用，7月25日至8月27日期间24小时运行（见表2）。

表2　北京奥运会主新闻中心运行时间

| 运行时间 | 起 | 止 |
| --- | --- | --- |
| 奥运会期间运行时间 | 2008年7月8日 | 2008年8月31日 |
| 残奥会期间运行时间 | 2008年9月1日 | 2008年9月20日 |

注：本表内容来自于北京奥运会媒体运行志愿者培训教材。

## 二、北京奥运会主新闻中心媒体服务特色

### （一）“近”、“大”、“全”、“巧”

北京奥运会主新闻中心副主任徐济成用“近”、“大”、“全”、“巧”四个字概括了北京奥运会主新闻中心的特色。

“近”，指的是主新闻中心离各主要比赛场馆距离近，所有比赛场馆中有17个场馆都是围绕主新闻中心建立的，从主新闻中心步行可到达“鸟巢”、“水立方”、国家体育馆等主要场馆，与鸟巢的直线距离仅800米，其他场馆均有媒体班车可以在很短的时间内到达，为记者出行提供了便利。

“大”，指的是北京奥运会主新闻中心是奥运史上最大的新闻中心，总建筑

面积达63 000平方米；它接待了奥运史上人数最多的文字和摄影记者，共3万多名（包括注册记者和非注册记者）；它与官方赞助商柯达合作，为摄影记者准备了世界上最大的影像中心；它还拥有一个配备八种语言同声传译系统的能容纳500人的主新闻发布厅、一个200人的中型新闻发布厅和三个80人的小型新闻发布厅，这也是奥运史上规模最大的新闻发布厅。

“全”，指的是服务项目全。“国际奥委会《媒体技术手册》上要求有的我们有，上面没有的我们都有，”徐济成很自豪地说。除了国际奥委会要求的服务项目外，北京奥运会主新闻中心还设有理发厅、健身房、露天饮料吧、按摩服务等，不仅在工作上为记者提供最专业的服务，在生活上对记者的照顾更是无微不至，这也是为什么在最近连续的几届奥运会上都有记者猝死的情况发生，但在北京奥运会却没有一例的原因。

“巧”，是指主新闻中心的布局和安排很合理。本届奥运会主新闻中心将主工作间由惯用的正方形改为了长方形，这样更有利于大量记者的流动；更妙的是，主新闻中心创造性地把长方形的主工作间分割成了三个区域，每个区域的温度都有略微差别，为的是让来自世界各地的记者都能感觉舒适，免去了因为空调过热或过冷对记者身体造成的不良影响；另外，在每个工位的桌子上都放置了电脑锁，确保了记者在离开位置四处走动时电脑的安全，为记者免去了后顾之忧。除此之外，主新闻中心还为记者准备了免费的雨伞和雨衣，防止因天气变化而耽误工作；还有史无前例的新闻采访台，专门帮记者联系采访，难怪很多记者都反映说，北京奥运会主新闻中心无论从硬件还是软件，都是奥运史上最好的。

**（二）“科技奥运”实现七个“第一次”**

主新闻中心是北京奥运会的亮点之一，因为它将“善待媒体”的理念与“科技奥运”的目标充分结合，实现了奥运史上的七个“第一次”。

实现“科技奥运”的北京奥运会是第一次真正意义上的“宽带奥运会”，也是第一次真正意义上的无线通信的奥运会。主新闻中心配备了近700台各类电脑，赛事期间，通过这些设备构筑的IT平台能在第一时间完成新闻素材的采集、编辑和发布工作。同时，一支近百人的国家技术团队部署在这里，他们在第一时间排除各国媒体的信息设备故障，为各国媒体提供电脑维修和免费杀毒服务。此外，中国移动推出专为北京奥运会注册媒体服务的“Wireless Info”和“即拍即传”等新产品。奥运会期间，注册媒体只要在主新闻中心、场馆媒体工作间和媒体村公共区域等热点区域，都可以通过WLAN接入“Wireless Info”系统获得奥组委发布的官方信息，或者通过“即拍即传”实时高速地传送奥运赛事图片。

“科技奥运”的主新闻中心还有很多个“第一次”：第一次全部采用高清晰5.1声道环绕立体声的全球电视转播；第一次通过互联网、手机等新媒体平台转播奥运会的实况比赛；第一次在 8 个重要的赛事场馆提供混合区采访的实时音视频采访服务；第一次将媒体的班车系统采用从“封闭区”到“封闭区”的安检政策。

为了更方便注册媒体，主新闻中心还同时提供了一个三星级和一个五星级的媒体酒店，这在奥运史上也是第一次，为部分注册媒体提供了很大的便利，得到了媒体的广泛好评。

**（三）“一站式”服务体现“人文奥运”**

由于我国第一次举办奥运会，而且是非英语国家，在语言方面没有很大优势。考虑到外国记者到中国报道可能面临的语言、文化差异，法律环境、政策等问题，北京奥组委协调中央政府和北京市的相关主管部门创办了“一站式”服务机制。这种机制是把我们国家政府的一些职能和一些服务的机构全部集中在一个场所，在这个办公场所既可以提供相应的一些审批事项，另外，也可以现场提供一些服务。这样的“一站式”服务机制将向全世界的媒体提供每天 24 小时的全方位服务。

在北京奥运会主新闻中心的“一站式”服务大厅，中国的外交部、公安部、交通部、海关总署、中国银行、北京奥组委等 29 个部门都在这里设立了服务窗口。联合办公的后台处理系统使申请的受理、审核、批准、答复、协调和服务提供等环节实现“一站式”完成。境外记者可以在此快速便捷地完成各项行政审批申请。为媒体提供“一站式”服务在奥运会历史上尚属首次，这也是北京奥运会在媒体服务方面的一项重要创新。

北京奥组委媒体运行部副部长徐济成说，自 2008 年 7 月 1 日开始运行“一站式”办公机制之后，大大地提高了对媒体的服务效率，使媒体服务更加人性化，体现了“人文奥运”的理念，也得到了记者们的一致好评。

**（四）生态环保措施践行“绿色奥运”**

北京奥运会主新闻中心的筹备和运行阶段，坚决践行“绿色奥运”理念，其中很引人注目的一项措施就是将测试赛期间的铁质成绩公报柜（Pigeonhole）改成了奥运会期间的纸质公报柜。远远看上去，一排排成绩公报柜的造型很像长城，红色的主色调很醒目，如果不近距离地观察，就很难想象它是纸质的。成绩公报柜主要是放在主新闻中心的文字记者工作间和摄影记者工作间内，比赛项目的所有信息几乎都可以从上面找到，实用又环保。

## 三、北京奥运会主新闻中心成功运行的意义

前国际奥委会主席萨马兰奇讲过：“一届奥运会的成功与否，媒体是最终裁

判。”奥运会不仅是一次运动员的比赛，同时也是媒体的一次竞争和比赛；不仅是一次体育盛会，也是一次最大规模的媒体采访活动。在大型体育赛事的举办过程中，媒体扮演着多重角色，它是大型体育赛事的服务对象、合作伙伴、宣传工具和最终裁判，在大型体育赛事的整个运作过程中，起到了举足轻重的作用。因此，如何为媒体提供便利条件和优质服务成为大型体育赛事筹办过程中要重点考虑的内容。北京奥运会主新闻中心的成功意味着它为记者们提供了满意的服务，也意味着它在各国记者面前为中国树立了美好的形象。

北京奥运会在中国和世界之间开了一扇窗户，通过筹备奥运会，中国的相关政府部门、企业，包括老百姓都增加了同世界其他国家的交流，加深了对世界的认识。不同的文化、不同的理念，因为奥运会有了更多交流，甚至还会有一些冲突和碰撞。在这个过程中，中国从世界其他国家那里学到了许多先进的理念、做法，了解了其他国家的文化。更重要的是，通过奥运会让世界认识和了解了中国，中国的形象和文化通过奥运会这一窗口传播出去，而传播者正是参与报道奥运会的媒体。徐济成说，在奥运会之前，很多外国人是用有色眼镜看中国的，认为一个发展中国家办不成这样一届出色的奥运会，但是我们做到了。原来有限制的采访政策现在也放开了，外国记者想采访谁就可以采访谁，这样的新闻自由是世界上任何一个国家都做不到的。

与此同时，北京奥运会主新闻中心通过这次成功运行，还积累了宝贵的媒体运行经验，为我国积蓄了200多名具有大型体育赛事媒体服务专业知识和经验的人才资源，这弥补了我国大型体育赛事承办经验不足、专业人才缺乏、机制不健全等缺陷，为我国日后成功承办或举办国际性大型体育赛事提供了可能性。①

## 案例7　广州亚运会主新闻中心新闻采访服务台运行

广州亚运会期间，主新闻中心新闻采访服务台共计受理记者采访申请710单（其中境内578单，境外132单），确保24小时内回复记者的采访申请，联系采访成功率达98%，成功为170多家媒体机构以及超过1 200名记者提供了采访联系服务。广州亚运会的新闻采访服务工作取得良好的成绩，得益于新闻采访服务赛前的充分准备，特别是丰富的采访联络通讯录和自主研发并严格执行的采访处理系统。

---

① 王丽．大型体育赛事新闻中心的媒体运行机制研究．北京体育大学硕士学位论文，2009．

## 一、新闻采访服务台简介

新闻采访服务台是主新闻中心乃至广州亚运会的窗口，是境内外媒体记者了解广州亚运会、报道亚运会的连接口，是赛时新闻信息运行的前台。新闻采访服务台由对内、对外两个服务系统组成，提供双向信息服务，两个系统相辅相成、相互作用。对外系统以服务为主，主要目标是满足媒体的采访需求，关键在于建立有效的受访机制，同时需要主动发布新闻和信息，保证信息的开放性。对内系统以反馈为主，通过分析对外系统获得的信息，实现对媒体的引导，主要目标是舆情监测，做好“把关人”，预防突发事件的发生，达到媒介控制的作用。

### （一）位置及运行时间

表 1

| | | |
|---|---|---|
| 位置 | 主新闻中心一层的大堂服务区 | |
| 主要任务 | 通过传真、电话、邮件、服务台现场等渠道受理境内外注册记者的采访申请 | |
| 开始运行 | 11 月 1 日 | |
| 运行结束 | 11 月 28 日 | |
| 运行时间 | 试运行 | 11 月 1—5 日 08：00—20：00 |
| | 正式运行 | 11 月 6—27 日 00：00—24：00 |
| | 关闭 | 11 月 28—29 日 |

### （二）工作内容

新闻采访服务实质上是一种双向的信息服务。新闻采访服务对外提供信息传递服务，与此同时对内提供舆情监测服务——从事获取、存储、处理信息等业务。亚组委与媒体记者二者既具备信息资源，又有信息需求，因此新闻采访服务台是二者的接口。

1. 对外提供信息传递服务

新闻采访服务台在赛时除了提供基本的采访信息服务外，还利用其窗口的优势提供其他相关信息的服务，主动满足媒体多方面的信息需求。

表 2

| | | |
|---|---|---|
| 对外提供信息传递服务 | 提供采访对象联系方式 | 新闻采访服务台在赛时为有信息需求的媒体记者提供引导，为他们联系采访对象，提供采访对象的联系方式 |
| | 协助其他团队宣传工作 | 新闻采访服务台利用服务台的公告板、INFO 系统等平台发布相关信息，协助其他团队做好宣传工作。如协助运动员村等团队做好各国家和地区代表团升旗仪式、运动员村媒体开放日等重大活动的宣传工作；协助媒体村团队做好媒体记者参加 11 月 16 日古尔邦节宗教活动的组织工作；协助亚洲藤球联合会做好在总部酒店举行新闻发布会的工作，等等 |
| | 协助城市采访线工程组的宣传工作 | 新闻采访服务台协助城市采访线工程组受理境内外记者参加城市采访线的报名工作，给媒体提供了接触广州城市的机会，拓宽记者的报道空间。同时服务台注重强化对主办城市的宣传推介意识，对境内外媒体特别是主流媒体提出的城市采访申请尽最大努力予以满足，经多次深入沟通协调，成功协调市旅游局接受卡塔尔半岛电视台专访，协助日本 NHK 电视台采访亚运美食文化节的活动。此外，服务台还协助深圳大运会组委会邀请 80 名记者参加“亚运注册记者深圳行”活动 |

2. 对内提供舆情监测服务

这里的舆情监测指的是新闻采访服务台对媒体记者的采访提纲和报道进行监测，是对某些热点、焦点问题或有较强影响力、倾向性的言论和观点的一种监视和预测行为。目的是了解媒体的整体动向和态度，以防负面内容对亚组委乃至亚运会造成不利影响。

表 3

| | | |
|---|---|---|
| 对内提供舆情监测服务 | 把关采访提纲 | 采访申请单中要求记者必填的一项是采访提纲，若没有采访提纲则不予以受理。这项强制性规定的目的首先是为了严格“把关”，与亚运会无关的政治敏感话题、宗教话题等均不在新闻采访服务的范围内，不予受理。另外是为了掌握媒体的关注点，更好地为媒体提供他们所需要的信息 |
| | 《新闻采访服务台每日工作报告》 | 新闻采访服务台除了在采访申请处理系统内登记采访申请单的相关信息之外，还需要对每天来申请采访的媒体单位及其采访内容进行归类汇总，做成《新闻采访服务台每日工作报告》。这样不仅媒体关注的焦点会一目了然，而且方便随时查询、核对信息。这份报告每天都需要向主新闻中心的领导和相关业务口报送，以便上级及时了解舆情状况，布置新闻宣传团队任务 |

（续上表）

| | | |
|---|---|---|
| | 监测突发事件 | 新闻采访服务台要保持高度的敏感性，从采访提纲或媒体报道中提前预见危机，作出应急措施，转危为安 |

**（三）业务口组织结构以及岗位描述**

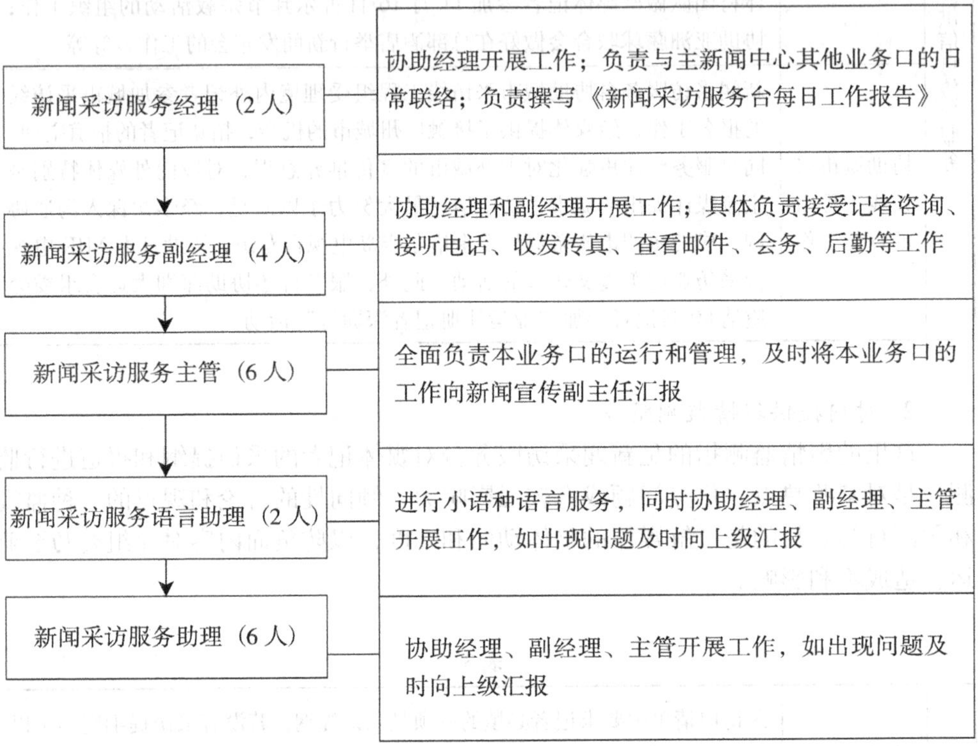


图 1

## 二、新闻采访服务台工作流程

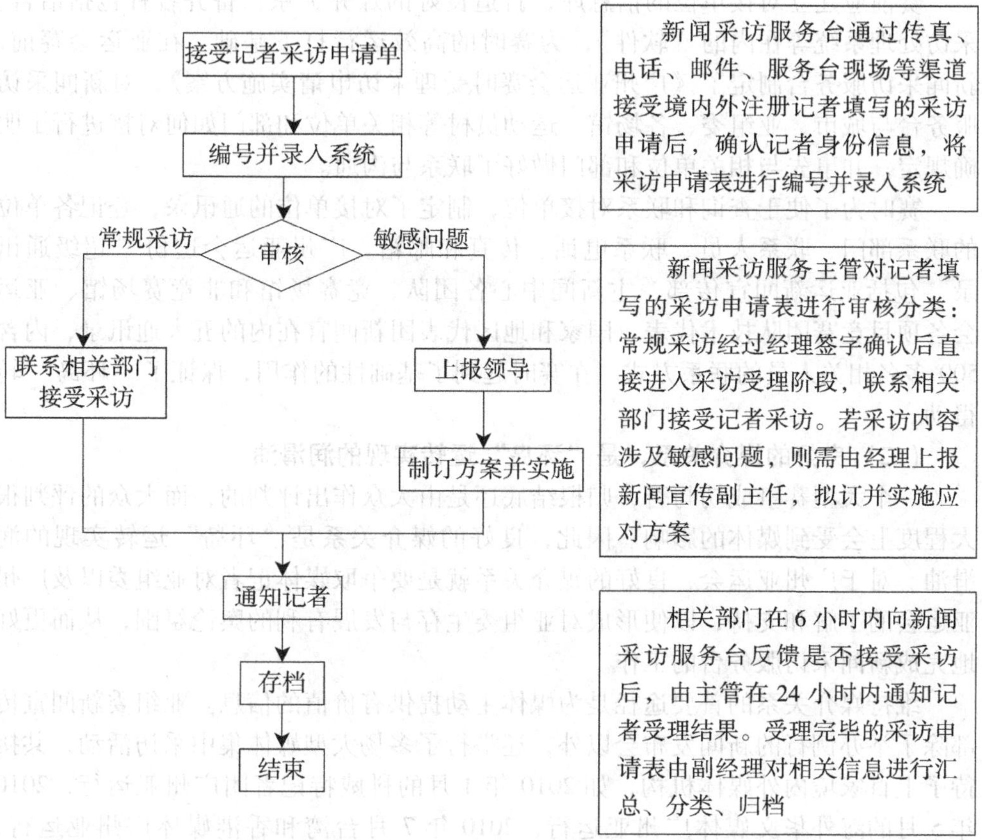


图 2

## 三、新闻采访服务台受访机制

新闻采访服务台能够在赛时维持业务口的高效运行，提供优质的采访服务，关键在于建立了有效的受访机制。受访机制即新闻采访服务台受理记者采访申请的工作原理和运行机制。大体上分为三大环节：记者进入—“环岛”运转—采访各单位。其中，“环岛”运转得好不好，将直接影响到采访效果，进而影响到服务台的形象甚至亚运新闻宣传大局。

**（一）“环岛”运转首要工作——明确对接单位**

“环岛”运转的首要环节是明确对接单位。当记者提出采访申请，我们应该做出快速的反应：采访对象是谁、在哪里、如何联系、联系谁。

赛前应建立对接单位的信息库，打造良好的媒介关系，备齐各种包括语言、采访处理系统等在内的“软件”，为赛时的高效运行打下基础。在亚运会赛前，新闻采访服务台制定了《广州亚运会赛时受理采访申请实施方案》，对新闻采访服务台与城市、亚组委、各场馆、运动员村等相关单位和部门如何对接进行了明确规定，并事先与相关单位和部门做好了联系与沟通。

赛时为了便于查询和联系对接单位，制定了对接单位的通讯录，登记各单位的联系部门、联系人员、联系电话、传真和邮箱。广州亚运会这份“超级通讯录”包括亚运新闻宣传部、主新闻中心各团队、竞赛场馆和非竞赛场馆、亚运会各项目竞赛团队技术代表、国家和地区代表团新闻官在内的五大通讯录，内含500多名相关人员的联系方式。在赛时起到了基础性的作用，保证了“环岛”转得动。

**（二）良好的媒介关系，是“环岛”运转实现的润滑油**

一个大型赛事成功与否，归根结底还是由大众作出评判的，而大众的评判很大程度上会受到媒体的影响。因此，良好的媒介关系是“环岛”运转实现的润滑油。对于广州亚运会，良好的媒介关系就是要争取媒体记者对亚组委以及广州亚运会的了解和支持，以便形成对亚组委生存与发展有利的舆论氛围，从而更好地完成新闻采访服务台的工作。

维持媒介关系的首要途径是为媒体主动提供有价值的信息。亚组委新闻宣传部除了举办例行的新闻发布会以外，还举行了多场大型媒体集中采访活动，共接待了上百家境内外媒体机构，如2010年4月的科威特记者团广州亚运行，2010年5月的海外华文媒体广州亚运行，2010年7月台湾和香港媒体广州亚运行，2010年7月的亚运倒计时100天“我与亚运”、“专家谈亚运”、“探营亚运场馆”等系列集中采访活动。各类媒体采访活动使记者在采访亚运会筹备工作的过程中，在实地考察亚运场馆和亚运城的过程中，在参观广州历史文化景观和现代城市风光的过程中，不仅获得了实事求是的一手资料，还感受到了广州承办亚运会的热情和信心。

2010年10月，广州亚运会即将开幕。新闻采访服务台充分发挥其窗口作用，承担了主新闻中心对外宣传的工作，负责编写、印刷了《主新闻中心简介》等宣传品，成功接待了新加坡新闻团，边境外宣媒体团，中央驻粤、各省市和港澳媒体团等多家记者团对主新闻中心的采访，以及韩国KBS广播电视台、中央电视台等近10家境内外媒体对场馆主任的专访，展示了主新闻中心的良好形象。

新闻采访服务台热情、尽职的服务，赢得了国内外各界媒体的好评。

记者的工作是非常辛苦的，遇上采访不顺利时记者比较容易急躁。建立良好的媒介关系能让记者怀着愉悦的心情来到服务台，就像是来见自己的朋友。这样的关系就像是润滑油，保证了“环岛”转得顺。

**（三）“环岛”运转快的“软件”**

亚运期间主新闻中心要在15天内接待8 000名记者，这对服务台的受理效率提出了要求。除了在赛前明确对接单位，建立良好媒介关系之外，赛时的语言服务、电脑系统、岗位分工等都是决定效率高低的因素。

1. 语言服务

语言是人类沟通的中介，在大型体育赛事特别是国际体育赛事当中，语言服务是媒体服务中的一项重要内容。新闻采访服务台在整个运行过程中，本身就已经“安装”了英语、日语、阿拉伯语、俄罗斯语和粤语的“软件”，确保服务台能应对前来采访的外国媒体大军。

除了语种之外，语言的规范性也是语言服务中不可忽略的问题。规范的语言才能准确地传达信息，避免歧义和误会，提高受理采访申请的效率。为此，新闻采访服务台编制了中英文对照的《主新闻中心新闻采访服务台规范服务用语及文本手册》，包含三部分内容：亚运相关基础知识（45个参赛国家名称、比赛项目名称等）、服务台常用对话（应对咨询、申请、反馈）、传真及电子邮件文本范例。

有了规范的语言服务，当外国记者来到采访服务台时就不需要再到语言服务台另请翻译，可以提高前台受理采访申请单的速度，让“环岛”转得更快的同时也能给记者留下良好的印象。

2. 自主开发“采访申请处理系统”

新闻采访服务台对外的官方说法是在接受了记者的采访申请单后会在24小时内通知记者采访单的受理情况。然而服务台内部是要求工作人员尽量在6个小时内通知记者。若采访申请在6个小时后还没有得到相关被访部门的反馈，则需工作人员加紧催促。因此，“计时”成为保证速度的关键问题，但同时也是一项琐碎而极容易失误的工作。若在某一时间段接到了大量的采访申请，之前待反馈的申请则容易被遗忘。

新闻采访服务台在10月下旬利用电子化办公操作的技能，自行设计了“第16届亚运会主新闻中心新闻采访服务台采访申请处理系统”，并于11月1日正式投入使用。该系统不仅能自动记录接单时间、处理进度及时长等关键信息，还能完整记录采访申请的记者姓名、媒体机构、采访提纲等基本信息，方便受理完毕后统计归档。服务台共有7台电脑，此系统在所有电脑中设置共享后，实现了服务台对当前所有采访申请信息及处理进度的全盘掌握和跟踪处理。无论是谁通过传真、电话、邮件或服务台现场接受的采访申请，只需将接单时间和记者姓名、媒体机构录入系统，系统就开始自动计时。6 小时内完成采访申请，单子会变绿；若超过 6 小时没有完成采访申请会变黄，若超过 24 小时没有完成采访申请则会变红。

虽然此系统看起来只是简单的 Excel 程序文件，但具备了协助处理申请一单不漏、无纸化信息快速提取、电子化统计汇总及实时舆情分析等功能，大大提高了业务口运行效率的精确性、实时性和同步性，使“环岛”转得更快。

3. 确定员工工作机制

岗位分工明确，合理有序的进行，离不开赛前制定的运行计划、岗前培训以及轮班制度等工作机制。

亚运会期间，除了志愿者和语言助理，服务台其余工作人员均在 2010 年 9 月前已开始在亚组委宣传部做前期准备工作、制订赛时运行计划、明确岗位职责。2010 年 10 月全体人员入驻主新闻中心熟悉工作环境，根据之前制定的工作计划进行岗前培训演练，同时开展了亚运知识学习活动。服务台全体人员在理解、消化工作任务和亚运新闻宣传政策的基础上，加强了对亚运筹备核心信息的学习，加深了成员对广州亚运会的认知度，增强了团队的集体责任感和荣誉感。2010 年 11 月新闻采访服务台开始试运行，及时发现问题、优化工作流程，并加强内部的沟通、加紧磨合，为赛时正式运行做了充分的准备。

考虑到赛时的工作强度和工作压力较大，服务台精心定制了“三班倒”的轮班机制：工作人员的上班时间、工作时长合理；值夜班的工作人员均能在第二天得到充分的休息；为了照顾女性，男性工作人员均比女性工作人员多一个夜班；每班都需填写值日手册并将未完成的工作记录下来，转交给下一班的成员，确保工作最终完成。

以上因素为维持业务口高效稳定运行发挥了积极的作用。11 月 9 日当日最高峰受理采访申请 133 单，服务台全体人员加班加点、通力合作，所有采访申请在 24 小时内全部落实。合理的工作机制保证“环岛”在超负荷的情况下仍能转得快。

## 四、新闻采访服务台对突发事件和公关危机的应对

危机无处不在、不可避免，具有必然性和普遍性，但并不意味着不能提前做好应对方案。主新闻中心处在广州亚运新闻宣传的最前沿，是广州亚运会媒体工作的大本营和最为集中的敏感区，可谓是布满了危机的地雷区。亚运会期间，服务台要为 8 000 多名境内外媒体记者提供新闻采访服务。面对繁杂的工作以及敏

感特殊的服务群体，工作人员必须具有危机意识，提高服务台在发生公关危机时的处理能力。

**（一）可预见危机——中日足球赛的安保问题**

有些危机是可以通过以往的经验或常识判断提前预见的，此类危机称为可预见危机。新闻采访服务台在赛前制定了《新闻采访服务台应急预案》，力争将大部分可预见突发性事件就地妥当处理，采取分级上报原则，并视事件严重性逐级向上汇报。《新闻采访服务台应急预案》结合服务台的实际情况，设想了可能发生即可预见的突发事件，如排队办理采访申请的记者过多而鼓噪，记者采访申请时间过长仍未能给予答复，记者以各种形式试图贿赂工作人员以求采访申请成功，记者向服务台派发宗教、政治宣传品等，并将事件分为“一般”、“紧急”、“重大”三个等级，详细分析了危机事件对记者的影响范围和程度，以及对主新闻中心乃至亚组委、亚运会的直接或间接影响，提出了应对预案和上报流程。该预案有效地预见了可能性突发事件，确保了突发事件发生时不再觉得突然，做到应对有方、有条不紊。

**表4**

| 日本媒体申请采访中日足球赛安保问题 | |
|---|---|
| 事件过程 | 2010年11月8日，广州亚运会男足小组赛中国队与日本队的比赛在广州天河体育场举行。11月6日、7日，共有三家日本媒体的记者来到新闻采访服务台申请采访亚组委官员，针对在中国主场的日本球队和球迷的安全保障问题提出了疑问。采访服务台高度重视该申请，立即上报新闻宣传副主任。11月8日于天河体育场举行新闻发布会，广州亚组委副秘书长田新德针对日本媒体提出的问题作出了积极的回应，强调安保措施已经到位。当晚比赛顺利完成，没有发生任何重大突发事件。 |
| 案例分析 | 有关中日足球赛新闻媒体方面的舆论危机是主新闻中心在赛前重点演练的对象之一。自2010年9月钓鱼岛海域发生撞船事件以来，中日两国关系便陷入僵局。在2010年10月中国举行的亚洲青年足球锦标赛期间，日本队便遭到当地球迷倒喝彩，其中一名观众乘播放日本国歌之际，从工作人员手上抢走了日本国旗。除此之外，在2004年亚洲杯比赛期间，有不少中国球迷在播放日本国歌时群起发出嘘声。因此，备受瞩目的中日足球赛很有可能成为危机的源头。<br>危机必须得扼杀在摇篮里，主新闻中心新闻宣传团队在10月男子足球抽签完毕，得到对阵安排后便开始制订应急预案。不仅部署新闻采访服务台要及时反映媒体，特别是日本媒体关于本场比赛的采访需求，同时还进行了新闻发布会的彩排并拟定了应对采访的口径。11月8日有关中日足球赛安保问题的新闻发布会在天河体育场举行，发言人面对日本媒体的提问从容不迫、言之有据、侃侃而谈，有效化解了此次很有可能发生的舆论危机。 |

### （二）潜伏性突发危机——亚运会票务问题

危机事件一般来说都是一种突发性事件，又可分为渐进形成的潜伏性突发危机和在没有准备的情况下突然爆发的临时性突发危机。前者是可以预见但不可以完全预见的，后者是不可预见的。从本质上讲，潜伏性突发危机的爆发是一个从量变到质变的过程。

表 5

| 多家媒体申请采访亚运会票务问题 | | |
|---|---|---|
| 事件过程 | 潜伏期 | 广州亚运会开幕不久就有媒体报道部分赛事上座率不高却一票难求。 |
| | 暴露期 | 11 月 11 日有多家媒体来新闻采访服务台申请采访票务问题。 |
| | 处理期 | 11 月 15 日在主新闻中心召开新闻发布会，亚运会票务中心主任袁越详细介绍了广州亚运会票务情况和即将采取的补救措施。 |
| | 消除期 | 主流媒体报道在随后几日均作出了客观的报道。11 月 17 日、19 日、20 日均有记者申请采访票务问题，采访主要针对的是上座率改善情况。 |
| 案例分析 | 潜伏期 | 面对处于前兆期的危机，笔者认为马上扑灭危机火苗是不理智的，应该保持冷静、继续观察，因为无人能够预料事件会往好处发展还是坏处发展。有时火苗经过一段时间后会自己熄灭，不需要大动干戈来处理，否则会引发新的不必要的危机。<br>新闻采访服务台需要做的是时刻保持敏锐的观察力。在亚运会开幕后出现的关于部分比赛上座率低却一票难求的报道引起了新闻采访服务经理的注意，并及时地向新闻宣传主任作了报告。接下来需要做的是继续观察是否有媒体申请采访有关票务的问题以及制订初步的应急预案，并不需要马上召开发布会，引火上身。 |
| | 暴露期 | 危机火苗变大时，危机就正式形成了。笔者认为，暴露期首先应该立即意识到危机的形成，同时应该注意的是控制危机暴露的时间，越短越好，并时刻观察危机的走向和范围。<br>新闻采访服务台于 11 月 11 日连续接到多家媒体有关票务问题的采访申请后，马上意识到了危机的正式形成。<br>票务问题向来是体育赛事报道的热点问题，票务反映了观众对赛事的参与度，体现了赛事的影响力。上座率与票务原本应该是正比关系，媒体却反映上座率与票务成反比关系。这是一种非正常现象，若不及时回应媒体提出的疑问，会对亚组委乃至亚运会产生不良的负面影响。因此新闻采访服务台立即报告上级，启动了应急预案。 |

（续上表）

| | | |
|---|---|---|
| 案例分析 | 处理期 | 危机爆发后要立即转入危机的处理期，掌握好危机的处理时间、处理方式、处理态度是关键。对于危机处理，英国危机公关专家里杰斯特提出了处理危机的“三 T”原则：<br>Tell your own tale（以我为主提供情况）<br>Tell it fast（尽快提供情况）<br>Tell it all（提供全部情况）<br>新闻采访服务台以及新闻宣传团队处理此次危机的过程再次验证了这个经典的原则。<br>经新闻宣传团队与亚组委有关方面沟通协商，11 月 15 日在主新闻中心召开了有关票务的新闻发布会。根据新闻采访服务台提供的媒体采访提纲，亚运会票务中心主任袁越详细介绍了广州亚运会目前的票务情况、票务存在的问题及原因、采取的补救措施。<br>由于新闻采访服务台的及时上报，发布会在时间方面做到了尽快。由于有新闻采访服务台提供的采访提纲，发布会在内容上做到了全面，满足了记者的信息需求。另外，此次发布会面对记者的质疑没有逃避问题，而是真诚地面对，提出解决办法，转移记者注意力，起到了转危为机的作用。 |
| | 消除期 | 危机处理不等同于危机消除，危机处理后必须要持续观察，确保危机不再“复发”，危机才算真正消除。<br>新闻发布会后主流媒体报道在随后几日均作出了客观的报道。11 月 17 日、19 日、20 日还有记者申请采访票务问题，采访主要针对的是上座率改善情况。亚运会赛事过半，无与票务相关的负面报道，也无记者提出相关采访，危机真正处理完毕。 |

**（三）临时性突发危机**

在没有准备的情况下突然爆发的危机是临时性突发危机，这类危机往往都是不可预见的。面对临时爆发的危机务必要沉着冷静，若是与危机预案中不同却相类似的危机可以采取相似的方式处理。若是从未遇过的危机，则采取逐级上报的方法，把难题交给上级处理。

表6

| 不承担不属于自己业务口的责任 | |
|---|---|
| 事件过程 | 语言服务台志愿者带领2名韩国记者来到新闻采访服务台，说他们在新闻采访服务台申请了采访运动员村且运动员村批准了他们的采访，可最终韩国记者却没有采访到运动员村，因而质疑新闻采访服务台是否认真受理其采访申请。经过新闻采访服务经理出面沟通协调，消除了韩国记者对服务台的误解。 |
| 案例分析 | 主新闻中心的运行以团队为单位，分管各个相关业务口的工作。首先，每个业务口有自己的工作任务，不能越职去做不属于自己业务口的工作。其次，在工作时，虽然会与其他业务口保持业务上的联系与合作，但只会负责自己业务口的工作，不能影响甚至干涉其他业务口的工作。<br>结合本次案例分析如下：首先，语言服务台的工作是负责翻译，志愿者将记者带到新闻采访服务台属于“越职”。其次，新闻采访服务台只提供“联系采访”的服务，负责告诉记者采访对象或相关人员的联系方式。对方是否接受采访不在新闻采访服务台的工作范围内，只负责告知记者受理结果。韩国记者申请采访运动员村，新闻采访服务台只负责联系并告知运动员村相关部门记者的采访申请。同意则告知记者受理成功并给予运动员村的联系方式，不同意则直接告知记者受理不成功以及原因（往往会让运动员村方面直接告知记者受理不成功），不负责受理成功后的具体采访活动。<br>受理成功却没有采访到对象与新闻采访服务台是没有关系的，这属于韩国记者与运动员村双方沟通的问题。 |

# 案例8　场馆媒体运行案例

## 一、广州亚运会奥体中心射击馆媒体运行案例

第十六届亚洲运动会在广州召开，这是广州这个改革开放前沿城市有史以来承办的规模最大、档次最高的国际体育赛事。国内外记者对该届亚运会各方面评价极高，尤其值得一提的是，该届亚运会的新闻服务甚至被认为全面超越了北京奥运会的水准。正所谓运动会的成败及好坏都取决于媒体记者的报道，广州亚运会在国内外的广泛报道和正面评价当然也离不开场馆层面媒体运行工作对国内外记者新闻报道的支持。本案例讲述了在该届亚运会中奥体中心射击馆的场馆媒体运行工作实例。

射击项目历来是中国的强项，国人对射击运动员在亚运会射击比赛中取得多枚金牌寄予厚望，广州亚运会中射击项目曾一度被认为是产生首金的项目。射击

项目所在的射击馆位于广州亚运会主场馆群奥体中心，项目本身、比赛关注度及场馆地理位置决定了奥体中心射击馆是该届亚运会中国内外媒体记者所关注的焦点，奥体中心射击馆的媒体运行工作的重要性和压力不言而喻。

赛前，媒体运行工作人员主动与其他业务口进行密切的沟通和联系；对媒体区域各个功能房的划分、媒体流线、赛时应急等进行周密的安排和布局；对功能房及看台等的搭建、线路的配置等进行认真的验收；对志愿者开展了极具针对性的培训，明确各人的工作职责和工作流程，务求其在短时间内熟悉业务。

根据实际情况的变化，看台席助理由原计划的2名增加到4名。

广州亚运会中奥体中心射击馆的经验主要有以下方面：

1. 上级部门的支持

广州亚运会组委会广电部对于场馆层面的媒体运行工作给予了大力支持，组织了多次培训，并为各场馆媒体运行准备了丰富的专用物资，这些都为场馆层面媒体运行工作的顺利开展提供了有利条件。

2. 媒体运行功能房的调整和更改

奥体中心射击馆原定安排的媒体运行功能房空间较为狭小，因此修建了板房以满足媒体运行工作需求。虽然只是临时板房，但是条件并不逊色，电脑、电话、空调等必备电器无一缺少，新闻发布厅的灯光音响系统等也能满足需求。

3. 媒体流线的整改

由于奥体中心射击馆面积较小，媒体区域的板房只能建在场馆外侧，因此处在奥体中心射击馆外侧的媒体区域不可避免地与其他业务口存在流线冲突，这其中主要是混合区的问题。原定混合区与决赛靶场和媒体区域都相距较远，若不进行调整，则难以确保媒体记者能够在赛后顺利采访到运动员。经过该场馆媒体运行工作人员的争取，竞赛部门将混合区位置调整到了决赛靶场外侧，最大程度上确保了媒体记者能够在赛后第一时间采访到运动员。

据来自媒体工作间的统计数字，此次亚运会共接待了来自法新社、美联社、盖蒂图片社、新华社等100多家媒体，记者近800人次，媒体的积极性空前高涨。媒体运行工作为媒体朋友提供了耐心细致的服务，受到了记者们的好评，许多记者都在媒体留言册上写下了感谢的话语。通过本业务口工作人员的共同努力、分工协作，本次奥体中心射击馆媒体看台席工作得以顺利完成，并得到了各界媒体的一致好评。

## 二、深圳大运会中心体育馆媒体运行案例

在篮球热门预赛及决赛场馆，深圳大运会中心体育馆的媒体运行工作始终坚

持积极主动、各方协调、重视细节，得到了国内外媒体记者、场馆领导以及媒体宣传指挥部领导的一致好评，亦被媒体宣传指挥部领导赞为“软硬件全面超越开幕式场馆”、“媒体运行示范场馆”等。

媒体运行业务口可以说是最早进入场馆对接的业务口之一。早在3月，就已经与大运会中心体育馆的场馆运行业务口人员及秘书长等人进行了对接。随后的工作中，媒体运行业务口的工作并不算一帆风顺，但媒体运行业务口人员始终坚持工作第一，将责任心与恒心发挥到了极致。正是因为这样，媒体运行业务口能够不断发现问题、解决问题，正所谓“没条件也要创造条件”，解决了许多在其他场馆看似不可能实现的问题。与竞赛场地协商调用运动员席位400余个供媒体记者以最短、最便捷的流线进入媒体看台席；印制精美详细的媒体指南以方便记者采访工作；与设计院工务署进行协调，隔出300平方米车库空间以供媒体运行做接待区用；与设计院工务署进行协调，在新闻发布厅用玻璃隔出200多平方米的功能房以满足媒体运行及新闻服务业务口需求；在混合区安装电视以供媒体记者等待时也能了解赛况；在休息接待区大面积安装强电以供媒体记者所用，这些都体现了该场馆媒体运行工作的成功。

媒体运行业务口赛时工作的顺利开展，离不开场馆领导、媒体宣传指挥部领导及媒体运行业务口各位优秀的工作人员、志愿者的大力支持与辛苦工作。

媒体运行各区域，即媒体接待休息区、媒体工作间、内场摄影服务、记者看台席及混合区的工作总结如下：

**（一）媒体接待休息区**

媒体接待休息区是媒体运行部门针对媒体服务的一个辅助区域，相当于媒体工作的“后勤”区域。因此从整个媒体运行的运作角度来看，媒体接待休息区不能算是核心工作区域。但是由于其担任着“后勤”这样的角色，很多繁琐的大小事情，从媒体记者签到，到各种宣传册、公告的发放，以及交通、餐饮的安排，可以说事无巨细、繁杂众多，工作量相较起来，实不比其他区域轻松。但是自7月27日以来的测试赛中发现了很多的漏洞，积累了一些经验，到赛时的表现情况来看，接待区的情况稳定。

（1）大运会中心体育馆的媒体接待休息区有60多个高档沙发，各种茶几、茶点、书报架、WiFi供应一应俱全，可以说放眼各场馆媒体接待区，它是条件最优越、最舒适、面积最大的区域。由于部分面积是由停车场隔断出来和大厅组合而成，因此停车场隔断出来的这部分区域，冷气的开放成为令人头疼的问题。当时考虑到停车场不可能再安装中央空调，所以最后确定开放接待区大厅大门，实现和停车场隔断区域的连接，基本克服了这一问题。

（2）媒体交通馆内流线问题比较严重。初时，和场馆交通部门联系进行沟通，拿到第一张流线图纸后发现其有严重流线问题，图纸标识也模糊不清，甚至还有各种矛盾错误之处。后来在一再地跟进和追加之下，最终拿到了最新的交通流线图纸，并且确定为最终流线。该流线图纸明确并解决了媒体班车有可能穿行VIP门前区域、限高3.5米的问题；媒体班车为干净车，从免检口进入的问题；媒体班车上下车地点、每天首班车和末班车发车时间、每班车发车间隔时间的问题。

（3）接待区茶点在开赛的第四天出现了断供的问题，通过和餐饮部门的沟通，得到的消息是签约合同商供货不足，出现断流现象。在积极努力地沟通和争取下，最终很快恢复正常的供应，解决了问题。

**（二）媒体工作间**

赛前，媒体工作间负责人主要负责物资的清点、接收、摆放，办公用品的申领和发放，工作间强电和业务口考勤等工作。

1. 从不可能到完全拿下

初涉场馆遇到的最大问题就是：①功能房布局不合理，媒体接待区紧邻贵宾区，记者易误入贵宾区发生冲突。②媒体流线过长，且上下楼梯较陡。这些在其他场馆看来都是很难解决的问题，但在场馆负责人积极活动下，在媒体中心总部的大力支持下，最终实现了变更调整。由东北设计院设计，工务署耗资数十万元，用防爆玻璃做墙隔出媒体区域近200平方米的3个房间，将车库用隔离板隔出300多平方米以做媒体休息接待区，协调场地内数百个运动员席位以实现最短媒体流线。

2. 从无到有，柳暗花明

大运会中心体育馆属新建场馆，刚来场馆所有的功能房空空如也，而媒体工作间负责人主要承担物资方面工作，所以与场馆物流接触较多。刚开始几乎每天都是物资的接收、摆放、申请追加，生怕遗漏了什么物资。虽然事情较繁琐，但一点都大意不得，因为它关系到赛时的正常运作和赛后物资的清点、回收。看着各个房间的物资从无到有，从简陋到日益完善，让人倍感欣慰。但并不是所有的物资申领都能如人所愿，总是处在拉锯式的协商和争取中。尤其是摄影四门柜和赛时直播电视机。摄影四门柜的申请，场馆方从开始的不负责购买到租用、替代一直到赛前一星期才答应购买；赛时直播电视机的申请更是几经周折，场馆方总是在有与没有之间摇摆，没有明确的答复，直到赛前10天左右说没有了，媒体工作间负责人一次又一次地找馆方协商，最后馆方决定将贵宾包房的四台电视机移至媒体区用，直到赛前一天才安装、调试完毕。

3. 工作间赛时工作开展较顺利

赛时，媒体工作间负责人主要负责媒体工作间和媒体记者用餐等工作。虽赛时工作间媒体记者流量较小，但时不时有一些突发事件的发生，如比赛第一天上午场馆有线网络端口突然关闭，导致工作间9台电脑断网；工作间内侧墙强电跳闸；电视机信号故障及志愿者收取媒体餐费发现5元反动纸币，等等。以上问题在新闻媒体领导和场馆相关业务口的配合下均已得到妥善解决，充分体现了场馆团队的团结、协作精神。此外，场馆的志愿者也不甘示弱，处处体现着团结友爱、默默奉献的志愿精神。由于工作间记者人数较少，很容易使人麻痹大意，在此情况下，我们要求志愿者做到“有和没有记者一个样”，加强管理，要求他们做任何事都要用心、要注重细节、不要因事小而不为。其实在这十天的工作里他们几乎都在做同样的事情，而且有些事看起来是很微小的事。但他们还是不厌其烦地重复着做这些事，争取把每件事从会做到好，再到更好。因为他们始终相信只有坚持才能收获成功。比赛是精彩的，正是因为有了志愿者这些“小青葱们”的默默奉献才使得大运会变得更加不一样、更加精彩。

**（三）内场摄影服务**

大运会中心体育馆（龙岗篮球馆）是大运会竞赛性场馆中赛事最密集的场馆之一，也是受媒体关注极高的热门场馆。作为媒体运行业务口的摄影主管，不仅要在比赛之前尽可能多渠道地了解服务场地摄影记者的技巧和方法，也要在比赛过程中减少摄影记者的抱怨和不满，提供满意周到的引导，这是媒体运行工作成功与否的关键。

在前期筹备阶段，摄影副经理及摄影主管对于相关的业务知识进行了认真学习，请教经验丰富的经理、询问较早到岗的同事、借鉴其他场馆的优势，逐渐对岗位有了深刻的了解，在工作的开展中也更加得心应手。7 月份尚处在筹备阶段，摄影服务工作人员和其他的同事没有明确的岗位分工，主要是与各岗位的同事协作共同完成相关任务，负责强电、场内标识系统、形象景观方面的工作。制作清晰的场内标识系统能够为媒体提供有效的导引，是非常重要的工作环节。为了确保标识准确无误，各位同事多次检查、反复确认，确保不会产生不必要的误解。

前期的筹备工作虽然繁琐，但这是赛事成功运行的保障。8 月 13 日是第一赛日，虽然前期已经做了充分的准备，但是初次面对大批的记者还是有一些手忙脚乱，比如发放和回收 POOL 背心的过程还是存在一些问题。由于篮球馆、田径场和游泳馆在地下是相通的，申请 POOL 背心的记者从内场走出后无法确保其按时归还。经过流程上的调整，在赛场六号门增设 POOL 背心发放和归还点，并与看台席主管协调不允许身穿 POOL 背心的摄影记者进入记者看台席。一系列调整后，各项工作都得以有序进行，也减少了很多工作量。但是因为归还程序有些繁琐，难免会造成一些记者的抱怨，对此摄影服务工作人员会耐心解释，获得摄影记者的理解。女子决赛和男子决赛在登记摄影记者信息的过程中，摄影主管多次嘱咐志愿者要细心，做到忙中不乱，圆满完成最后两天的决赛任务。

**（四）记者看台席**

记者看台席主管主要负责大运会中心体育馆的记者看台席的管理工作。记者看台席是媒体停留时间最长的场所，相对于其他岗位的工作量也比较大，基本上需要全天站在看台席处理志愿者无法解决的问题。

前期记者看台席主管主要是负责有线电视端口、形象景观、场内标识系统、志愿者培训计划等相关工作。

（1）混合区安装有线电视直播赛事，为场外等候运动员而无法亲临现场的记者提供了贴心周到的服务，这也是区别于其他场馆的优势所在。

（2）基于媒体流线的确定时间较晚，形象景观工作也有所延迟，7 月份主要跟进形象景观，进行落实和追加。

（3）场内标识系统以清晰为原则，能够直接将媒体指引到相应的区域，为此工作人员反复检查，确保流线指引清晰无误。

（4）在联调和测试赛中也针对看台席的管理对志愿者进行了相关培训，包括验证、成绩公报发送、电源网络检查。

前期的准备工作虽然都有条不紊地进行，但毕竟是纸上谈兵，没有应用于实践。因此在第一赛日还是有一些措手不及的感觉，主要表现在验证环节。原则上是以证件为主，允许 E、EP、RT、HB，还有部分 ORG 通行，但是在比赛日中遇到很多技术官员以 F 进入媒体区域，工作人员对进入人数无法控制；持权转播商进入媒体区域拍摄，这些都对看台席的管理造成了负面影响。为此看台席主管及媒体运行经理反复向志愿者强调看台席的通行权限，确保每个志愿者都非常清楚并与看台席的安保人员相互配合进行验证工作。经过一些调整和比赛的实战演练，验证工作可以说基本上没有问题了。另外，由于最初看台席的无线网络不是很稳定，看台席主管与电信相关人员协商，增加了有线网络端口的数量以满足记者需要。

最后在决赛时人员流量增大，场馆工作人员提高了管理控制的强度，做好验证工作，尽全力维持现场秩序，最后两天的辛苦换来的是大运会篮球项目决赛媒体运行工作的圆满成功。

**（五）混合区**

开赛这几天下来，混合区的整体搭建以及其运作都算顺利，管理起来也在掌控之中，这令媒体运行业务口工作人员感到十分欣慰。因为混合区是所有区域中的“脏区”，人员的混杂意味着它在运作过程中会比其他区域更加难以协调和管理，尤其又是作为一个热门决赛场馆的混合区，所以混合区主管更深刻地理解自己所处岗位的重要性，在前期的准备工作中尽量以可能会发生的最坏的情况去筹备。

（1）混合区初始结构：大运会中心体育馆的场馆条件比较特别，混合区的区域在初始定位上只有短短十几米。而且其通道处还有防火大门这种无法拆除的消防建筑，这意味着混合区所能利用的空间会更加有限。从开始在场馆处争取的铁马数量，到与竞赛及场馆主任协商后定下的混合区延长区域（长度由16米增加至40米），再到多次讨论如何利用有限的铁马摆放出能达到最佳利用的形状，最终敲定了赛时使用的结构。

（2）混合区景观与指示标识追加：一开始，大运会中心体育馆的混合区是没有景观的，这里面还包括了场馆原来错误的标识。从6月30日的第一次联调到最后开赛前的8月5日，整个混合区都是单调的黑白色，以及颠三倒四的错误指示。为此工作人员多次跟场馆的景观负责人进行沟通和协调，从追问他们的景观团队负责人到他们的总部拍板定下布置任务，一直到最后所有铁马都布置上了印有大运会LOGO的硬纸板。运动员通行的过道墙上都贴上了大运会色彩的白绿花纹，防火大门覆盖上了大运会专用景观贴纸，正确标识也在总部通用物资下来后得到及时弥补，从而形成了目前赛时混合区的华丽外表。

（3）混合区的赛时综合管理能力：由于新华社的存在，混合区原本就紧张的志愿者数量从14人缩减到12人，再考虑到换班的情况，这意味着这个决赛场馆的混合区赛时只有1个主管与6个志愿者来共同维持秩序与管理，这对混合区运作而言是一个巨大的挑战。为此，开赛前媒体运行业务口积极与其他业务口进行沟通，通过不懈的努力与积极的态度，混合区最终争取到了额外的协助人员。其中包括安保部门派出的3名安保民警、竞赛部门的4名运动员引导志愿者，以及UBS混合区主管带来的3名电视转播志愿者。这些人员赛时都归混合区主管共同调派使用，这样一来大大地减少了混合区在赛时的管理压力。

总的来说，媒体运行业务口工作人员齐心协力、不惧艰辛，顺利圆满地完成了大运会的媒体运行工作。这其中也许有一些遗憾和不足，但纵观所有大运会竞赛场馆，大运会中心体育馆媒体运行人员可以自豪地说："我们是最棒的！"

## 案例9　2011年深圳世界大学生运动会观澜高尔夫球场馆的成绩公报发送

在着手工作之前，首先要简单地了解一下2011年深圳大运会高尔夫球项目的比赛规则：

比赛分为个人赛和团体赛，分别为男子个人、女子个人、男子团体、女子团体。本届比赛属于比杆赛，就是将每一洞的杆数累计起来，待打完一场（18 洞）后，把全部杆数相加，以总杆数来排列名次。通过四天四轮比赛决出胜者。

## 一、观澜高尔夫球场馆成绩公报发送列表的制定

### （一）制定依据

（1）该项目所需的成绩公报种类（赛前筹备期间，组委会将提供相关资料）。

（2）各成绩公报的发送时间规则（附在组委会所提供的相关资料中）。

表 1 高尔夫球项目所需的 C 类公报与其所对应的发送时间规则

| 成绩公报种类 | 发送时间规则 | 说明 |
|---|---|---|
| Competition Schedule | 1WS | 1 Week Before Competition Starts |
| Entry List by Event | AIL | After Initial Load |
| Tee Times | ADR | After Draw |
| Team Members | ADR | After Draw |
| Official Communication | AOCA | After Official Communication are Approved |
| Results (Individual) | ARO | After each Round |
| Results (Team) | ARO | After each Round |
| Ranking (Individual) | ARO | After each Round |
| Ranking (Team) | ARO | After each Round |
| Summary By Round | ASE | After each Session |
| Cumulative Course Statistics | ASE | After each Session |
| Medalists | ARA | After final Result are Approved |
| Medal Standings | ARA | After final Result are Approved |

表 2 高尔夫球项目所需的 N 类公报与其所对应的发送时间规则

| 成绩公报种类 | 发送时间规则 | 说明 |
|---|---|---|
| Flash Quotes | 15MAQ | ×MAQ：×Minutes After flash Quotes/conference minutes taken |
| Press Conference Highlights | 30MAQ | ×MAQ：×Minutes After flash Quotes/conference minutes taken |

（续上表）

| 成绩公报种类 | 发送时间规则 | 说明 |
|---|---|---|
| Preview/Review | DPCO | Day Main Press Centre Operations start |
| Media Communication | 15MAP&ETCS | ×MAP：Minutes After Publishing of communication |
| | | ETCS：Every Time of Changes on Schedule |
| News Article | 15MAP | ×MAP：Minutes After Publishing of communication |
| Medal Presenters | 60MBF | ×MBF：×Minutes Before the start |

## （二）确定观澜高尔夫球场馆需要哪些成绩公报

到达场馆后，与场馆PRD确定其所能提供的成绩公报，可能会出现与组委会当初所提供的相关资料不一致的情况，但总体是相同的。

1. C类公报的确定

表3

| 成绩公报种类（英文） | 成绩公报种类（中文） | 发送时间规则 | 说明 |
|---|---|---|---|
| Competition Schedule | 竞赛日程 | 1WS | 参照上面说明 |
| Tee Times | 开球时间 | ADR | |
| Team Members | 队员列表 | ADR | |
| Official Communication | 官方通告 | AOCA | |
| Results（Individual） | 比赛结果（个人赛） | ARO | |
| Results（Team） | 比赛结果（团体赛） | ARO | |
| Ranking（Individual） | 比赛排名（个人赛） | ARO | |
| Ranking（Team） | 比赛排名（团体赛） | ARO | |
| Medalists（Individual） | 获奖名单（个人赛） | ARA | |
| Medalists（Team） | 获奖名单（团体赛） | ARA | |
| Medal Standings | 奖牌榜 | ARA | |

2. N 类公报的确定

表 4

| 成绩公报种类（英文） | 成绩公报种类（中文） | 发送时间规则 | 说明 |
|---|---|---|---|
| Flash Quotes | 即时引语 | 15MAQ | 参照上面说明 |
| Press Conference Highlights | 新闻发布会摘要 | 30MAQ | |
| Preview/Review | 赛事前瞻/赛事回顾 | DPCO | |
| Media Communication | 媒体通告 | 15MAP&ETCS | |
| News Article | 综合新闻 | 15MAP | |
| Medal Presenters | 颁奖嘉宾名单 | 60MBF | |

### （三）制成成绩公报发送列表

## 二、观澜高尔夫球场馆成绩公报发送计划的制订

### （一）制订依据

（1）成绩公报发送列表。

（2）该项目的竞赛日程。

表 5

| 17/Aug | | | |
|---|---|---|---|
| Time | Events | Round | Venue |
| Session G001 | Start：8：30 | End：设为× | |
| 8：30 | Individual/Team（M） | Round 1 | Mission Hills Golf Club World Cup Course |
| | Individual/Team（W） | Round 1 | Mission Hills Golf Club Vijay Course |
| 18/Aug | | | |
| Time | Events | Round | Venue |
| Session G002 | Start：8：30 | End：设为× | |
| 8：30 | Individual/Team（M） | Round 2 | Mission Hills Golf Club World Cup Course |
| | Individual/Team（W） | Round 2 | Mission Hills Golf Club Vijay Course |

（续上表）

| 19/Aug | | | |
|---|---|---|---|
| Time | Events | Round | Venue |
| Session G003 | Start：8：30 | End：设为× | |
| 8：30 | Individual/Team（M） | Round 3 | Mission Hills Golf Club World Cup Course |
| | Individual/Team（W） | Round 3 | Mission Hills Golf Club Vijay Course |
| 20/Aug | | | |
| Time | Events | Round | Venue |
| Session G004 | Start：8：30 | End：16：30 | |
| 8：30 | Individual/Team（M） | Round 4 (Final) | Mission Hills Golf Club World Cup Course |
| | Individual/Team（W） | Round 4 (Final) | Mission Hills Golf Club Vijay Course |
| Followed by | Awarding Ceremony | | The Green of 18th hole，World Cup Course |

## （二）制成成绩公报发送计划

表 6　成绩公报发送时间计划

| Golf Venue Media Centers – Distribution schedule for August 10th，2011 | | | | |
|---|---|---|---|---|
| Round | Estimated Time | Related Event | Output Name | Pigeonhole |
| — | 1 WS | — | Competition Schedule | YES |
| Golf Venue Media Centers – Distribution schedule for August 16th，2011 | | | | |
| Round | Estimated Time | Related Event | Output Name | Pigeonhole |
| — | 18：00 | Individual（M） | Tee Times | YES |
| | | Individual（W） | Tee Times | YES |
| | | Team（M） | Team Members | YES |
| | | Team（W） | Team Members | YES |

（续上表）

| Golf Venue Media Centers – Distribution schedule for August 17th, 2011 | | | | |
|---|---|---|---|---|
| Round | Estimated Time | Related Event | Output Name | Pigeonhole |
| Round 1 | ARO | Individual (M) | Results (Individual) | YES |
| | | Team (M) | Results (Team) | YES |
| | | Individual (W) | Results (Individual) | YES |
| | | Team (W) | Results (Team) | YES |
| | | Individual (M) | Ranking (Individual) | YES |
| | | Team (M) | Ranking (Team) | YES |
| | | Individual (W) | Ranking (Individual) | YES |
| | | Team (W) | Ranking (Team) | YES |
| | × +15minutes | — | Flash Quotes | YES |
| | | | Flash Quotes | YES |
| | | | Flash Quotes | YES |
| | | | Flash Quotes | YES |
| | 18: 00 | Individual (M) | Tee Times | YES |
| | | Individual (W) | Tee Times | YES |
| | | Team (M) | Team Members | YES |
| | | Team (W) | Team Members | YES |
| Golf Venue Media Centers – Distribution schedule for August 18th, 2011 | | | | |
| Round | Estimated Time | Related Event | Output Name | Pigeonhole |
| Round 2 | ARO | Individual (M) | Results (Individual) | YES |
| | | Team (M) | Results (Team) | YES |
| | | Individual (W) | Results (Individual) | YES |
| | | Team (W) | Results (Team) | YES |
| | | Individual (M) | Ranking (Individual) | YES |
| | | Team (M) | Ranking (Team) | YES |
| | | Individual (W) | Ranking (Individual) | YES |

（续上表）

| | | | | |
|---|---|---|---|---|
| Round 2 | ARO | Team (W) | Ranking (Team) | YES |
| | × +15minutes | — | Flash Quotes | YES |
| | | | Flash Quotes | YES |
| | | | Flash Quotes | YES |
| | | | Flash Quotes | YES |
| | 18: 00 | Individual (M) | Tee Times | YES |
| | | Individual (W) | Tee Times | YES |
| | | Team (M) | Team Members | YES |
| | | Team (W) | Team Members | YES |
| Golf Venue Media Centers – Distribution schedule for August 19th, 2011 | | | | |
| Round | Estimated Time | Related Event | Output Name | Pigeonhole |
| Round 3 | ARO | Individual (M) | Results (Individual) | YES |
| | | Team (M) | Results (Team) | YES |
| | | Individual (W) | Results (Individual) | YES |
| | | Team (W) | Results (Team) | YES |
| | | Individual (M) | Ranking (Individual) | YES |
| | | Team (M) | Ranking (Team) | YES |
| | | Individual (W) | Ranking (Individual) | YES |
| | | Team (W) | Ranking (Team) | YES |
| | × +15minutes | — | Flash Quotes | YES |
| | | | Flash Quotes | YES |
| | | | Flash Quotes | YES |
| | | | Flash Quotes | YES |
| | 18: 00 | Individual (M) | Tee Times | YES |
| | | Individual (W) | Tee Times | YES |
| | | Team (M) | Team Members | YES |
| | | Team (W) | Team Members | YES |

（续上表）

| Golf Venue Media Centers – Distribution schedule for August 20th，2011 | | | | |
|---|---|---|---|---|
| Round | Estimated Time | Related Event | Output Name | Pigeonhole |
| Round 4 | ARO | Individual （M） | Results （Individual） | YES |
| | | Team （M） | Results （Team） | YES |
| | | Individual （W） | Results （Individual） | YES |
| | | Team （W） | Results （Team） | YES |
| | | Individual （M） | Ranking （Individual） | YES |
| | | Team （M） | Ranking （Team） | YES |
| | | Individual （W） | Ranking （Individual） | YES |
| | | Team （W） | Ranking （Team） | YES |
| | | — | Medal Presenters | YES |
| | × +15minutes | — | Flash Quotes | YES |
| | | | Flash Quotes | YES |
| | | | Flash Quotes | YES |
| | | | Flash Quotes | YES |
| | ARA | Individual （M） | Medalists （Individual） | YES |
| | | Team （M） | Medalists （Team） | YES |
| | | Individual （W） | Medalists （Individual） | YES |
| | | Team （W） | Medalists （Team） | YES |
| | | — | Medal Standings | YES |

## 三、观澜高尔夫球场馆成绩公报摆放方案的制订

### （一）制订依据

（1）成绩公报发送计划（见表6）。

（2）成绩公报柜的个数（2011年深圳世界大学生运动会观澜高尔夫球场馆在记者工作间设有两个成绩公报柜；此外，该场馆不设媒体看台席）。

## （二）制成成绩公报摆放方案

表7 公报摆放方案

| | 男子个人 | 男子团体 | 女子个人 | 女子团体 |
|---|---|---|---|---|
| | A | B | C | D |
| 1 | Competition Schedule | | | |
| 2 | Preview | Review | Official Communication | Medal Communication |
| 3 | Tee Times | Team Members | Tee Times | Team Members |
| 4 | Results (Individual) | Results (Team) | Results (Individual) | Results (Team) |
| 5 | Ranking (Individual) | Ranking (Team) | Ranking (Individual) | Ranking (Team) |
| 6 | Flash Quotes | Flash Quotes | Flash Quotes | Flash Quotes |
| 7 | Flash Quotes | Flash Quotes | Flash Quotes | Flash Quotes |
| 8 | Medal Presenters | Medal Standings | Press Conference Highlights | News Article |
| 9 | Medalists (Individual) | Medalists (Team) | Medalists (Individual) | Medalists (Team) |
| 10 | | | | |

# 案例10 11月8日天河体育场媒体运行安全方案

## 一、11月8日男足比赛球队：中国VS日本

11月8日19：00天河体育场将举行亚运会的首场足球比赛：中国VS日本。媒体运行业务口需做好记者人数超员的应对准备，这主要是出于以下原因的考虑：

截至目前，亚运会注册媒体记者有8 000多人，其中，注册平面记者及非持权转播商3 000多人，持权转播商15家。但在11月8日只有6场足球比赛。此时亚运会还未开幕，体育中心其他场馆尚未开赛，媒体记者极有可能集中涌到天河体育场。

近日来由于钓鱼岛争端、焚烧国旗等事件，中日关系越加紧张，两国人民情绪不稳定，容易受到不法分子的煽动。从政治上来说这场比赛十分敏感，大量媒体记者会关注。

天河体育场首场比赛即为中国对战日本，这是中国队在家门口进行的第一场足球比赛，对战的是极具话题性的日本队。从足球比赛上来讲，这是一场焦点之战，对媒体记者来说吸引力大，会引起大量媒体记者的关注。

针对媒体记者超员的问题，媒体运行业务口应做好应对预案，预防出现工作间超载运作，甚至记者争抢资源等严重问题。

统计天河体育场媒体记者的最大容量，应考虑到媒体记者的工作特点，将媒体运行区域的最大容量划分为两个时段：一为赛前的人数上限，二为赛时的人数上限。

**（一）赛前工作间**

摄影记者工作间：工位 110 个，休息区还可容纳 10～20 个摄影记者。

文字记者工作间：工位 150 个，休息区还可容纳 40 个文字记者。

另外，遇到超员严重时，新闻发布厅也可开放供记者使用，即可再容纳 130 个记者。

**（二）赛时各工作区域**

FOP 摄影位置：最多可进入摄影记者 100 人（数量视当日比赛需求高低及 MPC 分配名额而定）。

看台摄影位置：最多可容纳 150 位摄影记者工作。

文字记者看台带桌席：最多可供 120 位文字记者工作。

文字记者看台无桌席：最多可供 500 位文字记者工作。

## 二、媒体运行区可容纳记者人数上限

赛前：工作间及休息区可接待及容纳的记者人数上限为 450 位，考虑到记者在工作间办理手续后会往看台及 FOP 流动的情况，可接待人数还可增加 100 位左右。

赛时：FOP 及看台可提供的工位上限为 770 个。

鉴于媒体记者超员的考虑，媒体运行应制订避免争抢工位的预案：

第一，对于进入 FOP 的摄影记者，实行先到先得的原则，将领取 POOL 背心的摄影记者进行编号。如 1～15 号可提前 2 小时入场，16～30 号可提前 1 个半小时入场，以此类推。

第二，对于看台摄影位置的摄影记者，告知其先到先得的原则以及不允许用任何物品占座位的规定。

第三，文字记者看台带桌席采取接受预订的方法，先到先得。

第四，对于文字记者看台无桌席，需告知每位文字记者先到先得的原则。

此外需做好预留工作，尽量将30%的工位留给新华社及四大通讯社的媒体记者及少量本地媒体记者，做到特殊情况特殊处理。

## 三、应急具体措施

1. 文字记者工作间

（1）文字记者工作间主管向无工位记者耐心解释和说明，并安抚其情绪，请其等候，由文字记者工作间主管为其安排其他工位。

（2）派一名志愿者到媒体休息区查看当时该区域的人员状况，并协调记者看台席主管了解看台工位使用情况。

（3）建议无工位记者使用媒体休息区位置或看台席工位，必要时可允许记者在新闻发布厅写稿。

2. 记者看台席

预留空置看台区加椅或加垫，但不保证通讯设备。

3. 混合区

按照电视/文字/摄影管理，必要时通过辅助通行物管理、控制人流，适量增加人数（辅助通行物的发放要遵照奥运惯例的优先级，保证优先媒体的采访权）。

4. 新闻发布厅

摄像台要求有：按照主转播商、持权转播商的顺序和先到先得的原则分配，必要时在现有摄像台前可增设1排摄像机位，必要时通过辅助通行物管理。

5. 文字记者看台席

文字记者看台席要求有：无关人员不能进入新闻发布厅（除兴奋剂检测的志愿者外，其他观摩人员一律不得进入新闻发布厅）；加强验证服务，并统计记者人数，以便及时调整媒体中心容量；调配增加志愿者，维持现场秩序、疏导人群，主动向记者解释状况，请求理解和支持；媒体副主任向AGNS副经理指示，扩大发放成绩公报发布区域；媒体副主任协调餐饮经理，媒体餐饮区扩大服务区域并增加水和点心供应量。

## 四、11月8日突发事件应急预案

媒体运行还需做好因记者人数过大而引起的压力应对预案，避免因接待记者过多，但与安保及其他各业务口配合不力而造成冲突事件。下面列举几个各业务口可能发生的突发事件作为应对预案：

**（一）摄影/文字记者工作间**

希望摄影记者工作间、文字记者工作间各配备1～2名便衣安保、1名信息技术人员作为保障。

突发事件一：

摄影/文字记者工作间内，中国记者和日本记者因争抢网线、电话或INFO终端等设备而争吵，言语上进行政治性问题的攻击，甚至出现肢体冲突。

应对措施：

志愿者报告工作间内的摄影/文字工作间主管或摄影副经理/媒体运行经理，摄影/文字工作间主管或摄影副经理/媒体运行经理向二者说明先到先得的原则，并提供解决方案，将备用的网线拉出来供其使用；如发生肢体冲突，则报安保来协同解决，报媒体运行经理协调冲突，并及时向媒体副主任报告详细情况；媒体副主任将冲突双方请至媒体运行经理办公室，并及时与双方机构驻会负责人联系，协调解决事端，降低影响力，同时向上级汇报，确定对外宣传口径。

突发事件二：

中国（或日本）摄影记者穿着带有侮辱性话语或图案的服装进入摄影记者工作间，并频频对日本（或中国）记者表示出敌意，在言语上进行攻击。

应对措施：

志愿者报告工作间内的摄影主管或摄影副经理，摄影主管或摄影副经理向其说明摄影服务指南上提示的摄影记者的着装要求，劝说其脱掉，并自行保管，不要再拿出来；如情况恶劣，则报安保协同处理，将带有侮辱性话语或图案的服装没收。

**（二）记者看台席**

希望在记者看台席配备3～5名便衣安保、1～2名技术人员作为保障。

突发事件：

在赛前或赛时，中日摄影/文字记者在文字记者看台席上发生冲突或对抗。

应对措施：

志愿者报告摄影、看台主管或摄影副经理，摄影、看台主管或摄影副经理报安保协同处理，并上报媒体运行经理赴现场协调冲突。安保人员将带有侮辱性图案或文字的条幅没收，并将其带离看台，迅速隔离开观众和媒体，不要让冲突升级。媒体副主任将其请至媒体运行经理办公室，并及时与其机构驻会负责人联系，协调解决事端，降低影响力，同时向上级汇报，确定对外宣传口径。记者看台席应提前做好规划，适当将中日摄影记者、文字记者的位置隔开来，避免冲突的发生；媒体副主任需与安保副主任在赛前就做好协调，临时要求增派安保人员来支援媒体运行区，配合志愿者维持秩序。

### （三）FOP 摄影位置

希望配备 4 名便衣安保、2 名技术人员在 FOP 内作为保障。

突发事件：

由于对比赛结果不满，中国队和日本队在场地内群殴，FOP 内摄影记者冲到场地内拍摄，场面失控。

应对措施：

志愿者报告摄影主管或摄影副经理，摄影主管或摄影副经理立即报安保及媒体运行经理，尽快将冲到场地内的摄影记者全部强行拉回球门两侧的摄影位置。如果影响了赛事进行，请安保将记者劝离现场。

## 五、AGNS 办公室

希望 AGNS 办公室与文字记者工作间共同安排 1 名技术人员作为保障。

突发事件：

成绩公报因系统故障问题无法及时分发到看台和工作间，引起记者不满。

应对措施：

AGNS 成绩公报发送协调员发现问题后上报 AGNS 副经理，AGNS 副经理上报媒体副主任，并上报 AGNS 总部团队。

先分析情况，AGNS 追踪问题原因，对照解决。机器、成绩系统故障：对 INFO 产生影响时，媒体运行重在面向媒体做好解释工作并督促技术人员快速解决。联系技术部打印分发中心，提醒未打印的公报种类。不断催促技术部打印分发中心排除障碍，直到打印出公报。打印分发问题：INFO 上有自动生成的稿件，AGNS 助理可应急打印，及时分发给记者。先打印一部分，观察记者拿取需求，再根据实际需求增加打印份数。

善后：事件发生后，在向记者做好解释工作的同时，通过多种方式随时告知维修进展，并及时将补充的公报打印出来发送到相应地点。

## 六、混合区

希望配备 4 名便衣安保在混合区内作为保障。

突发事件：

文字或摄影记者私自越过硬隔离，强行进入运动员通道对运动员进行采访。

应对措施：

组织混合区志愿者劝说记者回到他们的区域进行采访，混合区主管尽量将运动员与媒体分离，保证运动员顺利通过；混合区主管需立即报告媒体运行经理，如引起摩擦或场面失控，媒体运行经理立即报告媒体副主任；媒体副主任立即到达现场进行处置，必要时将通知安保协助，并立即上报专项团队及场馆主任，避免事态升级。

善后：事件发生后，要向记者做好解释工作，让到场记者明白情况，消除误会。

## 七、新闻发布厅

希望配备4名便衣安保在发布厅内作为保障。

突发事件一：

媒体、运动员在新闻发布厅发放政治宣传品，宣扬“钓鱼岛是日本领土”。

应对措施：

媒体工作人员第一时间报媒体运行经理，媒体运行经理立即上报媒体副主任，媒体副主任立即到达现场处置，并上报专项团队及场馆主任，必要时将协调安保进行阻止；媒体副主任立即上报专项团队及场馆主任，迅速确定口径及制订新闻应对方案；在必要情况下，申请召开新闻发布会或者其他适当形式的应对方案。

处置提示：

考虑到事件的敏感性，处置时必须注意工作方式和方法，防止产生负面的媒体影响。官方口径的发布必须及时，防止类似事件再度发生。安保是否需要介入还要进一步考虑。

突发事件二：

记者在新闻发布会上问敏感的政治性问题（记者在新闻发布会向运动员提出关系到我国的敏感的政治性问题，如台独、藏独或东突等）。

应对措施：

第一，主持人在媒体提问之后，立即阻止任何回答，并表明我国的政治态度。强调《亚奥理事会章程》的相关规定，提醒媒体不要把赛事发布会时间浪费在无关的问题上。

第二，主持人尽量将下一个提问机会给国内媒体或者是对中国友好的媒体。

第三，新闻发布厅工作人员立即上报媒体运行经理，媒体运行经理立即上报媒体副主任，并到达现场。关注记者的进一步举动，防止类似事件再度发生。

新闻发布会结束后，工作人员尽快将运动员送离媒体中心。媒体副主任上报该记者姓名、机构给专项工作团队和场馆主任。主新闻中心媒体组将该记者的相关信息下发给所有场馆，提醒注意该记者的行为。如果有必要，将在今后新闻发布会上避免给该记者提问机会。

媒体运行业务口各工作人员应熟知此安全运行方案，做好各种危机应对的准备工作，提前与安保、信息技术等业务口约定，以便发生意外时迅速作出应对。媒体运行业务口各工作人员应做好准备，全力迎接11月8日的比赛。

## 案例11 关于深圳大运会官方摄影队队员碰伤运动员事件处理情况报告

××赛区宣传文化部：

2011年6月12日晚上21时，在田径体育场4×400米比赛前热身期间，大运会官方摄影队队员×××为了锻炼自己，抢拍一个报道精彩镜头，违反竞赛规则，穿越跑道，造成北京队准备参加比赛运动员马超的右脚扭伤，影响了该队员参赛。

事情发生以后，媒体宣传部立即介入处理。一是派专人护送运动员前往医院进行检查处理；二是协调官方摄影队与北京代表队进行沟通，双方同意内部协调处理，并达成协议，官方摄影队承担受伤运动员检查治疗和营养的一切费用；三是责成官方摄影队向赛事委员会作出书面检查，加强人员教育管理，对摄影队队员×××作留队察看处理，并以此为戒，保证不再发生类似事件。媒体宣传部对此进行了认真总结，将进一步完善媒体管理和服务措施，保障大运会新闻宣传工作的正常进行。

大运会中心体育场媒体宣传部
2011年6月13日

# 附　录

## 附录 1　大运会媒体运行中心留守人员工作情况汇报

大运会媒体运行工作顺利结束，现仍有部分留守工作人员于 VMCs 总部继续完成场馆部分后续工作，现将留守工作人员工作情况汇报如下：

1. 完成开闭幕式物资移交

开闭幕式媒体运行物资由南山赛区委员会提供，现已完成物资清点及退还工作，移交手续已基本完成，需要南山赛区就该批物资出具归还证明。

2. 媒体中心人员物资清退

根据前期工作要求，各分场馆媒体运行中心已基本按照场馆、总部两部分清退物资，该工作已基本完成。除总部下发的部分电插板未归还外，其他主要物资已基本归还到位。

同时，总部团队严格要求各分场馆媒体运行工作人员上交场馆、总部物资清退说明。

3. 媒体运行中心总结视频制作

大运会媒体运行中心总结视频制作工作已基本完成素材的分类剪辑，视频初稿已完成，需进一步完成视频的配音、美化等后期制作工作。

4. 财务清算工作

总部已理清媒体运行中心在大运会期间需要报销的项目及资金数额，需要进一步统一上报，完成报销工作。

5. VMCs 档案搜集

总部团队已将各分场馆媒体运行中心上交的文件、图片及视频搜集完毕，但因数量巨大，需进一步细化、分类整理。

6. 各场馆媒体运行工作总结搜集

各分场馆媒体运行工作总结已搜集完毕，总部团队正根据各场馆提交的总结情况，进一步充实媒体运行分场馆的总结汇报，进一步丰富内容、总结经验。

# 附录2 亚运会、亚残运会场馆媒体中心（VMCs）专业用词、术语对照表

场馆媒体中心（VMCs）Venue Media Centres
媒体服务台 Media Help Desk
媒体入口大厅 Media Entrance Hall
媒体运行经理办公室 Press Manager Office
摄影副经理办公室 Deputy Photo Manager Office
亚运新闻服务办公室 AGNS Office
成绩公报协调员办公室 Pigeonhole Supervisor Office
文字记者工作间 Press Workroom
摄影记者工作间 Photo Workroom
媒体租用工作间 Media Rental Space
INFO 摆放区 INFO
新闻媒体专用卫生间 Toilet
文字记者储物柜摆放区 Press Lockers
摄影记者储物柜摆放区 Photographer Lockers
成绩公报柜摆放区域 Pigeon Holes
打印复印区 Printers & Copiers
电视机/冰柜摆放区域 TV/Refrigerator
新闻发布厅 Press Conference Room
坐席区 Seating Area
主席台 Dais
摄像机平台 Camera Platform
新闻发布准备室 Waiting Room
混合区 Mixed Zone
媒体休息区 Media Lounge
餐饮售卖点及休息区 Dining & Lounge
小型备餐间 Food Preparation Room
文字记者看台席 Press Tribunes
带桌文字记者席 Tabled Press Tribunes

无桌文字记者席 Non-tabled Press Tribunes
摄影位置 Photo Positions
看台摄影位置 Photo Positions in Stands
比赛场地区摄影位置 FOP Photo Positions
（马道、水下、遥控等）特殊摄影位置 POOL Photo Positions
摄影编辑席 Photo Editor Tribune
摄影车 Photo Truck
摄影车 Photo Motorcycle
摄影船 Photo Boat
摄影沟 Photo Moat
广州亚运会转播有限公司 GAB Guangzhou Asian Games Broadcasting Co.，Ltd
有线电视（CATV）Cable TV
评论员控制室（CCR）Commentary Control Room
闭路电视（CCTV）Closed Circuit Television
公共区域运行中心（CDOC）Common Domain Operation Centre
评论员信息系统（CIS）Commentator/Commentary Information System
竞赛主任（CM）Competition Manager
数据显示系统（DDS）Data Display System
功能区，亦指部门分区（FA）Functional Area
比赛区域（FOP）Field of Play
电子（专题）新闻采集（ENG）Electronic News Gathering
主办城市合同（HCC）Host City Contract
高清晰电视（HDTV）High－Definition TV
国际广播中心（IBC）International Broadcast Centre
国际单项体育联合会（ISF）International Sports Federation
亚运会成绩与信息系统（INFO）Games－Wide Results and Information Systems
国际电信联盟（ITU）International Telecommunication Union
国际电视和广播信号（ITVR）International Television and Radio Signals
主媒体中心（MMC）Main Media Centre
主运行中心（MOC）Main Operation Centre
主新闻中心（MPC）Main Press Centre
主票务中心（MTC）Main Ticketing Centre
国家/地区奥委会（NOCs）National Olympic Committees
亚运会组委会 Organizing Committee of the Asian Games

身份注册卡 Identity and Accreditation Card
亚运新闻服务（AGNS） Asian Games News Services
亚运城 Asian Games Town
持权转播（RHBs） Rights Holding Broadcasters
技术运行中心（TOC） Technical Operation Centre
交通运行中心（TOC） Transportation Operation Centre
场馆通讯中心（VCC） Venue Communication Centre
场馆运行中心（VOC） Venue Operation Centre
录像机（VTR） Videotape Recorder
世界转播商大会（WBM） World Broadcaster Meeting
世界新闻媒体大会（WPB） World Press Briefing
世界性通讯社（WNPA） World News Press Agencies
注册 Accreditation
未激活 Pre-valid
名额 Quota
数量报名 Press by Number
姓名报名 Press by Name
背景审查 Background Check
文字和摄影记者 Written and Photographic Press
转播商 Broadcaster
主转播商 Host Broadcaster
持权转播商 Rights Holding Broadcasters
文字记者（E） Journalist
专项文字记者（Es） Sport Specific Journalist
摄影记者（EP） Photographer
专项摄影记者（EPs） Sport Specific Photographer
技术人员（ET） Technician
支持工作人员（EC） Support Staff
非持权转播商（ENR） Non-rights holding Broadcasters
本地记者（Ex/EPx） Local Press
通行区域 Access Zone
访客卡 Guest Pass
媒体注册中心（MAC） Media Accreditation Centre
激活 Validation

未注册 Unaccredited
类别 Category
分配 Allocation
额外的进入控制 Additional Access Control
高需求赛事 High-Demand Events
国际奥林匹克摄影队（IOPP）International Olympic Photo Pool
国家奥林匹克摄影队（NOPP）National Olympic Photo Pool
负责机构（ROs）Responsible Organizations

## 附录3 摄影服务志愿者业务英语

● **入口接待**

● **Reception**

S：您好，我是××，摄影记者工作间助理。请问有什么可以帮到您？

S：Hello，I'm ××，assistant of the Photo Workroom. May I help you?

J：我想存放摄影器材和笔记本电脑，还需要换POOL摄影背心。

J：I want to deposit my photographic equipment and laptop，and to change into the POOL photography vest as well.

S：请您按标识牌到摄影记者工作间的接待处，将有工作人员为您提供服务。

S：Please go to the Reception of the Photo Workroom by following the direction. The staff there will help you.

● **进入摄影位置**

● **Taking the shooting position**

**情景1：查验证件**

**Situation 1：Identity card checking**

S：您好，我是××，摄影记者工作间助理。请问有什么可以帮到您？

S：Hello，I'm ××，assistant of the Photo Workroom. May I help you?

J：我要进入摄影位置。

J：I need to take the shooting position.

S：请让我查看一下您的亚奥理事会官方证件。

S：Please show me your official documents issued by the Olympic Council of Asia (OCA).

**情景2：检查证件完毕，同时看有没有穿摄影背心。**

**Situation 2：ID checking finished. The assistant need to make sure the POOL vest to be properly dressed.**

S：根据您的摄影背心样式，我们将安排您到看台摄影位置进行拍摄。请按标识的方向牌进入看台。摄影位置在坐席上有明确的标志。如果您还需要帮助，请联系看台席的工作人员。

S：According to the design of your photographer vest，you are arranged at the stands. Please get there by the sign board. There will be clear signs at the seat for the shooting position. If you need more help，please contact the staff at the stands.

**情景3：缺少亚奥理事会官方证件或摄影背心的任何一项**

**Situation 3：No official document issued by OCA or/and photographer vest**

S：对不起，根据场馆政策，没有佩戴亚奥理事会官方证件或者没有穿着摄影背心的记者将被视为不具有注册身份，禁止进入摄影位置。

S：Sorry，according to the rules of the venue，photographers without OCA official document or the photographer vest will be regarded as unregistered，and prohibited to take the shooting position.

● **交换 POOL 背心**

● **Exchange POOL vests**

**情景1：记者事先预订了 POOL 背心，并得到批准。**

**Situation 1：A journalist booked the POOL vest ahead of time，and was granted.**

S：您好，我是××，摄影记者工作间主管，请问有什么需要帮忙的？

S：Hello，I'm ××，executive of the Photo Workroom. May I help you？

J：我需要换 POOL 摄影背心。

J：I need to change into POOL photography vest.

S：请问您是哪家媒体的记者？是否已经提前申请预约 POOL 摄影背心？

S：May I know the name of your press？Have you applied for booking POOL photography vest ahead of time？

J：我是×××的记者，已经在一天前申请预约 POOL 摄影背心。

J：I'm a journalist from ×××，and have already applied for booking the POOL photography vest one day earlier.

S：请稍等，让我查看一下预约名单。

是的，根据预约记录，摄影副经理已经批准了您的申请，请把您的普通摄影背心交给我，换为POOL摄影背心。我会登记您的姓名、任职媒体以及背心编号。请于今天比赛结束后到这里返还POOL摄影背心，并换回您的普通摄影背心。

S：Please hold on. Let me check the booking name list. Yes，according to the booking record，the vice manager in charge of photography has already granted your application. Please give me your common photography vest for a POOL one. I will record your name，your work unit and the vest number. Please come here to return the POOL photography vest after today's competition and get your common vest back.

**情景2：如果未批准此记者领取POOL摄影背心。**

**Situation 2：If this journalist isn't granted for getting a POOL photographer vest.**

J：您好，我想要换POOL摄影背心。

J：Excuse me，I need to change into a POOL photographer vest.

S：请问您提前申请预约了吗？

S：Have you applied for booking one POOL photographer vest ahead of time?

J：申请了。

J：Yes，I did.

S：对不起。根据记录，摄影副经理未批准您的申请。您可以凭普通摄影背心和亚奥理事会官方证件进入看台摄影位置。请按标识的方向牌进入看台。摄影位置在坐席上有明确的标志。如果您还需要帮助，请联系看台席的工作人员。

S：I'm sorry. According to the record，the photographic vice manager hasn't granted your application. You can enter the stands' shooting position with your common photographer vest and OCA official document. Please get there by the direction. There are clear signs of shooting position at the stands. If you need any other help，please contact the staffs at the stands.

**情景3：如果是文字记者想领取POOL背心。**

**Situation 3：Journalists want to get a POOL vest.**

J：您好，我想要换POOL摄影背心。

J：Excuse me，may I change into a POOL photographer vest?

S：请出示一下您的证件。

S：Please show me your ID.

J：好的，这是我的证件。

J：Okay，here it is.

S：对不起，根据政策，摄影背心是分发给已经注册并提出预约申请的摄影记者，文字记者不能领取 POOL 摄影背心。

S：Excuse me，according to our rules，photographer vests are only given to those press – photographers who have already registered and made booking applications；print journalists can't get the POOL photographer vest.

**情景4：记者想帮本媒体的其他同事换取背心。**

**Situation 4：A press photographer wants to exchange Pool vests for his colleagues.**

J：您好，我想帮同事换取 POOL 摄影背心。

J：Hello，May I change a POOL vest for my colleague?

S：对不起，先生。根据政策，摄影背心必须由注册摄影记者本人亲自领取并持有。请通知您的同事前来登记交换。

S：Sorry，sir. According to the ground rules，photographer vest must be personally retrieved and held by registered press – photographers. Please ask your colleague to change for it by himself.

J：但他现在有急事还不能赶到。

J：But he is fully occupied by something important right now and can't get here.

S：没关系。我们会有工作人员在这，等他到了可以为他提供服务。

S：No problem. We can wait for him here.

● **租用储物柜和借链锁**

● **Renting storage cabinet and chain lockers**

S：您好，我是××，摄影记者工作间主管，请问有什么需要帮忙的？

S：Hello，I'm ××，executive of photographer's workshop，what can I do for you?

J：我需要使用储物柜存放摄影器材，还要借链锁锁笔记本电脑。

J：I need storage cabinet for photographic equipment and chain lockers for laptop.

S：请您填写“储物柜使用申请”和“笔记本电脑链锁借用申请”。我还需要您的注册卡复印件，作为留存资料之用，并需要登记您的电话号码。请交×元押金。押金会在归还钥匙和链锁后退回给您。

S：Please fill in “the application forms of using storage cabinet” and “borrowing laptop chain locker”. Your copy of registration card is needed for material retention as well as your telephone number. Please pay × yuan for deposit, but it will be returned after the key and chain locker have been returned.

J：这样就行了吗？

J：Is it all done?

S：是的。您可以使用×号储物柜。这里是您的储物柜钥匙和笔记本电脑链锁，请于今天比赛结束后归还。

S：Yes. You can use No. × storage cabinet. Here is your storage cabinet key and laptop chain locker, please return them when today's competition is over.

● 丢失储物柜钥匙

● **Missing the key of storage cabinet**

S：您好，我是××，摄影记者工作间主管。请问有什么需要帮忙的？

S：Hello, this is ××, the Executive Director of photo workroom. May I help you?

J：我的储物柜钥匙被弄丢了！

J：I have lost the key to my storage cabinet.

S：请问您使用储物柜的号码是多少？

S：May I have your storage cabinet number?

J：×号。

J：No. ×.

S：请让我查看您的亚奥理事会官方证件和注册卡，以便我们核对记录信息。

S：Please show me your OCA official documents and registration card. I need to check the information with our record.

S：这是储物柜的备用钥匙。这个储物柜将立即停止使用，请转移您的物品。

S：This is the spare key for storage cabinet. For safety reason, this storage cabinet is going to be suspended from service. Please transfer your things to another cabinet.

● 摄影器材损坏

● **Damage of photographic equipment**

**情景1：摄影器材损坏时如何应对**

**Situation 1: How to cope with the damage of photographic equipment**

J：嘿，我的器材在安检时被摔坏了！怎么办？

J：Hi, my equipment was broken at the security check. What can I do?

S：非常抱歉！请先到这边来坐下好吗？我马上通知摄影副经理和安保工作

人员，我们会尽快处理这件事情的。

S：I'm really sorry! Please take a seat here. I will call the photographic vice manager and security officers at once, and we' ll deal with this matter as soon as possible.

（片刻后）

(A moment later)

S：您好，我是××，摄影副经理。这是××，安保经理。非常抱歉，由于我们工作人员的疏忽，损坏了您的器材，对您造成了损失。我们诚恳地向您道歉，并恳请能得到您的原谅。

S：Hello, I'm ××, photographic vice manager. This is ××, security manager. We are really sorry for the damage of your equipment and your loss due to our mistakes. We sincerely apologize to you.

J：你们要怎么处理，我马上就要工作了，并且要将照片及时传送回报社，没有器材怎么办？

J：What will you do with it? I am going to work right now and need to transmit the photos back to the newspaper agency. What can I do without the equipment?

S：请问您的器材损坏情况如何？我们为您进行摄影器材受损登记。同时我会马上上报主新闻中心摄影中心团队，并与主新闻中心的佳能和尼康中心协调，为您提供修理或租借相机服务。我们会尽力把对您工作的影响降到最低。

S：How seriously is your equipment damaged? Your photographic equipment damage is recorded and will be reported immediately to the photographic center of the main news center. And the Canon and Nikon center there will be contacted to provide fixing and camera renting services for you. We' ll try our best to minimize the negative influence on your work.

**情景2：如果相机彻底损坏。**

**Situation 2：The camera is completely damaged.**

J：你们把我的相机摔坏了，我没法工作了！

J：You damaged my camera. I can't work now!

S：对于摄影器材的损坏，我们表示万分歉意。现在我和安保经理希望能为您和责任人之间协调赔偿事宜。您可以提出赔偿要求。

S：We are extremely sorry for the damages of your photographic equipment. Now the security manager and I hope to coordinate the compensation matters between you and the staff concerned. You can claim compensation requirement.

J：不仅仅是赔偿的问题，现在你要我怎么工作？

J：It's not just the problem of claim. What to do with my job?

S：我会马上上报主新闻中心摄影中心团队，协调主新闻中心的佳能和尼康中心尽快提供租借相机服务。我们会尽力把对您工作的影响降到最低。

S：Your case will be reported immediately to the photographic center of the main news center. And the Canon and Nikon center will be contacted to provide fixing and camera renting services for you. We'll try our best to minimize the negative influence on your work.

**情景3：与记者协调赔偿**

**Situation 3：Talking with journalists about claim**

J：我的相机摔坏了，完全没办法使用了，我想你们需要赔偿。

J：My camera is broken and totally out of use. I am forced to lodge a claim.

S：我们会跟进赔偿的情况，再次向您表示歉意。非常感谢您的配合，但愿没有影响您的工作。如果还有任何问题，请随时与我们的工作人员联系，这是我们的联系方式。

S：We will follow up the claim process. We are terribly sorry and highly appreciative for your cooperation. We wish it hasn't affected your work. This is the way to contact us. If there are any problems，please feel free to contact our staff.

● **摄影器材丢失**

●**Photographic equipment lost**

J：天啊，我的摄影器材不见了！比赛开始前还放在我身边，现在不见了。

J：Oh，my god！My equipment is gone！It was beside me before the competition，but now it's gone！

S：非常抱歉！请稍等，我马上通知摄影副经理和安保工作人员来处理。

S：I'm very sorry！Please hold on. I' ll report to the photographic vice manager and securities to deal with it immediately.

S：您好，我是××，摄影副经理。这是××，安保经理。对于您摄影器材丢失一事，我们感到非常抱歉。安保工作人员会马上进行现场勘查，并为您备案。

S：Excuse me，I'm ××，photographic vice manager. This is ××，security manager. We feel very sorry for your photographic equipment. The security officers will conduct the on-spot detective immediately and put on records for you.

S：现在我们会带您到失物招领处进行登记。

S：Now please follow us to the Lost and Found counter for registration.

J：请问什么时候能有结果，我还要进行接下来的工作。

J：When will there be a result? I need to continue my work.

S：一旦有消息，我们会马上通知您。同时我们会立即上报主新闻中心摄影中心团队，协调主新闻中心的佳能和尼康中心提供修理或租借相机服务。我们会尽力把对您工作的影响降到最低。

S：We will inform you the result at the first time. Your case will be reported immediately to the photographic center of the main news center. And the Canon and Nikon center will be contacted to provide fixing and camera renting services for you. We'll try our best to minimize the negative influence on your work.

● 记者间发生争执

● **Argument among journalists**

情景1：工作人员劝阻争执

**Situation 1：The staff relieves the argument**

S：对不起，比赛正在进行，请马上停止争吵。请听从工作人员的指示，遵守现场秩序。

S：Excuse me，the competition is going on. Please be quiet at once. Please follow the guidance of the staff and abide by the on-spot rules.

J：他抢占了我的位置/他挡在了我的前面。

J：He took my position/He has hided me.

S：好的，我们会了解清楚状况，并解决问题，但请你们先停止争吵不要影响别的记者工作好吗？

S：Okay，we'll look into matter and have it solved. Please stop arguing right now in order to not disturb other journalists.

情景2：如记者违规或不听劝告

**Situation 2：If journalists disobey or don't follow directions**

J：为什么我要离开？

J：Why should I leave?

S：因为我们遵循先到先得的原则，他比您早到，请您遵守规则。

S：Because we need to follow the principle of first come first served，please follow the rule since he is earlier than you.

J：我已经在这了，不打算离开了。

J：I am already here，and I don't plan to leave.

S：对不起。由于您违反了摄影位置的管理规定，我们要登记您的姓名、任职机构、注册号和摄影背心编号。如在警告后再犯，我们会马上扣下您的证件和摄影背心，并取消您本场比赛的采访资格。

S：Excuse me. Because you breach the ground rules of shooting position，we need to register your name，work unit，registration number and photographer vest number. If you breach it again after warning，your ID paper and photography vest will be confiscated immediately，and your qualification of interview will also be cancelled.

**情景3：如记者态度良好并坚持继续采访拍摄（为避免再次与刚才的冲突对象发生不愉快事件，考虑引到别的位置）**

**Situation 3：If journalist behaves well and insists on further interviewing and shooting（in order to avoid unhappy accident with the conflict target，we need to guide him/her to another position）**

J：好的，但是我还想继续拍照。

J：Okay，but I still want to continue to take pictures.

S：如果您不介意，我们可以为您安排同类的摄影位置，让您顺利进行拍摄。

S：If you don't mind，we can arrange you to another shooting position with the same effect，which helps you to shoot smoothly.

- **摄影位置不够**
- **Lack of enough shooting position**

J：我们没有位置进行拍摄了！

J：We don't have positions for shooting!

S：对不起。我们按照先到先得的原则进行安排。请稍等，我与其他工作人员协调一下，看能否为您临时增加摄影位置。

S：Excuse me. We arrange the positions following the principle of first come，first served. Please wait a second. Let me coordinate with other staff to see whether some extra shooting positions could be provided temporarily.

S：您好，经过协调，您可以暂时先使用空余的文字记者坐席/观众坐席。但是如果有文字记者/观众来到，您必须离开让出位置。因为这是临时增加的位置，请尽量不要影响到周围的文字记者/观众。

S：Excuse me，after our coordination，you may use the spare seat for print journalists/audience temporarily，but you have to leave if they come. It is a temporary position, so please try not to disturb the surrounding journalists/audience.

J：谢谢！

J：Thanks!

S：不用谢！

S：You're welcome!

● 违规占位或使用违规摄影器材

● **Breaching the seating rules or using forbidden Photographic equipment**

S：对不起。我们不能使用摄影器材占位。如果您在日后的比赛中需要预留摄影位置，可以提前提出申请。

S：Excuse me. Photographic equipment can't be used to take a seat. If you want to reserve the shooting position in the following matches, please make applications in advance.

S：对不起，比赛进行期间严禁使用闪光设备，否则会严重影响运动员发挥。请马上停止使用闪光设备，否则会按规定扣下您的证件和摄影背心，并取消您本场比赛的采访资格。

S：Excuse me, flashing equipment is strictly forbidden to use during the games; otherwise it will seriously disturb the performance of athletes. Please stop using flashing equipment immediately, otherwise your ID paper and photographer vest will have to be confiscated, and your interview qualification of this game will also be cancelled.

● 传输故障

● **Transmission problems**

J：怎么回事？网络连接有问题，我的照片无法传输了！

J：What's the matter? Something is wrong with the network. My photos cannot be transmitted!

J：还是不行。

J：It still doesn't work.

S：抱歉，请稍等，我马上联系技术人员解决故障，尽快为您恢复网络连接。

S：I'm sorry, please hold on. I will contact technicians at once, and the network transmission will be provided for you as soon as possible.

● 要求上马道

● **Requesting to get on the horse race track**

**情景1：申请被批准**

**Situation 1：Application approved**

J：您好，我是来自××的记者××，我需要上马道拍摄。

J：Hello，I am ××，a correspondent from ××. I need to enter the horse race track to take photos.

S：您好，请问您有提前申请吗？

S：Excuse me，have you applied for it in advance?

J：有的。

J：Yes.

S：请稍等，我查看一下记录。

是的，先生。您的申请已被批准。请填写这张登记表，并详细阅读这份安全协议。同意所有条款的话，请在此处签名确认。

先生，这里的手续已办妥，我们将有工作人员带您进入马道。

先生，您只能携带一部相机进入马道，镜头盖也需要取下，不能携带第二个镜头进入马道。在进入马道之前，请摘下您的眼镜，确保您的身上没有手表、移动电话、电池、钥匙、硬币，或者其他容易坠落的物件，否则有可能造成极大的危险。

请您系好安全带，进入马道。

S：A moment，please. I will check the record.

Yes，sir. Your application has been approved. Please fill in this form and read the related safety treaty. Sign your name here if you agree to it.

Sir，all the procedure is done and you will be led to the horse track by our staff.

Sir，you can only take one camera with you and the lens cap has to be taken off. Make sure you take only one lens with you and take off your glasses，watch，mobile phone，battery，keys，coins and other articles easy to fall before you get into the horse race track. These articles are easy to cause great danger.

Please tie your safety belt and get into the track.

**情景2：如果记者未提前申请进入马道或申请未获批准。**

**Situation 2：journalists haven't applied for it in advance or their applications have not been approved.**

S：对不起，先生。我们这里没有您被批准进入马道的记录，恐怕我们不能为您提供此项服务。

S：Sorry，sir. We find no record of your admission into the track. I am afraid that we cannot provide you this service.

J：噢，不。报社需要我进入马道拍摄这场比赛，我非进入马道不可。你们就不能临时批准我进入吗？

J：Oh，no. The news agency requires me to take photos in the race track. I have to enter! Couldn't you approve my entry now?

S：对您的情况我们表示非常遗憾，我们是按照场馆的政策执行管理。我们只能在政策允许的范围内为您提供服务。如果您有进入马道的需要，请按照规定提前24小时向场馆提出申请。如果您有提前申请POOL背心并获批准，现在可以更换摄影背心进入场地摄影位置拍摄。否则您也可以进入看台摄影位置拍摄。请问您是否需要入场拍摄？

S：We are sorry for it. But we have to respect the regulations of the venue. Service can only be offered within the permission of the policy. If you need to get into the track，please apply for it 24 hours in advance，as is regulated by the rules. If you have applied for a POOL vest and are approved，you can put on the vest and enter the shooting position for photography. Or you can take photos at the stand. Would you like to enter?

**情景3：记者看台席的位置不够**

**Situation 3：The seats are not enough on Press Tribune.**

S：您好，我是××，记者看台席主管。请问有什么需要帮忙的？

S：Excuse me，I am ××，the chief director of Reporter's Press Tribune. May I help you?

J：看台没有位置了，我没有办法观看比赛。

J：There is no more seat at the Press Tribune. I can't watch the races.

S：对不起。由于今天的赛事媒体关注程度比较高，所以来观看的记者也很多，我们看台席的位置已经爆满了。您别着急，我马上联系观众席的主管，看能不能为您在其他的区域提供位置，让您观看比赛。

S：I am so sorry. Given that the media pay close attention to the races today，lots of journalists come to watch the games. The seats on the Press Tribune are all taken up. Take it easy，Sir/Madam. I am contacting with the director of auditorium to check whether he can arrange a seat for you in other areas so that you can watch the matches.

S：您好。经过协调，您可以暂时先使用空余的观众坐席。但是如果观众来到，您必须离开让出位置。另外您需要注意，这是临时增加的位置，请尽量不要影响到周围的观众。

S：Excuse me! By our coordination，you can use the spare seat in the auditorium. However，you have to leave the seat if the audience comes. What's more，please keep in mind that this is an extra position，so please don't disturb the surrounding audiences.

**情景4：由于拍摄的需要，前排的摄影记者阻挡文字记者观看比赛。**

**Situation 4：Because of the need of photography，the press photographers in the front hinder the print journalist from watching games.**

S：您好，我是××，记者看台席主管。您站在这里摄影影响到其他记者观看比赛，请您坐下好吗？

S：Excuse me，I am ××，the chief director of Press Tribune. You stand on this position，which disturbs other journalists to watch the game. Would you please sit down?

J：那我要工作，要拍摄怎么办？

J：But if I am away from this position，how can I take photos?

S：如果您觉得在看台上不能满足您正常工作需要的话，您可以申请到摄影记者的拍摄区域。但如果您要在看台席上工作的话，请您按规定坐在自己的位置上，不要影响其他记者工作。希望您能理解。

S：If the Press Tribune can not meet your requirement of work，would you please apply for a position in the photography area? But if you insist on working here，please follow the rule and take your own seat. Please don't disturb other journalists' work. Thank you for your understanding.

**情景5：记者在看台发生了争执。**

**Situation 5：Reporters are having a quarrel on the Press Tribune.**

（1）S：对不起，比赛正在进行，请马上停止争吵，听从工作人员的指示，遵守现场秩序。

S：Excuse me，the race is going on. Please stop arguing right now，follow the staff's instruction and the order of the stadium.

（如记者违规或不听劝告）

（The reporter breaks the rule and doesn't follow the advice）

（2）S：对不起，由于您违反场馆的管理规定，我们要登记您的姓名、任职机构、注册号。如在警告后再犯，我们会马上扣下您的证件，并取消您本场比赛的采访资格。

S：Excuse me，because of the breach of the venue rules，your name，work unit，and registration number have to be recorded. If the same mistake is made again，your ID paper will be confiscated and the qualification of interview at this game will also be cancelled.

**情景6：成绩公报发放延迟，导致记者抱怨。**

**Situation 6：The result bulletin is delayed to put up，causing journalists to complain.**

S：先生/女士，请问您在比赛结束后是在看台等待成绩公报，还是自己去文字记者工作间领取呢？

S：Sir/Madam，I wonder whether you will wait for the games result bulletin on the Press Tribune or go to journalist's office to take it after the race is over?

J：我就在这里等，为什么比赛结束了，成绩公报还没有发到我们这里？

J：I am waiting for it here. Why isn't the result bulletin delivered to us after the race is over?

S：对不起，由于系统原因成绩公报要稍微延迟一下，请稍等。我们已经在和AGNS联系了，等公报一出来，我们就马上发给您。对您工作造成的不便，我仅代表我们团队向您表示歉意。

S：Excuse me，due to some system problems，the games result bulletin will be brought to you a little bit later. Please hold on. We are coordinating with AGNS. We' ll deliver it to you as soon as the bulletin is ready. I，on behalf of our staff，am so sorry for bringing inconvenience to your work.

**情景7：比赛结束了，记者想采访看台席工作人员。**

**Situation 7：After the race is over，journalists want to interview the staffs on the Press Tribune.**

J：我是×××的记者，想采访一下您对刚刚结束的比赛有什么看法？

J：I am a reporter of ×××. May I have your opinions about the race which was over just now?

S：先生/女士，实在是对不起！根据市亚组委的要求，我们工作人员要得到上级的授权才能接受媒体的采访。如果您需要采访我们工作人员的话，请您先按照我们的相关程序，向场馆提出申请。等上级部门授权后，我很乐意接受您的采访。

S：Sir/Madam，I am so sorry！According to the rules of GZASOC，our staff can not accept media's interview until we are authorized. If you want to interview our staff，please apply to the authority concerned by following the relevant procedures. Once the application has been approved，I will be glad to accept your interview.

**情景8：下雨了，记者的设备有损坏的风险。**

**Situation 8：It is raining. The reporter's equipments have the risk of being destroyed.**

J：我的天啊，快下雨了，我担心我的电脑会被淋湿。

J：Oh，my god！It's going to rain. I am worried that my computer will get wet.

S：别担心，我们马上为您提供防雨工具。

S：Don't worry！We will provide you with the rain－proof facilities.

J：比赛会因下雨终止吗?

J：Will the match be suspended due to the rain?

S：我们已经在和竞赛部协调了，如果有最新安排和决定的话，我们会在第一时间通过广播或派我们工作人员通知您的。

S：We are coordinating with the race department. Any latest arrangement or further information，we will inform you by broadcast or have our staff tell you at the first time.

**●其他情况**

**● Other situations**

**情景1：**

**Situation 1：**

J：我想吃东西/喝咖啡。

J：I want to have something to eat/drink a cup of coffee.

S：非常抱歉！看台席是不能进食的，如果您需要的话，可以到媒体休息区，那里会为您提供相应的饮食服务。

S：I'm so sorry！Any food or drink is not allowed on the Press Tribune. If you need，you may go to the media's rest area，where diet service is offered.

**情景2：**

**Situation 2：**

J：你能帮我订午饭吗?

J：Can you help me book lunch?

S：非常抱歉！我们这里不提供订餐服务。如果您有需要可以到媒体休息区，那里的工作人员会为您提供订餐服务的。

S：I am so sorry! We don't offer such service here. If you need, you may go to the media's rest area where the workers will help you order meals.

J：还有，我想问问回程的交通路线，应该在哪里坐车回到亚运媒体村？

J：Besides, I wonder the route of getting back. Where should I take a bus to go back to the Media Village of Asian Games?

S：这个问题请您到文字记者工作间咨询，那里的工作人员会为您提供详细的指引。请问还有其他的问题吗？如果还有请随时找我，非常荣幸为您服务。

S：You may go to the journalists' workshop to get the answer to this question. The staff there will offer you the detailed instruction. If you have any other questions, please come to me any moment. I'm very glad to help you.

**情景3：**

**Situation 3：**

S：先生/女士，您身体不舒服吗？

S：Sir/Madam, what's the matter with you?

J：我胸口疼/胸闷。

J：My chest feels tight/I have a chest tightness.

S：别担心！我马上联系医疗人员。

S：Don't worry! I am contacting the medical professionals soon.

# 附录4　媒体运行志愿者培训策划

## 一、培训对象

福田体育公园媒体运行志愿者。

## 二、培训目的

强化志愿者关于摄影服务方面专业知识的感性认识和理性认识，打造一支青春激情、训练有素、服务高效的摄影服务团队。

## 三、培训内容

**（一）介绍以下方面**

（1）自己大学时做志愿者的心得；

（2）志愿者服务需要专业知识的理念；

（3）大型盛会摄影记者举足轻重的地位。

**（二）讲述摄影服务的定位**

（1）本场馆摄影服务团队的构成；

（2）摄影服务的宗旨；

（3）赛前运行和赛时运行的摄影服务的工作。

**（三）讲述在本场馆中摄影服务的运行要求**

（1）记者停车位置、进入摄影记者工作间的路线；

（2）摄影记者工作间的布置和管理；

（3）摄影记者的储物柜、摄影记者穿戴的特殊标识物和辅助通行物；

（4）场地和看台等处摄影位置及遥控相机位置的规划；

（5）摄影记者从 VMCs 进入场地摄影位置的路线和通行权限；

（6）从 VMCs 到 MPC 影像中心的磁盘/胶卷的递送服务；

（7）照明和网络设施。

**（四）讲述摄影志愿者的权利、义务及须遵守的章程**

**（五）实地考察：熟悉场馆布局、熟悉摄影位置、演练流线**

# 附录5　综合性赛事中摄影服务的各种表格

## 表1　场馆媒体运行所需电器参考

（数量及配备标准可根据具体情况而定，结合赛事档次等级、可支配经费等综合考虑）

| 名称及数量＼房间 | | 媒体工作间（文字/摄影） | 新闻发布厅 | 混合区 | 摄影服务办公室 | 媒体接待休息区 | 媒体副主任办公室 | 媒体运行经理办公室 | 媒体运行工作人员办公室 | 实际总需求量 |
|---|---|---|---|---|---|---|---|---|---|---|
| 冰箱 | 放置数量 | | | | | | | | | |
| 电话 | 放置数量 | | | | | | | | | |
| 对讲机 | 放置数量 | | | | | | | | | |
| 挂钟 | 放置数量 | | | | | | | | | |
| 饮水机 | 放置数量 | | | | | | | | | |
| 麦克风 | 放置数量 | | | | | | | | | |
| 电视机 | 放置数量 | | | | | | | | | |
| 高清机顶盒 | 放置数量 | | | | | | | | | |
| 台式电脑 | 放置数量 | | | | | | | | | |
| INFO 信息查询系统 | 放置数量 | | | | | | | | | |
| 插头转换器 | 放置数量 | | | | | | | | | |
| 音箱 | 放置数量 | | | | | | | | | |
| 移动麦克风 | 放置数量 | | | | | | | | | |
| 打印机 | 放置数量 | | | | | | | | | |
| 复印机 | 放置数量 | | | | | | | | | |
| 传真机 | 放置数量 | | | | | | | | | |

（续上表）

| 名称及数量＼房间 | | 媒体工作间（文字/摄影） | 新闻发布厅 | 混合区 | 摄影服务办公室 | 媒体接待休息区 | 媒体副主任办公室 | 媒体运行经理办公室 | 媒体运行工作人员办公室 | 实际总需求量 |
|---|---|---|---|---|---|---|---|---|---|---|
| 碎纸机 | 放置数量 | | | | | | | | | |
| 咖啡机 | 放置数量 | | | | | | | | | |

**表 2　场馆媒体运行所需家具参考**

（数量及配备标准可根据具体情况而定，结合赛事档次等级、可支配经费等综合考虑）

| 名称及数量＼房间 | | 媒体工作间 | 新闻发布厅 | 混合区 | 摄影服务办公室 | 媒体接待休息区 | 媒体副主任办公室 | 媒体运行经理办公室 | 媒体运行工作人员办公室 | 实际总需求量 |
|---|---|---|---|---|---|---|---|---|---|---|
| 办公桌 | 放置数量 | | | | | | | | | |
| 办公椅 | 放置数量 | | | | | | | | | |
| 媒体接待台 | 放置数量 | | | | | | | | | |
| 摄影条凳 | 放置数量 | | | | | | | | | |
| 沙发 | 放置数量 | | | | | | | | | |
| 茶几 | 放置数量 | | | | | | | | | |
| 电视柜 | 放置数量 | | | | | | | | | |
| 书报架 | 放置数量 | | | | | | | | | |
| 折叠条桌 | 放置数量 | | | | | | | | | |
| 折叠椅 | 放置数量 | | | | | | | | | |
| 文件柜 | 放置数量 | | | | | | | | | |
| 四门摄影储物柜 | 放置数量 | | | | | | | | | |
| 成绩公报柜 | 放置数量 | | | | | | | | | |

表 3　场馆媒体运行所需办公及其他物资参考

（数量及配备标准可根据具体情况而定，结合赛事档次等级、可支配经费等综合考虑）

| 名称及数量＼房间 | | 媒体工作间 | 新闻发布厅 | 混合区 | 摄影服务办公室 | 媒体接待休息区 | 媒体副主任办公室 | 媒体运行经理办公室 | 媒体运行工作人员办公室 | 实际总需求量 |
|---|---|---|---|---|---|---|---|---|---|---|
| 屏风 | 放置数量 | | | | | | | | | |
| 白板 | 放置数量 | | | | | | | | | |
| 隔离带 | 放置数量 | | | | | | | | | |
| 软质塑料隔离带 | 放置数量 | | | | | | | | | |
| 铁马 | 放置数量 | | | | | | | | | |
| 电插板 | 放置数量 | | | | | | | | | |
| 绿色植物 | 放置数量 | | | | | | | | | |
| 简易雨披 | 放置数量 | | | | | | | | | |
| FOP 摄影背心 | 放置数量 | | | | | | | | | |
| 帆布折叠马扎 | 放置数量 | | | | | | | | | |
| 钥匙存储盒 | 放置数量 | | | | | | | | | |
| 笔记本电脑锁 | 放置数量 | | | | | | | | | |
| 折叠床 | 放置数量 | | | | | | | | | |
| 文件夹 | 放置数量 | | | | | | | | | |
| 铅笔 | 放置数量 | | | | | | | | | |
| 橡皮 | 放置数量 | | | | | | | | | |
| 签字笔 | 放置数量 | | | | | | | | | |

（续上表）

| 名称及数量 \ 房间 | | 媒体工作间 | 新闻发布厅 | 混合区 | 摄影服务办公室 | 媒体接待休息区 | 媒体副主任办公室 | 媒体运行经理办公室 | 媒体运行工作人员办公室 | 实际总需求量 |
|---|---|---|---|---|---|---|---|---|---|---|
| 签字笔芯 | 放置数量 | | | | | | | | | |
| 长尾夹 | 放置数量 | | | | | | | | | |
| 直尺 | 放置数量 | | | | | | | | | |
| 报事贴 | 放置数量 | | | | | | | | | |
| 回形针 | 放置数量 | | | | | | | | | |
| 剪刀 | 放置数量 | | | | | | | | | |
| 铅笔刨 | 放置数量 | | | | | | | | | |
| 订书机 | 放置数量 | | | | | | | | | |
| 订书钉 | 放置数量 | | | | | | | | | |
| 文件盒 | 放置数量 | | | | | | | | | |
| 油性笔 | 放置数量 | | | | | | | | | |
| 荧光笔 | 放置数量 | | | | | | | | | |
| 裁纸刀 | 放置数量 | | | | | | | | | |
| 按钉 | 放置数量 | | | | | | | | | |
| 固体胶 | 放置数量 | | | | | | | | | |
| 双面胶带 | 放置数量 | | | | | | | | | |
| 信封 | 放置数量 | | | | | | | | | |
| 打印纸 | 放置数量 | | | | | | | | | |
| 电池 | 放置数量 | | | | | | | | | |
| 废纸篓 | 放置数量 | | | | | | | | | |
| 雨伞 | 放置数量 | | | | | | | | | |
| 一次性纸杯 | 放置数量 | | | | | | | | | |

（续上表）

| 名称及数量＼房间 | | 媒体工作间 | 新闻发布厅 | 混合区 | 摄影服务办公室 | 媒体接待休息区 | 媒体副主任办公室 | 媒体运行经理办公室 | 媒体运行工作人员办公室 | 实际总需求量 |
|---|---|---|---|---|---|---|---|---|---|---|
| 杯具 | 放置数量 | | | | | | | | | |
| 塑料文件袋 | 放置数量 | | | | | | | | | |
| 复写纸 | 放置数量 | | | | | | | | | |
| 储物柜标签 | 放置数量 | | | | | | | | | |
| 流线指引标签 | 放置数量 | | | | | | | | | |
| 摄影位置标签 | 放置数量 | | | | | | | | | |
| 看台席标签 | 放置数量 | | | | | | | | | |
| 文件筐 | 放置数量 | | | | | | | | | |

# 参考文献


## 书籍

［1］第29届奥林匹克运动会组织委员会编．奥运会媒体运行．北京：中国传媒大学出版社，2007.

［2］易剑东编著．大型赛事报道与媒体运行．杭州：浙江大学出版社，2008.

［3］第16届亚洲运动会组织委员会编．亚运会媒体运行．广州：暨南大学出版社，2009.

［4］孔祥军．精品新闻学：理论建构与媒体运行．北京：新华出版社，2008.

［5］上海世博会事务协调局编著．中国2010年上海世博会媒体运行与服务．上海：东方出版中心，2011.

［6］布和．新闻信息论．海口：海南出版社，2009.

［7］第29届奥林匹克运动会组织委员会编．北京奥组委工作人员读本．北京：北京体育大学出版社，2006.

［8］苏泽群主编．亚运城第十六届亚洲运动会亚运村、媒体村、技术官员村．哈尔滨：黑龙江科学技术出版社，2010.

［9］第16届亚洲运动会组织委员会编．广州亚运会志愿者通用读本．广州：中山大学出版社，2009.

## 期刊

［1］褚亚玲．从广州亚运看媒体运行服务．中国记者，2011（1）.

［2］戴世富，靳戈．大型体育赛事的媒体运行策略研究．新闻界，2011（5）.

［3］赵迎新．北京奥运会的媒体运行．中国记者，2007（10）.

［4］李佳徽，聂铁．全运会媒体运行的演进．青年记者，2011（5）.

［5］张敏．体育赛事的媒体运行研究：2010年广州亚运会场馆媒体服务的运行．金田，2012（4）.

［6］骆正林．健全媒体运行机制　增强舆论传播能力．新闻爱好者，2010（8）．

［7］李佳妮．北京奥运媒体运行对未来大型活动的建议．中国科技博览，2010（9）．

［8］李佳徽．浅析第十一届全运会媒体运行的特点．体育博览（研究版），2011（1）．

［9］赵迎新．北京奥运会的媒体运行．中国记者，2007（10）．

［10］李嵘．从新闻管理到媒体服务——奥运会媒体运行观念的转变．新闻记者，2007（11）．

［11］高长力．媒体服务工作的新思维新机遇——谈奥运会媒体运行的基本规律．中国广播电视学刊，2007（7）．

［12］潘天翠．媒体运行的质量是奥运会成功传播的关键——访北京奥组委媒体运行部部长孙维佳．网络传播，2008（3）．

［13］柳斌杰．探索建立新的媒体运行机制．全国新书目，2003（12）．

［14］赵忠辉，高现丽．对深圳大运会场馆媒体中心运行的分析．内江科技，2012（3）．

［15］宋翔．完善全国运动会媒体村运行管理的研究：以第十一届全运会媒体村为例．当代体育科技，2012（18）．

［16］褚亚玲．亚运报道 e 时代：以广州日报报业集团亚运会全媒体报道为例．新闻记者，2011（1）．

［17］陈冀．王晓玲的亚运媒体指挥“秘笈”．瞭望，2010（51）．

［18］余世猛，刘冬．传播盛会　分享精彩：以亚运会、大运会为例探究大型活动媒体服务的借鉴意义．中国报业，2012（6）．

［19］王建军．以善待媒体为己任：世博会宣传及媒体服务的十大亮点．对外传播，2010（11）．

［20］王利英，韩冬，侯颖慧，于雪．重大体育赛事媒体服务管理研究：以“十一运会”曲棍球比赛为例．青年科学，2010（4）．

［21］谭震．为媒体提供专业化和人性化服务：访上海世博会媒体服务方面有关负责人翟惠生．对外传播，2010（5）．

［22］殷旭．浅谈北京奥运会的媒体服务．四川体育科学，2009（2）．

［23］单玉霞，易剑东．体育信息主管提高 2008 奥运会媒体服务质量研究．体育科研，2008（1）．

［24］高长力．北京奥运会如何为媒体服务．中国广播，2008（5）．

［25］杨义春．科技助呈奥运精彩：北京 2008 奥运会技术筹备工作进展与

媒体服务. 中国传媒科技，2008 (6).

[26] 钟新. 服务世界媒体　全方位保障奥运报道：奥运媒体服务的专业性分析. 新闻与写作，2008 (9).

## 会议论文

[1] 徐济成. 北京奥运会媒体运行（PPT）.“科技奥运”专家论坛——奥运9论专家论坛，2006.

[2] 单玉霞. 体育信息主管提高2008奥运会媒体服务质量. 第八届全国体育科学大会，2007.

## 学位论文

[1] 李佳徽. 第十一届全运会媒体运行研究. 北京体育大学硕士学位论文，2011.

[2] 李晓艳. 北京奥运会媒体运行研究. 中国人民大学硕士学位论文，2009.

[3] 肖乃花. 广州亚运会的媒体运行探析. 暨南大学硕士学位论文，2011.

[4] 王丽. 大型体育赛事新闻中心的媒体运行机制研究. 北京体育大学硕士学位论文，2009.

[5] 蒋祖峰. 大型体育活动媒体运行机制研究：以广州亚运会为分析个案. 华中师范大学硕士学位论文，2011.

[6] 吴艳玲. 媒体运行与国家形象：北京奥运会媒体外交策略研究. 中国人民大学硕士学位论文，2009.

[7] 马飞. 构建大型赛事中的人性化媒体工作平台：以2008年北京奥运会媒体运行工作为例. 中国人民大学硕士学位论文，2009.

[8] 曹文阳. 论大型体育赛事的媒体功能及运行策略——以2008年北京奥运会为例. 兰州大学硕士学位论文，2009.

[9] 齐雪燕. 主媒体中心的通信建设及赛时通信运行保障. 北京邮电大学硕士学位论文，2011.

[10] 范帆. 奥运会媒体服务的历史演变研究. 北京体育大学博士学位论文，2009.

[11] 范帆. 中国体育媒体服务系统的建构. 北京体育大学硕士学位论文，2006.

[12] 李佳寅. 赛事中的媒体服务及其城市形象塑造作用研究：以西安城墙

马拉松赛为例. 西安体育学院硕士学位论文，2012.

## 报纸

［1］厉敏. 十一届全运会日照赛区新闻宣传部开展媒体运行演练. 日照日报，2009－10－14.

［2］刘家富. 全力保障媒体运行. 日照日报，2009－09－26.

［3］陈海兵，林洁.《亚运会媒体运行》羊城首发. 中国青年报，2009－09－10.

［4］贾文军.《亚运会媒体运行》广州首发. 滕州日报，2009－09－09.